Del otro lado de la
TRISTEZA

MARIO GUERRA

Del otro lado de la
TRISTEZA

**Aprende cómo seguir adelante
en momentos de pérdida y duelo**

AGUILAR

El papel utilizado para la impresión de este libro ha sido fabricado a partir de madera
procedente de bosques y plantaciones gestionadas con los más altos estándares ambientales,
garantizando una explotación de los recursos sostenible con el medio ambiente y beneficiosa para las personas.

Del otro lado de la tristeza

Aprende cómo seguir adelante en momentos de pérdida y duelo

Primera edición: enero, 2023

D. R. © 2023, Mario Guerra

D. R. © 2023, derechos de edición mundiales en lengua castellana:
Penguin Random House Grupo Editorial, S. A. de C. V.
Blvd. Miguel de Cervantes Saavedra núm. 301, 1er piso,
colonia Granada, alcaldía Miguel Hidalgo, C. P. 11520,
Ciudad de México

penguinlibros.com

ISBN: 978-607-382-416-3

Impreso en México – *Printed in Mexico*

ÍNDICE

Introducción 9

1. La pérdida 15
2. La tristeza 45
3. El duelo 71
4. El proceso de sanar 111
5. Eres más fuerte de lo que piensas 167
6. Lo que te puede complicar 193
7. Un espacio para la esperanza, el amor y el recuerdo . . 235
8. Preguntas y respuestas 267

Conclusiones 297
Bibliografía 303

INTRODUCCIÓN

¿Acaso de veras se vive con raíz en la Tierra?
No para siempre en la Tierra: sólo un poco aquí.
Aunque sea de jade se quiebra,
aunque sea de oro se rompe,
aunque sea plumaje de quetzal se desgarra.
No para siempre en la Tierra: sólo un poco aquí.

NEZAHUALCÓYOTL, Tlatoani de Texcoco, 1402 – 1472

Cuando escribí mi libro *Del otro lado del miedo*, dije que en el camino de la vida a veces nos topamos con una oscura cueva a la que tenemos mucho miedo de entrar. Que esa cueva nos asusta y muchas veces podemos decidir quedarnos en la boca de la cueva por mucho tiempo por el miedo que nos da cruzarla. Pero no cruzarla no hace que la vida o el tiempo se detengan, sólo se detiene nuestro vivir en la vida y vamos apenas sobreviviendo mientras el tiempo sigue su marcha.

Bueno, pues con la tristeza es un tanto diferente lo que pasa, especialmente cuando se presenta luego de una pérdida. Aquí somos arrojados a una especie de pantano denso, oscuro y confuso. Con la pérdida de lo amado no hay posibilidad de elegir, porque suele presentarse de manera indeseada, muchas veces inesperada y muy, muy dolorosa. Ya arrojados al pantano de la tristeza tenemos al menos dos opciones: cruzarlo o quedar atascados en él. No es como la cueva del miedo en donde podemos esperar el rato que sea sin entrar, posponiendo la vida; aquí se trata de cruzar o quedar empantanados. Pero, ¿cómo hacerlo? Estamos inundados por la devastación, la confusión, el enojo y la desesperanza. Nos podemos sentir sin rumbo, muy dolidos y a veces hasta sin ganas de seguir.

Es más, es muy probable que en este preciso momento me estés leyendo desde ahí, desde ese pantano, por lo cual no espero que puedas enfocarte totalmente en leer con la máxima atención o concentración. Lo entiendo, por eso puedes hacerlo a tu propio ritmo; poco a poco, detenerte un momento, regresar o avanzar, según sientas si te está siendo de ayuda esto que conversamos.

Quizá estás leyendo este libro porque estás pasando por lo peor que te ha pasado; algo que aprieta, estruja y parece marchitar no sólo tu corazón, sino tu alma misma. Probablemente no te expliques cómo otros pueden seguir viviendo y diciendo que debes dejar ir, que sueltes, que ha sido mejor así, que las cosas pasan por algo o que quien se ha ido ya está descansando. Es más, cuesta trabajo entender cómo la vida sigue, cómo las cosas parecen como antes; las personas por las calles, los restaurantes sirviendo platos o los cines dando funciones. ¿Por qué el mundo no se detiene? ¿Por qué yo no puedo salir de aquí, de esta tristeza?

No estás en soledad y debo decir que luego de una pérdida importante, estar triste es lo que toca. ¿Cómo no estarlo? Al menos por ahora y desde donde ahora estás tú, en el lugar donde muchos hemos pasado tras la muerte de alguien amado o la pérdida de algo muy significativo en nuestras vidas. Tristeza, enojo, miedo y confusión; estos son algunos de los habitantes de este pantano y es el que hoy te toca cruzar para llegar del otro lado. Sin embargo, debo advertirlo, algo de nosotros se habrá de quedar en él y algo también vendrá con nosotros. La tristeza habrá de convertirse en nostalgia y vendrá a ti, al menos de vez en vez, por el resto de tu vida. Dejarás parte de lo que has sido y te quedarás con mucho de lo que la persona que se ha ido te ha dejado, si decides tomarlo.

Pero aun así, la vida no volverá a ser exactamente la misma después de esta pérdida. Tú no volverás a ser exactamente la misma persona porque algo falta, ¿no es así? Entonces en el proceso tienes que aprender a vivir con un tipo de ausencia, con una realidad que probablemente no quieres ver y mucho menos aceptar, pero es en la que actualmente estás inmerso. La pérdida ha sucedido y una vez que se presenta no hay nada que podamos hacer para dar marcha atrás en el tiempo y que todo vuelva a ser como antes. Esto no significa que todo habrá de ser caótico, pero no será exactamente igual que antes y esa es de las primeras realidades que debemos asumir.

Entonces, hoy no nos vamos a enfrascar en tratar de recuperar lo irrecuperable, sino que iremos por un camino distinto. No pretendo ser tu guía, sino tu compañero de viaje. Si me dejas acompañarte, a través de estas páginas vamos a ir juntos atravesando por la tristeza en lo que conversamos, en lo que buscamos salir de este pantano y gradualmente sacaremos también a tu alma y a tu corazón de allí. No tienes que soltar nada si no quieres, yo no te voy a decir que la meta es dejar ir, porque yo en tu lugar tampoco querría hacerlo. Sólo hay que mantenernos avanzando por el lugar correcto, conservar lo posible y mantenerte en contacto con tu ser amado de una manera simbólica para no perderlo todo. Y no te asustes o confundas cuando pueda mencionar en este libro, como ya lo he hecho, al alma o al corazón; es decir, no voy a decirte que el camino de la espiritualidad es el único posible, porque quizá algunos de mis lectores no vayan por ese camino. Y, sin embargo, es inevitable que de vez en vez se me cuele un poco de eso; confío en que cada uno sabrá adaptarlo a su propio marco de referencia. Por ejemplo, nadie pensaría que cuando hablo aquí del corazón, me estoy refiriendo al órgano, del tamaño aproximado de un puño, que está compuesto de tejido muscular y bombea sangre a todo el cuerpo. Así tampoco, cuando me refiero al alma, me estoy refiriendo específicamente a una entidad extracorpórea. Ambos pueden ser vistos como metáforas del sentir y del ser o como cada uno sienta que es correcto, mientras eso nos conduzca a resguardarlos y no abandonarlos en el pantano.

¿Qué hay del otro lado de la tristeza? El resto de tu vida y el reencuentro con la presencia simbólica de la persona ausente, por supuesto. Pero desde acá quizá ahora todavía no se puede ver. Es probable incluso que tengas muchas cosas por hacer, pero tampoco sería extraño que por ahora no tengas muchas ganas, interés o energía para hacerte cargo de ellas y, sin embargo, no deberíamos quedarnos aquí estáticos en la tristeza porque existe el riesgo de irse hundiendo lentamente en este pantano. Si nos quedamos aquí, sin avanzar, sin tomar el rumbo de lo que es bueno y hace bien, nos vamos a hundir hasta el punto de olvidarnos de la vida misma, de quién somos y de lo que nos ha dejado quien se ha marchado de la vida. ¿O dirías que quien se ha ido es como un ladrón que te ha quitado todo lo bueno para dejarte solamente tristeza y dolor? ¿De verdad nada bueno te ha quedado de su paso por tu vida? ¿Nada bueno conservas de esa persona? ¿O lo que te ha quedado no te parece suficiente? Es poco probable, no es así. Esto tampoco debemos abandonarlo aquí: lo bueno que te ha dejado.

Este es un libro que habla de la pérdida y el duelo. Me voy a centrar, evidentemente, en la pérdida de un ser querido, pero tú puedes adaptar, cuando esto te resulte posible, lo que juntos conversaremos, a la pérdida que tengas en este momento. Puede ser de la salud, la juventud, un divorcio, un trabajo o los ahorros de toda tu vida. Al final con las pérdidas la tristeza se hace presente de muchas maneras, así que también, si es tu caso, prometo acompañarte si hoy estás atravesando por lo peor que te ha pasado.

Como ya es mi costumbre, te daré a veces algunos ejercicios para hacer, porque hacer nos mueve y moverte es lo que

necesitas. Esta vez la mayor parte de los ejercicios o recomenda-
ciones las vas a encontrar en el capítulo 4, pero al final en la mayoría
de los capítulos también encontrarás algunos ejercicios sugeridos
para ayudarte. Haz lo que te haga sentido y no te presiones, pero
tampoco te detengas o no descalifiques nada sin haberlo probado,
porque la desesperanza suele hablarnos en este territorio de la
tristeza y suele decir cosas como: "No vas a poder", "esto es
demasiado para ti", "¿qué caso tiene?", "nadie sabe lo que estás
sintiendo" y demás. Bueno, hasta para eso tenemos respuesta:
quizá hoy sientas que no puedes, pero ya iremos avanzando y
veremos mañana.

Puede ser verdad que esto sea demasiado para ti, pero por
eso estás buscando ayuda en este libro y quizá en otros lugares y
personas. No tiene caso hacer algo si lo que queremos es cambiar
la realidad, pero tiene mucho caso querer salir del otro lado de la
tristeza, ¿no es así? Y efectivamente nadie sabrá lo que estás
sintiendo si no lo cuentas, si quieres aparentar fortaleza como una
forma de que los demás no se "vengan abajo", cuando realmente
lo haces para evadir el dolor que de todos modos llega.

Y retomando aquello de que sientas que no vas a poder con
todo esto, convendría que te hicieras ahora mismo una pregunta:
¿por qué tú no has de poder? Es decir, tú eres el resultado de
miles y miles de generaciones antes que tú; ancestros que tuviste
a lo largo de la historia y que, como tú, también tuvieron pérdidas; sus propias pérdidas con su propio nivel de dolor y tristeza.
Y sin embargo aquí estás. ¿Qué quiero decir con esto? Que tus
ancestros pudieron, tú eres la prueba de ello, porque de no
haber podido, quizá tú, incluso otros antes que tú, probablemente
no habrían nacido o al menos no habrían prosperado para salir
adelante. Entonces, ¿por qué tú, precisamente tú, no habrías de
poder? ¿Por qué tú habrías de ser la excepción en todo tu linaje
familiar? Aun así, entiendo que este camino tiene altas y bajas y
cuando estamos en las profundidades, es justamente cuando nos

arrastran este tipo de pensamientos que es natural que pasen por la cabeza, pero tampoco conviene que se queden a habitarla.

Es posible que te des cuenta de que en determinados capítulos parece que soy insistente con algunos conceptos. Esto es intencional, porque en momentos de pérdida nuestra capacidad de concentración y retención puede estar alterada y hay cosas en las que quiero ser especialmente claro, por eso podrás notar que regreso a ellas. Lo que te ha pasado no es cualquier cosa y necesito hablarte de una forma que vaya más con tu propio ritmo y en la que el camino que atraviesa la tristeza nos permita.

Así mi promesa sigue en pie, si confías en que yo puedo acompañarte. Vamos a ir juntos transitando hasta mirar lo que hay del otro lado de la tristeza y entonces sí, llegando ahí, el resto del camino ya lo seguirás por tu cuenta. ¿Está bien? Es mucho más satisfactorio y sanador darte cuenta de que has podido salir al final por tus propios medios. Con la ayuda de muchos probablemente, porque éste es un camino que cuesta mucho andar en soledad, pero el último tramo siempre dependerá de ti. Y claro que me gustaría ofrecerte remedios mágicos para que esto no duela tanto; me gustaría ser más optimista desde el inicio, pero hoy tal vez lo que toca es sentirte así, porque lo que te ha pasado seguramente no ha sido para menos. Sentir tristeza ante la pérdida es normal, lo que no es saludable es quedarte a vivir para siempre hundido en ella.

I

LA PÉRDIDA

En el templo hay un poema llamado
Pérdida tallado en la piedra.
Tiene tres palabras, pero el poeta las ha tachado.
No puedes leer la pérdida, sólo sentirla.
ARTHUR GOLDEN, escritor

Amar, formar vínculos y establecer lazos emocionales con otros es algo tan necesario como gratificante. Sin embargo, esto hace que aparezca un temor antes desconocido: el temor a perder, a separarnos de lo amado y de aquellos que nos ofrecen seguridad, reconocimiento y amor. Es un miedo que no queremos pensar mucho porque el objetivo de la vida y de nuestros vínculos es disfrutar y disfrutarnos mutuamente. Todo transita por buen camino hasta que ocurre lo más temido: la pérdida se hace presente en nuestras vidas y cuando lo hace de forma irreversible, como con la muerte de alguien amado, todo parece ponerse de cabeza y entonces sentimos que algo nos recorre el cuerpo de pies a cabeza, nos sentimos succionados hacia algún lugar desconocido y desagradable. Hemos sido arrojados por la pérdida al pantano de la tristeza. Y no es que la pérdida lo haya hecho de forma intencional, es que es tan grande y abrumadora que ocupa todo el camino de la vida y nos empuja hacia aquel pantano que ahora no tenemos más remedio que transitar hasta encontrar la salida del otro lado.

En este primer capítulo hablaré de la pérdida porque es a partir de ella que se desata la tristeza y otras emociones muy agudas. El momento de perder es la línea de salida de un camino que habrá de ser largo para muchos y a otros les parecerá eterno. En algunos momentos voy a explicar algunas cosas de la pérdida para conocerla y reconocerla, lo creo necesario para entender cómo viene y qué es, así como también hablaré en este capítulo de la muerte, pues es la representante de la pérdida por excelencia. Digamos que este capítulo es una especie de marco teórico que nos introduce después en el movimiento emotivo del hecho, pero desde aquí empezarás a identificar mucho por lo que puedes estar pasando.

Hace poco tiempo grabé, con mi querida casa editorial Penguin Random House, un "audio original" que se llama *Aprendiendo a vivir sin ti*. Es un audio en donde también te acompaño con mi voz en el proceso de aprender a vivir con la ausencia de alguien que has amado. En él dije algo que hoy quiero decirte también aquí y que llamé la regla de los 3 límites, pero hoy llamaré simplemente "las 3 reglas".

Una precondición: Las 3 reglas

Juntos vamos a estar tocando un tema muy doloroso y complicado, como lo es una pérdida importante en tu vida, así que antes de comenzar a movernos quiero pedirte que me hagas y te hagas una promesa. Que, pase lo que pase dentro de este proceso de sanar y salir del otro lado de la tristeza, vas a seguir las 3 reglas que te propongo a continuación. Esto es imprescindible para no atascarte, lastimarte más o incluso empeorar. Las 3 reglas son: no te vas a dañar, no vas a dañar a otros y no vas a dañar tu entorno. El daño debe evitarse de manera activa o pasiva; veamos.

Regla 1: No dañarte

Esta regla parece que habla por sí misma, pero quisiera hacer algunas precisiones. Claramente no deberás dañarte de manera activa; por ejemplo, golpeando tus puños contra una puerta, la cabeza contra una pared, produciéndote cualquier tipo de lesión o atentando contra tu vida. Aquí también entra todo tipo de daño psicológico, como insistir en culparte (de la culpa hablaremos más adelante), maldecirte, insultarte, declarar que mereces un castigo o desear tú estar muerto en vez de la otra persona.

Tampoco dañarte de manera pasiva, como dejando de comer, dejando de dormir o descansar, de asearte, de procurarte compañía o descuidando la actividad física o hasta la alimentación saludable. Tampoco deberías hacerlo abandonando tu fuente de sustento o hasta a otras personas que para ti son o han sido fuente de apoyo. A veces nos vamos abandonando poco a poco, así que deberás estar muy alerta con esto.

Regla 2: No dañar a otros

Esta regla habla de evitar también dañar a otros de manera activa, especialmente si son personas que amas o son importantes para ti. Esto involucra, entre otras cosas, cualquier tipo de agresión física, insultos, amenazas o actos violentos o agresivos de cualquier clase. Entiendo perfecto que quizá alrededor de lo que te ha pasado haya alguien que puedes estar culpando por lo sucedido, ya sea por una acción u omisión de su parte. De ser así, puedes sentir enojo, por supuesto, pero evita el enojo bajo la forma de la venganza, la revancha o el castigo al otro. No hablo de renunciar a la búsqueda de justicia, por supuesto, cuando sea eso verdaderamente lo que se busca.

También esta segunda regla habla de no dañar a otros de manera pasiva, como cuando dejas de cuidar a personas que dependen de ti, cuando tienes negligencia en sus cuidados o como cuando te alejas de personas que quieren ayudarte. Incluso como cuando dejas de buscar a amigos porque no quieres que te pregunten nada que te recuerde que tu pérdida es real. Abandonar una amistad o relación por causa de la tristeza es una forma de dañar los vínculos que hay entre ambos. También el abandono de una responsabilidad que se tenga hacia otros seres es otra forma de dañar, como cuando hay hijos o incluso mascotas, por ejemplo.

Regla 3: No dañar el entorno

Es evidente que dañar el entorno de manera activa implica romper cosas, destruir el mobiliario de una casa o causar daño a cualquier bien material como una forma de sacar las emociones o producto de un arranque de descontrol. Y lo sé, algunos me dirían que si es un arranque pues no se puede controlar y puede que tengan razón hasta cierto punto. La cuestión es que, si desde ahora te decides a respetar esta regla es menos probable que llegado el momento actúes de una manera destructiva o violenta hacia el entorno.

Luego viene la última parte de esta regla: no dañar el entorno de manera pasiva. Esto implica no abandonar tu ropa en el cesto sin lavarla, no dejar de regar tus plantas, no dejar de asear la casa, sacar la basura o dejar de pagar las cuentas de los servicios básicos como electricidad, gas o agua, por ejemplo. Yo sé que probablemente no tienes ahora mismo cabeza para todo, por eso quizá sea buena idea apoyarte en alguien al menos para que te recuerde estas cosas o, si es posible, te apoye temporalmente con lo más elemental de las tareas domésticas. La idea es que no dejes tu casa, tu vida y a los tuyos en el abandono.

Si sientes que no puedes
mantener tu promesa en estas reglas

Entiendo que a lo mejor ni quieres seguirlas, pero verdaderamente es muy importante que al menos tengas la intención de hacerlo desde ahora. ¿Por qué habría yo de pedirte algo que considerara inútil para ti? Aun así, si haces el compromiso de respetarlas, pero sientes que hay una fuerza interior que parece ser superior a tu compromiso y fortaleza, y parece que te impulsa a querer dañar o dañarte, no esperes más. Es hora de buscar ayuda profesional de inmediato.

Ahora sí, una vez establecidas estas tres reglas, vamos a hablar de la pérdida.

¿Qué es perder?

Perder es dejar de poseer o tener a nuestro lado algo o alguien valorado y por supuesto amado. Hay cosas o hasta personas que se pierden y se pueden recuperar (como un niño que se ha extraviado y luego es hallado), pero me voy a centrar en hablar de lo que llamaré las pérdidas definitivas; esas que cuando ocurren ya no nos dejan recuperar lo perdido, al menos de la misma manera en que estaban antes de presentarse la pérdida. Duele mucho perder algo muy amado y que lo perdido sea irrecuperable.

La pérdida deja una ausencia, un vacío en nuestras vidas que no se puede llenar completamente con otra presencia porque cada vínculo y relación que forjamos son únicos y además nosotros tampoco somos enteramente los mismos luego de haber perdido. Cuando hablemos del duelo veremos que el proceso de sanar no consiste en "superar" o llegar a la famosa aceptación final, sino en aprender a vivir con nuestras ausencias y a pesar de ellas. Es como un proceso gradual de adaptación a una realidad diferente, pero como he dicho, eso lo veremos a detalle cuando hablemos del duelo.

¿Qué se pierde?

Evidentemente, lo que se ha perdido. Y es muy común decir, cuando perdemos, que lo hemos perdido todo. Por ejemplo, cuando muere alguien parece que no sólo muere la persona, sino que se lleva consigo absolutamente todo y si acaso algo nos deja pues es sólo la tristeza y el dolor, ¿no es así? O al menos así se siente al inicio y es totalmente comprensible si tú te sientes como en despojo, como en un vacío y sin mucho rumbo ni energía.

Pero los objetos, personas y relaciones no tienen una existencia independiente para nosotros. Dependen mucho de la relación que se haya formado a lo largo del tiempo. De la convivencia, de lo compartido y de lo vivido. Incluso de las expectativas realizadas y las que no. No sólo se pierde lo que ya no está, sino lo que su existencia significaba para nosotros. Hay relaciones que nos han dado compañía, seguridad, protección, confianza, amor, pertenencia o todo eso al mismo tiempo. Otras relaciones son como nuestro apoyo, nuestra fuente de inspiración o hasta las que nos permiten ejercer un rol, como el de padres, por ejemplo. Las personas que amamos no son sólo personas que existen de manera independiente a nosotros, son parte de un complejo mundo de relaciones, representaciones y vínculos que existen entre ellas y nosotros y han ido enraizando profundamente al paso del tiempo.

Es probable que por eso duele tanto perder y que vaya doliendo diferente al paso del tiempo, especialmente cuando nos vamos dando cuenta gradualmente de todo lo que se ha perdido o cuando declaramos que con esa pérdida lo hemos perdido todo. A veces se siente como si nos hubieran arrancado de raíz el corazón y que ya nada podrá volver a crecer ahí. Y aunque hoy puedas creer que esto es verdad, porque lo sientes, generalmente no es así, especialmente si decides no renunciar a lo que hay por ya no tener lo que se ha ido.

Hay otra cosa que se pierde. Nuestro mundo de certezas y nuestras creencias de permanencia e invulnerabilidad. El mundo no cambia, cambia la representación que hacemos de nuestro mundo y la manera de estar en él. Todo de pronto puede parecer que se hace añicos y que no hay manera de volver a ponerlo como estaba y esto no es del todo falso; no hay manera de volver totalmente a lo de antes y lo que toca es asumir esa realidad y hacer algo a partir de ella, no de la que ya no está, por más que uno anhele que el tiempo de marcha atrás.

¿Cómo se presenta la pérdida?

Hay pérdidas que se van anunciando conforme se acercan y otras que llegan de manera totalmente inesperada y a veces decimos que hasta a destiempo, como cuando muere una persona joven y saludable. Aunque perder duele y mucho, la pérdida que se presenta de imprevisto tiende a causar más conflicto por lo enredado que resulta asimilarlo todo. Claro que una pérdida derivada de una enfermedad más o menos larga también tiene sus aristas. Veamos un poco de la pérdida anunciada y de la repentina.

La pérdida anunciada.

Esta ocurre cuando hay una enfermedad larga en donde el deterioro era evidente. Entran acá enfermedades como el cáncer, la leucemia o cualquier enfermedad larga considerada como terminal. Digamos que son pérdidas graduales donde se van perdiendo muchas cosas en el proceso; se pierde la esperanza de una recuperación, entre otras cosas.

Otras pérdidas anunciadas pueden ser las relacionadas con el envejecimiento y la pérdida de capacidades o la que se manifiesta cuando una relación va mal sin mucha esperanza de mejora. Uno ya ve venir el cambio, el final o lo irreversible de la situación y eso nos entristece de muchas formas.

La pérdida anunciada lo que nos da con su aviso es tiempo para ir asimilando lo que vendrá; para que podamos ir resolviendo lo posible. Hay quien dice que da tiempo para las despedidas y esto puede ser así, pero quizá no como las imaginamos con un "adiós", sino más bien a través de encuentros, conversaciones y hasta silencios sincronizados que acompañan a quien gradualmente se está marchando.

Pero el hecho de que la pérdida sea anunciada no garantiza que el anuncio quiera ser escuchado. Muchas veces me tocó atestiguar personas que se encerraban en un "tú vas a estar bien y te prometo que te vas a aliviar" como una forma de protegerse del dolor de la realidad. Evidentemente sus intenciones eran buenas y su amor muy grande, pero a mí me parece muy arriesgado hacer ese tipo de promesas. Primero, porque no siempre está en nuestras manos cumplir. Segundo, porque acabamos creyendo que esto será así y entonces el tiempo que servía para asimilar la realidad, se invierte en construir fantasías que, ante los hechos, acabarán por venirse abajo como un castillo de naipes. Cuando la negación nos impide ver lo que hay más adelante, muy frecuentemente nos acabamos estrellando contra el muro de la realidad a gran velocidad por no haber desacelerado. Entonces se convierte en una pérdida anunciada que acaba pareciendo una repentina.

La pérdida repentina

Son esas donde la normalidad de la vida se rompe abruptamente y somos arrojados en un estado de shock al pantano de la tristeza. Estas ocurren con accidentes, enfermedades con desenlaces fulminantes hacia la muerte o a consecuencia de otras situaciones catastróficas. Infartos, atropellamientos, choques, asesinatos o desastres naturales. La persona sale de casa sin idea de que no volverá a ella con vida.

Las pérdidas repentinas son complicadas porque no hay oportunidad no sólo de asimilar, sino ni siquiera de una despedida apropiada. Y aunque ya dije que normalmente no decimos a quien se va a morir "adiós", sentimos que no haber estado, no haber acompañado, no haber dicho o hecho algo por última vez, nos dejó con un momento fundamental inconcluso. Esto ocurrió sobre todo al inicio de la reciente pandemia de COVID. Muchísimas personas que se contagiaron se agravaron rápidamente, entraron a un hospital sin posibilidad de acompañamiento familiar, precisamente para evitar contagios, y nunca más se les volvió a ver con vida, a besar o abrazar. Si acaso hubo algún enlace por video llamada y nada más. Luego, los rituales funerarios fueron alterados. Muchos tuvieron que vivir todo el proceso en una soledad relativa y con una rapidez o lentitud inusuales. Todo fue como una pesadilla para los que estuvieron en esa situación. Muy frecuentemente las pérdidas repentinas complican la asimilación por la velocidad y lo confuso de su llegada.

Lo que nos lleva a perder

Cuando todo está bien, cuando la vida corre por los caminos de lo cotidiano, no tenemos grandes sobresaltos. Todo parece ir bien y a veces hasta hay como un terso transitar, no exento de pequeños problemas aquí y allá, pero qué hace que el camino sea fluido, incluso para nosotros frecuentemente poco consciente. Estamos tan acostumbrados a que lo que ha estado ahí siga ahí, no pensamos que, por alguna razón, podría dejar de estarlo. Y lo hará, es decir, llegará el momento cuando lo que amamos se vaya de nuestro lado o nosotros nos alejemos del lado de todo lo que amamos. Cuando esto ocurre, el camino de la vida pareciera interrumpirse abruptamente; es como si saliéramos expulsados de él y, como ya he dicho, expulsados a un pantano oscuro, desconocido y muy denso. Lo que era cierto, estable y predecible, parece que ya no lo es más. Estamos ante la pérdida y hemos sido arrojados a un lugar donde reina la tristeza y en donde a veces nos topamos con algunos de sus habitantes como la desesperanza, el resentimiento, la sensación de injusticia, la culpa o el arrepentimiento, entre algunos otros. Pero bueno, qué te puedo yo contar de lo que tú ahora mismo puedes estar viviendo si estás en una situación así. No hay palabras para describir con precisión lo que se siente y acompaña a la tristeza, ¿no es verdad?

Perdemos de 3 maneras: como resultado de morir; de una ruptura, ausencia o separación; o como resultado de una disfunción. Es decir, perdemos de forma física, simbólica o ambigua, y una gran pérdida puede tener un poco de todas.

1. PERDER COMO RESULTADO DE MORIR

Para morir no se necesita más que estar vivo. Cuando alguien muere deja una ausencia, principalmente de su parte física: su cuerpo, su presencia y compañía en nuestras vidas. Pero somos mucho más que el cuerpo, por eso además de la ausencia física hay una afectación simbólica, es decir, una separación obligada que incrementa nuestro dolor. Uno no dice que está triste porque murió el cuerpo de alguien, sino porque la persona que estaba a nuestro lado ha muerto, ¿no es así?

Pero aun así, mucho se extraña la presencia física del otro. Se extraña su estar, su hablar, su mirada y qué decir, de ser el caso, sus besos y abrazos. Se extrañan a veces hasta sus defectos.

Una de mis primeras experiencias dentro del mundo del acompañamiento tanatológico, me llevó a un hospital de traumatología. Ahí conocí el caso de un señor que, tras haber bebido mucho alcohol, su esposa lo había dejado afuera de la casa, pues, dicho por ella después, "ya llevaba muchas". Para tratar de entrar a su casa, este señor había intentado trepar por una ventana, pero lamentablemente cayó de una altura considerable, se golpeó la cabeza y el resultado fue una lesión grave que terminó en muerte cerebral; ya nunca iba a despertar y la muerte era inminente. Fue impactante al momento de la muerte mirar a su esposa abrazar el cuerpo, llorar desconsoladamente y decirle: "¡Ay cachito!, eras muy borrachito, pero si abres los ojos y despiertas, yo te voy a comprar tu botella".

Claramente parecería que estamos dispuestos a lo que sea con tal de recuperar lo perdido, así sea aceptar lo que de otra manera nunca habríamos aprobado.

Entonces podríamos decir que, ante toda pérdida física, hay también una pérdida simbólica; es decir, lo que la existencia de ésa persona representaba para nosotros. Es aquí donde se cuela la pérdida por separación de lo amado. "No sólo me falta tu cuerpo, sino me faltas tú", podríamos claramente afirmar. Y aun así extrañamos lo que está evidentemente ausente: a la persona que hemos perdido.

La muerte

¿Cómo no hablar de ella aquí si es a quien le atribuimos muchas de nuestras pérdidas más dolorosas? Pero hoy quiero hablarte de la muerte de una forma distinta, porque desde una perspectiva podemos decir que la muerte, como la hemos concebido habitualmente, no existe. ¿O cómo te imaginas tú a la muerte? ¿Como un esqueleto, un ser encapuchado o una entidad maligna que se lleva a las almas? ¿Es la muerte algo que viene por nosotros y nos arrebata de esta vida? ¿O hasta podríamos decir, como se ha llegado a creer en el pasado, que es un ser que nos guía en nuestro camino al más allá? Como un ser que nos va dando instrucciones en el tránsito entre dos vidas; la terrena y la celestial o simplemente "la del otro lado".

Es verdad que la humanidad ha tenido que crear mitos, leyendas y construir una personificación de la muerte al menos para tener una idea de cómo se ve y así conjurarla, negociar con ella o hasta pretender "engañarla", en el mejor de los casos. Otras veces se han creado estas representaciones para crear miedo y provocar así que los que se portan "mal", se porten "bien". Si bien estas representaciones de la muerte han tenido cierta utilidad y han servido hasta para hacer desfiles y "celebrarla", como una forma de tenerla ubicada y apaciguada, la realidad es que las historias que solemos contarnos de ella han sido bastante atemorizantes, especialmente con la visión que se difunde en occidente a partir de las pandemias como la peste en la Europa medieval: el esqueleto con la guadaña que va segando vidas a toda velocidad mientras ríe a carcajadas por su triunfo sobre la humanidad. Tal vez en este preciso momento no, pero luego que tengas un poquito de interés, mira una de mis obras favoritas que está en el Museo del Prado, en Madrid, se llama precisamente "El triunfo de la muerte" (https://bit.ly/triunfodelamuerte) y es del pintor del Renacimiento flamenco, Pieter Brueghel el Viejo. Esto para que tengas un ejemplo de dónde nos han venido estas representaciones macabras de las que te hablo.

Pero retomando, por eso quiero hablar diferente de la muerte en este libro a pesar de que ya he dicho que, como personaje al menos, es probable que no exista; probablemente no en esa forma macabra. Si tuviera que dar mi opinión al respecto, para mí la muerte más que una entidad o personaje es más bien como un umbral, un momento que separa la vida como la conocemos de lo que siga. Decimos que llegamos a la vida al nacer (aunque incluso lo hacemos antes) y nos vamos de ella al morir. Esos son dos umbrales, por ejemplo.

Curiosamente, todos identificamos un binomio universal que parece estar formado por dos polaridades: la vida y la muerte. No deja de llamar la atención, sin embargo, que en ese caso no representemos a la vida como una persona o entidad de algún tipo que nos "trae", pero sí tengamos necesidad de hacerlo con la muerte, que nos "lleva". Vamos, ni siquiera la célebre cigüeña es la que trae la vida, sino sólo "entrega" a los niños que ya llegan vivos.

Más allá de eso claramente existe el morir, el estarse muriendo, el haber muerto, el estar muerto y, por supuesto, los muertos. ¿Pero la muerte? Incluso hay quien dice que "es un misterio", a lo mejor queriendo decir "lo que sigue" no lo conocemos con certeza. Otros dicen que es un "castigo", pero entonces la gente "buena" no debería morirse y los "malos" sí, y sabemos que al final todos vamos para allá. Se mueren los niños, los viejos, los jóvenes, los que tienen una vida por delante o los que ya vivieron "mucho". Bueno, se mueren los enfermos y a veces hasta los que están sanos. Creer que la muerte o morirse es un castigo, ha sido causa y consecuencia de una visión punitiva de la muerte, porque nos deja con una sensación de haber sido malos, víctimas de una injusticia o, peor aún, que la injusticia la han pasado aquellos que murieron, especialmente si, como seguramente ha sido, no hacían mal a nadie y algunos hasta se fueron siendo muy jóvenes o incluso antes de nacer. Si la muerte fuera un castigo, no habría mucha explicación acerca de por qué mueren los niños, como no sea que ese hecho es entonces un castigo para los padres por algo que hicieron o dejaron de hacer. Cuesta creer entonces que pueda ser un castigo para nadie y sí un hecho doloroso que forma parte de la vida.

Pero a lo mejor esa idea ha rondado por milenios en nuestra humana cabeza; por ejemplo, los mitos más antiguos que conocemos acerca de la existencia de la muerte, que vienen del centro de África, tienen que ver con que antes la muerte no existía, pero que luego algo hicimos como humanidad para crearla o provocarla. Ya sea nuestra pereza, desobediencia o arrogancia la trajeron a nuestras vidas y ahora por eso morimos; es decir, como especie metimos la pata y por eso acabamos no siendo inmortales como la luna o las serpientes, nos dicen estos mitos. Pero esas historias no dicen que la muerte sea un ser terrorífico, de hecho, ni siquiera tiene representación y se ve más bien como un suceso.

Pero bueno, si por alguna razón insistieras o crees que te es de utilidad hacerte una representación de la muerte, entonces ¿por qué elegir una macabra y aterradora en su versión de roba almas? Digo, si no hay certeza y se trata de crear algo que nos sea de ayuda, bien podríamos recurrir a las representaciones ancestrales de muchas culturas y tiempos en donde se le veía como un ser psicopompo (del griego *psyche*, "alma", y *pompós*, "el que guía o conduce"), es decir, una entidad que guiaba a las almas de los muertos en su transición al más allá y tenía la función de dar instrucciones y dulcificar el viaje. Conocemos a lo largo del tiempo y las culturas a distintos personajes que se les ha atribuido esta cualidad (ninguno es un esqueleto malvado, por cierto). Desde animales hasta otros seres; por ejemplo, en parte de la cultura mexicana antigua encontramos al perro xoloitzcuintle, en la mitología nórdica a las Valkirias y con los propios griegos al dios Hermes. Jaguares, golondrinas, caballos y hasta cabras han sido considerados como estos acompañantes y guías del alma en otras latitudes. Bueno, desde hace mucho se dice que quien viene por nosotros es un ser querido; de ser así, estaría cumpliendo justamente con estas funciones de guía y acompañante al momento de morir. El común denominador entonces (hasta la llegada de las pandemias de peste) era que la muerte se trataba de algo o alguien que "venía" para tranquilizar y acompañar (no para arrebatar o secuestrar almas).

Cuando me preguntan, "Mario, ¿qué habrá después de morirnos?", yo suelo responder: "No lo sé, pero ya lo averiguaremos (o no)". Y es que, ¿quién podría decirnos con certeza lo que hay o no? Cualquiera, ya lo sé, pero no porque sepa, sino porque dice saber o cree saber. Cada uno puede hablar de lo que cree que hay, lo que le dijeron que habrá o de lo que le gustaría que hubiera, pero esa es otra historia. Yo en lo personal pienso, si hay algo, no veo por qué debería ser malo. Lo que haya, simplemente es y está ahí.

Eso sí, la presencia de la muerte de alguien nos cambia los planes y deseos, especialmente aquellos que teníamos con la persona que ahora se ha marchado. De entrada, los deseos no se miran desde el interior del pantano y, aunque fuera posible, en el momento de la pérdida ni siquiera los queremos ver porque de alguna manera sentimos que nos toca estar entregados a la tristeza. Si acaso el deseo primordial que sobrevive es el de querer escapar de la realidad, creer que todo ha sido como un mal sueño y seguir viviendo.

Esto quería decir acerca de la muerte y me ha parecido importante hacerlo porque finalmente que alguien amado muera, como ya dije, es una de las formas en que experimentamos una gran pérdida.

2. PERDER COMO RESULTADO DE UNA RUPTURA, AUSENCIA O SEPARACIÓN

Algunas relaciones se rompen, algunas personas se marchan lejos y otras se van sólo de nuestro lado. Se rompe la salud, se ausenta la juventud o nos separamos de los hijos cuando, idealmente, ya son capaces de hacer su propia vida. La diferencia con el apartado anterior, el de la pérdida por muerte, es que no siempre aquí lo que se pierde es porque ha muerto y eso hace que duela distinto. A veces sin que el amor haya muerto entre los dos, la situación nos lleva a separarnos; en este caso la persona sigue existiendo, sólo que ya no está al menos emocionalmente a tu lado.

A diferencia de la muerte, a veces la ruptura o la separación podrían parecer evitables y entonces pueden verse como pérdidas por las que pasamos por la decisión de alguien; por la voluntad al menos de uno. Podríamos decir que hasta cierto punto esto es así, pero más que voluntarias diríamos que a veces tenemos que tomar decisiones que no queremos por evitar un mal mayor, como en el caso de dejar una relación que, aunque se ame a la otra persona, la relación puede que no nos esté haciendo bien (como cuando hay violencia, maltrato o mentiras constantes). Entonces a veces tenemos que irnos o dejar ir, perder, para no seguir perdiendo nuestra dignidad y nuestro tiempo. En este caso antes de buscar ganar, lo primero que se hace es decidir para dejar de perder.

Hay otras pérdidas que surgen a partir de decisiones que tomamos buscando algo mejor, como cuando cambiamos de trabajo o de casa para ir a una mejor empresa, un mejor puesto o un mejor barrio o casa. Se decide renunciar, dejar aquella casa, para buscar algo mejor y crecer. En este sentido también llega el punto en el que decidimos dejar la casa parental por alcanzar nuestra independencia y realización personal y eso también es una pérdida, aunque puede estar mitigada por lo que en el futuro se espera obtener.

También como cuando nos damos cuenta que una enfermedad de alguien ha llegado a un punto de no retorno o no recuperación y entonces no es que se decida que se vaya, sino que uno deja de hacer aquello que le provoque más sufrimiento. No siempre podemos prolongar la vida, pero si nos aferramos a que alguien no se separe de nuestro lado, sí podríamos prolongar la agonía con medidas extraordinarias. Claro, sentir que era posible hacer más y no se pudo, o se podía pero ya no convenía realmente hacerlo, puede generar mucha culpa. Como la que ocurre también cuando vemos sufrir mucho a alguien y deseamos que ya no siga sufriendo, que ya descanse. Ese pensamiento benevolente se puede transformar en culpa cuando se retuerce la intención y entonces se cree que realmente se deseaba que la persona se muriera. Por supuesto que no, pero la culpa, que también es un habitante de este pantano de la tristeza, nos puede hacer sentir un gran peso. Pero de eso hablaremos más adelante.

Aunque sean pérdidas voluntarias, necesarias o que se asumen como inevitables, duelen de muchas maneras. Incluso como cuando se deja algo que ya no hacía bien, como una relación disfuncional, puede que se sienta alivio, pero también algo de nostalgia que es como una tristeza agridulce. Se echa de menos lo conocido y, por supuesto cuando es el caso, lo amado.

El fantasma del abandono

Cuando este tipo de pérdidas por separación o ruptura no han sido producto de nuestra voluntad o decisión, como en un divorcio, por ejemplo, queda la sensación de que hemos sido rechazados, que no hemos sido suficientes para que la otra persona permanezca a nuestro lado. De alguna forma a la tristeza le acompaña en el pantano una sensación de fracaso. Surgen innumerables interrogantes: ¿Me cambió por alguien mejor? ¿Dejé de gustarle? ¿Dejó de amarme? ¿Nunca me amó? ¿No luchó más porque no me quería tanto? Y aquí parte de lo que nos atrapa es la perspectiva; pensamos que la decisión del otro de marcharse, cuando así lo decidió, tiene que ver enteramente con nosotros y no con una decisión que la persona tomó quizá por buscar otra cosa en su vida. Es decir, puedes ver esto desde la perspectiva de que el otro decidió dejarte o desde la perspectiva de que la persona decidió tomar otro camino. Parece lo mismo, pero no es igual en nuestra mente.

Incluso este fantasma del abandono puede presentarse cuando la pérdida llega con el momento de la muerte o la inminencia de ella. A veces nos lamentamos y decimos a quien ha muerto, "no me dejes" o "¿Por qué me dejaste?" Sabiendo que generalmente no es por voluntad que alguien muera, muy probablemente no es que haya querido dejarte, sino que no pudo evitar su partida.

Hace años tuve a una paciente, una mujer de alrededor de 50 años que lamentablemente tenía cáncer terminal y acabó muriendo al poco tiempo de iniciadas nuestras sesiones. Evidentemente se sentía terriblemente mal por su enfermedad y la conciencia de su muerte cercana, pero todo eso se veía agravado con la angustia que le provocaba cuando su esposo le decía: "¿Qué no me quieres?, ¿Qué no te importo?", a lo que mi paciente le respondía claramente que sí, entonces él añadía: "¿Entonces por qué no te quieres aliviar; por qué quieres dejarme?"

¿Pero si tú me dijeras que la ausencia por la que hoy sufres sí fue con la intención de dejarte? ¿Si quien se fue te dijo con claridad "ya no te soporto" o se suicidó y piensas que fue por tu causa? Bueno, aun así la persona decidió que irse era el camino para resolver su conflicto interno. Hay personas que actúan por acercamiento, buscando cómo resolver acercándose a lo que desean y otras que lo hacen por alejamiento, sólo alejándose de lo que no saben cómo manejar, pero sin mucha idea de hacia dónde van. Puede ser que tú hayas estado en una relación y la otra persona al final ha sido quien se ha marchado, la que tomó la decisión de alejarse, entre muchas otras elecciones, pero no pudo ver o no consideró adecuadas para sí. Pero aun así entiendo que estas situaciones se sientan como personales en ocasiones. "Me lo hizo a mí", nos decimos, o a veces un "no pensó en mí" es lo que predomina. Es natural que estés en esto por un tiempo; al final tienes una herida, duele y te duele a ti. ¿Cómo no sentirlo personal aunque no lo sea realmente? Sólo no alimentes esta idea y dale crédito a la otra persona en su toma de decisiones o mírale como alguien que no encontró otro camino. Eso probablemente no mitigará el dolor, pero puede ser una perspectiva más realista que impedirá que empeores.

Ya dije que siempre que hay una pérdida física está involucrada una pérdida simbólica; la representación interna y emocional de lo perdido. Lo que su existencia representaba en nuestras vidas. Bien, pues de la misma forma no toda pérdida simbólica encierra necesariamente una pérdida física. Por ejemplo, se puede perder la salud, el estatus o los sueños de alcanzar algo. Incluso se puede perder lo que no se ha tenido, pero se deseaba desde el corazón, como cuando se deseaba un hijo que nunca se tuvo, la casa con la que siempre soñamos o un amor idealizado. Existió en nuestra mente, en nuestra imaginación y en nuestro corazón y, aunque nunca tuvo presencia física, sí estuvo mucho tiempo con nosotros de una manera simbólica. Muchas cosas se rompen o se ausentan permanentemente de nuestras vidas sin haber tenido necesariamente una existencia física.

3. PERDER A CONSECUENCIA DE UNA DISFUNCIÓN

Esta es una pérdida un tanto ambigua, porque lo que se ha perdido puede ser que aún esté, pero las cosas ya no son como antes.

Perder como resultado de una disfunción es justo eso. Se pierde la función y lo que permitía relacionarnos con ella. Lo que hay ha cambiado. Esto sucede con personas que sufren enfermedades neurodegenerativas, padecimientos mentales, demencias o que están en estado vegetativo, por ejemplo. Con estas condiciones la persona está, pero no nos podemos relacionar con ella de la misma manera. No tienen conciencia del entorno, su percepción está alterada o simplemente ya no pueden acceder a los recuerdos. Podemos decir que el cuerpo está ahí, pero parecería que la persona ya hace rato que se ha marchado. Al menos como la conocimos en todas sus dimensiones.

Perder por disfunción también ocurre cuando perdemos la agudeza visual, auditiva u olfativa, o la agilidad física, como cuando envejecemos. Ojos, oídos y nariz siguen ahí, pero los sentidos no funcionan igual. En una dimensión más grave podemos encontrar aquí a la paraplejia o la cuadriplejia producto de un accidente o enfermedad. El cuerpo aún esta, pero sus funciones motoras, entre otras, se han alterado profundamente.

¿Podría aquí caber el concepto de una relación disfuncional? Sin duda, especialmente cuando la relación ha cambiado y no para bien, pero decidimos quedarnos en ella por alguna razón. Y cuando digo que una relación disfuncional no cambia para bien, no quiero decir que todo sean gritos y agresiones, porque la disfunción en una relación puede presentarse de muchas formas y quizá una de las más perniciosas sea la que se va dando cuando se deja de tener una relación para cambiarla por la mera compañía, la costumbre o el miedo a perder lo que sea que se necesite. Hay quien, para evitar la pérdida por separación, permanece en una relación que va acabando con su autoestima, sus sueños y a veces con la propia dignidad. Es decir, podemos perdernos funcionalmente a nosotros mismos si renunciamos a la posibilidad de una vida completa o distinta.

¿Pero realmente se pierde todo?

Después de una pérdida importante no es poco común que se sienta que con esa pérdida todo se ha marchado pero, aunque inicialmente se sienta así, valdría la pena repensar esto. Cuesta trabajo no centrarse en la ausencia de quien ahora ya no está; de hecho, eso es lo que nos muestra la tristeza: lo que se ha perdido, lo que se echa de menos o lo que nos hace falta. La tristeza nos recuerda constantemente lo perdido al hacer consciente la ausencia como si una voz nos dijera: "Ya no está y no va a volver". Pero convendría también prestar atención a lo que hay, a lo que nos queda y que nadie nos podrá arrebatar, como no sea que por parecernos insuficiente tomáramos la desafortunada decisión de abandonarlo y perderlo también. Me refiero a lo que la persona ausente nos ha dejado. Es verdad que perdemos mucho cuando perdemos, pero, ¿qué podríamos decir que nos queda o nos dejó, y vale la pena?

Cuando alguien se divorcia, por ejemplo, podría concentrarse sólo en la pérdida o en la sensación de fracaso, especialmente si no estuvo tan de acuerdo con la separación o siente que se pudo haber hecho algo más para no dejar morir la relación. Entonces esa persona podría decir, "todo lo he perdido" o mirar hacia el otro lado y sin negar lo que ha perdido decir: "Es verdad que he perdido esta relación que ha sido tan importante para mí, pero no pierdo mi dignidad, mi salud mental o la relación con mis hijos". En otro ejemplo, alguien que empiece a formar su propia vida, más allá de sus lazos familiares iniciales, podría sentir que al marcharse a vivir por su cuenta les está arrebatando algo muy querido a sus padres, que le han cuidado por años, y él mismo está perdiendo mucho de su vida tal y como la conocía, pero también podría decir: "Pierdo vivir en la casa de mi infancia, pero no pierdo necesariamente a mi familia". "Pierdo a los amigos de la niñez, pero no los recuerdos que me vinculan a ellos". Y así podríamos tener otros ejemplos: "Puedo perder dinero, pero no mi capacidad de generar más o recuperarme". "Quizá haya perdido el trabajo, pero no mi capacidad para trabajar". "Puedo perder una función corporal, pero no mi capacidad de soñar y de reinventarme de la manera que sea posible". "Puede que te haya perdido a ti de mi lado, pero nunca renunciaré a los recuerdos de tu paso por mi vida y a tener una relación afectiva contigo, a pesar de tu ausencia física". No, ya lo he dicho, luego de una pérdida las cosas no vuelven a ser como antes, pero serán de otra manera y convendría pensar y reconocer qué de lo perdido no se ha perdido del todo y quisieras conservar.

Es verdad que a quien has perdido ya no está, pero ¿por qué habrías de renunciar al recuerdo y la experiencia del tiempo que pasaron juntos? Yo sé que quizá ahora mismo no te parezca suficiente y tú quieres recuperar todo y que todo vuelva a ser como antes, pero eso no es posible. Lo que sí es posible es preservar mucho de lo que te ha quedado y no perder en la lucha contra la realidad aquello que podrías amorosamente conservar.

La pregunta entonces no es solamente qué es lo que has perdido, sino qué te ha dejado quien se ha marchado y si eso te es suficiente para seguir adelante. ¿O te atreverías a decir que no te ha quedado nada de esa persona que ya no está? ¿Ni un recuerdo? ¿No te dejó nada que para ti valga la pena? ¿O lo que te haya podido dejar no te es suficiente?

Las pérdidas que no parecen tan claras

La muerte de alguien amado desencadena una serie de emociones y sentimientos dolorosos y marca el inicio de la ausencia de quien claramente se ha marchado. Pero para algunos tipos de pérdidas esto no resulta ser así. A veces sabiendo que hemos perdido a algo o a alguien, no resulta tan claro identificar qué es lo que se ha perdido.

Por ejemplo, a lo largo de mi vida profesional han asistido a terapia mujeres y parejas que han tenido pérdidas gestacionales. Esta es, para muchas personas, una pérdida que puede ser muy confusa.

Hace años una paciente que había tenido una pérdida gestacional alrededor del 5° mes de embarazo me dijo: "Mario, ¿qué es lo que perdí? En el hospital me han dicho que como mi hijo no nació, entonces ha sido un 'óbito'. Otras personas me dicen que era un feto y no un hijo realmente. Pero para mí era mi hijo que ya estaba en camino y con el que ya hablaba y le cantaba. Ahora ya no sólo no sé qué perdí, sino que ya no sé qué soy. ¿Soy una madre que ha perdido un hijo o sólo soy una mujer que perdió un feto; un producto o un embarazo? ¿Puedo llorar y sentir como madre o al hacerlo estaría usurpando un papel que no me corresponde?"

Siendo clara la pérdida, la indefinición del estatus por el momento en que se presenta puede crear confusión. En contraste, hace tiempo estuve dando en la ciudad de San José, California, en Estados Unidos, una conferencia acerca de las pérdidas. En la parte de preguntas y respuestas una mujer me dijo que había tenido varios abortos espontáneos a lo largo de su vida. Yo le pregunté: "¿Y sientes que con cada uno has perdido hijos?", "no, me queda claro que han sido abortos lo que me ha pasado", me respondió. No es tan importante tener la certeza del nombre "correcto" de lo que hemos vivido, sino que nosotros podamos nombrarlo con claridad.

Otra cosa que complica este tipo de pérdidas es que el mensaje común es: "Céntrate en el futuro, seguramente el siguiente sí se logra", "piensa en tus otros hijos" o "todavía estás joven". Socialmente no hay mucho espacio para reconocer la pérdida, pero solemos vivirla necesitando la validación de los demás.

Otro tipo de pérdidas que no resultan tan claras es cuando no existe la certeza de la muerte o la evidencia de ésta. Esto sucede lamentablemente en situaciones de secuestros, accidentes, desastres naturales, migraciones, desapariciones forzadas o cualquier situación en donde no sea posible tener la certeza de la muerte o no se pueda recuperar el cuerpo. Es algo sumamente agotador, pues mientras por un lado estamos inmersos en la búsqueda y el deseo de hallarlo con vida, por el otro la tristeza se va haciendo presente, pero bajo la forma de la angustia. Es como ser arrojados a un vórtice de ese pantano mientras queremos mantener la cabeza a flote para verle regresar.

En estos casos lo que nos deja en un limbo es la falta de un cierre, de una despedida o de la certeza y claridad de la muerte. Ya no se puede estar como antes, pero tampoco se puede salir del otro lado porque hay una resistencia a avanzar por estar esperando. En estos espacios es como si envejeciera el alma de manera acelerada.

¿Hay pérdidas a destiempo?

Los seres humanos vivimos un tiempo en esta vida. La esperanza de vida difiere en función del lugar de nacimiento, aunque a nivel mundial la OMS establece que "la esperanza de vida de los niños nacidos en 2015 era de 71.4 años (73.8 años para las niñas y 69.1 para los niños)". Es decir, que una muerte a destiempo, al menos desde el punto de vista cronológico, sería la que ocurre mucho antes de esas cifras esperadas.

Es evidente que decimos que la muerte llega a destiempo con los niños, los jóvenes, los adultos que tienen niños pequeños o los que estaban en su etapa más productiva o próspera. Cuando nos acercamos a las cifras de expectativa de vida, o incluso cuando las rebasamos, no es que la pérdida no duela, pero entonces se declara que la persona "ya había vivido" y al dolor de la pérdida no se le suma el de la injusticia o la sinrazón del "destiempo", como en el caso de los niños y los jóvenes. Es casi como si pudiésemos declarar que los niños y los jóvenes no deberían morirse y eso de la muerte debería estar reservado para los muy enfermos o los muy ancianos (y para los "malos", por supuesto). La realidad es que no; el único destiempo está en nuestra percepción y el momento de la muerte puede darse en cualquier instante de la vida.

Entiendo perfecto que parte del dolor de estas pérdidas a "destiempo" se ve incrementado cuando se piensa en todas las cosas que el niño ya nunca hará. Nunca irá a la escuela, nunca aprenderá a leer, nunca aprenderá a andar en bicicleta, no tendrá una fiesta de graduación, no tendrá un trabajo, no se casará ni tendrá hijos, ni tendrá su casa propia, ni conocerá el mundo... Y eso es verdad; ya no vivirá esos hitos de la vida, pero preguntémonos algo aquí: ¿Quién sufre más los efectos de lo que ya no será? Pues nosotros porque sabemos todo lo que pudo vivir el niño o niña muy pequeñito que lamentablemente muere, pero que no alcanzó a visualizar ese futuro, es decir, a tener conciencia plena de lo que nunca iba a vivir. Hace años tuve la oportunidad de trabajar con niños con cáncer y sus familias. Recuerdo puntualmente una conversación que tuve con una madre, llamémosla Silvia, que tenía ya la conciencia de que su hija muy pequeñita no viviría:

> **Silvia:** Lo que más me duele es que no va a vivir una vida completa.

> **Yo**: ¿Qué quiere decir con "una vida completa"?

> **Silvia**: Pues una donde viva todas las cosas que uno tiene que vivir en la vida... ya sabe: graduarse, trabajar, casarse, tener hijos...

> **Yo:** Creo entender ese dolor que siente y no es para menos. Es verdad que es muy posible que ella no alcance a hacer todas esas cosas. Pero no pensemos en nuestra perspectiva, pensemos en la de ella. ¿Le podríamos decir ahora que su vida, sólo por el hecho de ser corta, no es una vida completa? ¿Que es una vida que no cuenta o vale menos por ser "incompleta" según lo que se supone que tendría que vivir?

> *(Silvia permanece en silencio por un momento).*

> **Silvia:** No... creo que no. No lo había visto así. Yo nunca le diría eso.

> **Yo:** Claramente no sería grato ni recomendable decirle eso a nadie, pero la cuestión es que así lo ha estado visualizando usted y eso es parte de lo que le está doliendo más. Pensar que su vida ha sido muy corta y quedará incompleta. Y

pienso que esa forma de pensar no deja que el verdadero dolor salga.

(Silvia guarda silencio y llora).

Silvia: Eso es verdad. En realidad, lo que más me duele es que no va a estar conmigo; que la voy a extrañar mucho.

Yo: Y no es para menos, pero creo que es mejor crear desde este momento una historia de una vida digna para ella para echarla de menos y rendirle homenaje como en realidad fue y no sufrirla como la que pudo haber sido...

Hay vidas largas bastante incompletas y otras más cortas que se vivieron con toda la plenitud que su circunstancia se los permitió. No es el tiempo en realidad lo importante, sino el hecho de que podamos ser recordados y estar presentes con dignidad en el corazón de los que nos han amado. Ese es más bien el resultado de lo que llamaríamos "una vida completa", con mayor o menor independencia del momento y la forma de marcharnos.

Nuestras pérdidas y los otros

La pérdida es un hecho individual que se vive en lo colectivo. Aunque el dolor de la pérdida suele ser personalísimo, tradicionalmente los seres humanos hemos vivido nuestras pérdidas con la compañía y la empatía de los nuestros. Los muy cercanos, que evidentemente por serlo también a su manera están sufriendo la pérdida, y otros no tan cercanos, que nos entienden, nos escuchan y validan nuestro sentir.

No es que la sociedad y la cultura nos digan qué cosas nos pueden o deben poner tristes o no, pero de alguna manera, al ser seres sociales, sí existe una validación acerca de lo que es adecuado y pertinente para nosotros según el tipo de relación que teníamos con quien ha muerto. Es así que la sociedad valida totalmente el dolor desgarrador de una madre, pero puede ver con recelo el dolor que parece exagerado ante la muerte de un compañero o compañera de trabajo, por ejemplo. Valida plenamente el dolor y el llanto de una pareja formal, especialmente si se trata de un esposo a una esposa, pero de inmediato sanciona y hasta impide las expresiones del dolor si quien sufre se trata de un amante. Se supone que una ex pareja no debería sentir tanto si ya estaba fuera de la vida emocional del fallecido y lo que indebidamente se podría llamar un hijo "ilegítimo", no debería ser bienvenido en el funeral ni recibir las condolencias de nadie. El juicio social puede ser devastador cuando se refugia en la ignorancia o en el último bastión del resentimiento, la culpa o la envidia. La nomenclatura de la relación no representa la profundidad del vínculo; es el vínculo que se ha formado lo que condiciona la calidad de la relación y el dolor que se siente cuando se ha perdido a alguien importante y amado, más allá de las convenciones sociales. Puede cambiar el nombre de las relaciones o las condiciones legales, pero el sentir puede permanecer de muchas maneras hacia alguien que ha sido amado.

Si bien no hay dos pérdidas iguales, sino que cada uno vive de manera muy personal las suyas, a veces encontramos cierto consuelo al toparnos con personas que han tenido pérdidas similares a las nuestras. Y no es porque el mal de muchos sea el consuelo propio, sino porque nos damos cuenta que no somos los únicos que están pasando por algo así. Hay una especie de empatía que hace en ocasiones más llevadero el dolor al no sentirnos tan solos mientras vemos que el mundo sigue su marcha.

Aun así la forma de expresar el sentir puede variar y no conviene dejarnos influenciar por las apariencias. Hay personas que son muy expresivas en su sentir y otras que lo manifiestan más internamente. Sería un error pensar que quien expresa más, necesariamente siente más, como también lo sería creer que porque no se expresa abiertamente, no se está sintiendo, o peor aún, no se quería a la persona. Tampoco siempre es del todo cierto que el que llora más lo está pasando peor, como el que no llora ya lo tiene todo resuelto.

Como dije, si bien es cierto que la validación social puede tener un peso acerca de cómo se nos permite reaccionar ante la pérdida, muy frecuentemente estas interpretaciones personales y sociales están repletas de prejuicios, temores e ignorancia. Seré más específico en esto cuando hablemos del duelo.

En suma, perder nos duele y nos arroja al pantano de la tristeza.

¿Qué vimos en este capítulo?

○ Sabiendo que es importante y doloroso lo que sientes después de una pérdida, conviene que, mientras sientes y expresas tu dolor, sigas 3 reglas fundamentales: No dañarte a ti, no dañar a otros y no dañar el entorno.

○ Perder es dejar de tener algo que antes estuvo a nuestro lado, ya sea de manera física, de forma simbólica o ambas. Perder algo significativo resulta muy doloroso.

○ La pérdida puede ser anunciada, como cuando se presenta una enfermedad terminal, o repentina, cuando ocurre un accidente o cuando el morir se presenta muy rápido y de manera inesperada.

○ Perdemos como resultado de la muerte, de una ruptura en una relación o como resultado de una disfunción, es decir, de algo que está, pero ya no está como era antes.

○ Visualizar a la muerte como un personaje que viene y se roba las almas, o pensar que la muerte es el resultado de un castigo por nuestras malas conductas, condiciona mucho no sólo a la resistencia que le hacemos a la sola idea de morir, o que los nuestros mueran, sino que genera una sensación de injusticia y sinrazón incomprensibles.

○ Cuando perdemos, algo nos queda; la pregunta es si es suficiente lo que nos queda, lo que el otro nos ha dejado, para seguir adelante.

○ Creo que no hay vidas incompletas o muertes a destiempo. Podríamos decir en cambio que hay muertes que ocurren antes de lo esperado y personas que no alcanzarán a cumplir algunos de los hitos sociales de la vida.

○ Las pérdidas se sienten de manera individual, pero se viven en lo colectivo. Los seres humanos hemos elaborado nuestras pérdidas al lado de los nuestros, y de alguna manera necesitamos su validación, empatía y acompañamiento.

2

LA TRISTEZA

No te avergüences de llorar; es correcto afligirse.
Las lágrimas son sólo agua, y las flores,
los árboles y las frutas no pueden crecer sin agua.
Pero también debe haber luz solar.
Un corazón herido sanará con el tiempo, y cuando lo haga,
el recuerdo y el amor de nuestros seres perdidos
se sellará dentro para consolarnos.
BRIAN JACQUES, novelista inglés

La tristeza es una emoción reactiva que se desencadena normalmente después de una pérdida, cuando tomamos conciencia que no hay nada que podamos hacer para recuperar lo perdido. Es una reacción normal y esperada en una situación así. ¿O qué otra cosa esperaríamos sentir luego de que hemos perdido a alguien muy amado?

Como ya he dicho, para mí la tristeza, y en general las emociones, podrían ser pensadas como un lugar al que de pronto somos arrojados por los acontecimientos de la vida. Ya dije que miro a la tristeza como una especie de pantano muy denso, oscuro, húmedo y frío. Un pantano en el que cuesta mucho avanzar, en el que no hay mucha claridad y donde, si no tenemos cuidado, vamos dejando nuestras energías al punto de ya no tener las suficientes para sentir que podemos salir de allí.

Entonces, si seguimos esta línea de pensamiento, podríamos afirmar que las emociones no están en nosotros, sino que nosotros de alguna manera somos los que estamos dentro de estados emocionales. A veces es inevitable e importante entrar en territorios emocionales diversos, pero de igual importancia es salir de ellos.

¿Por qué se dice que la tristeza es una emoción negativa?

Por definición, las emociones positivas son placenteras y nos mueven a acercarnos a lo que sea que las esté produciendo. Por ejemplo, salir a tomar un café y charlar con un amigo muy querido es placentero, por lo que buscaremos más de esas experiencias no sólo para fortalecer los vínculos con ese amigo, sino para sentir placer al estar a su lado compartiendo. Por otra parte, las emociones negativas son las que sentimos displacenteras y nos mueven a alejarnos de aquello que las produce. Es claro que nadie quiere vivir con los efectos dolorosos de una pérdida de manera permanente, por eso la tristeza nos muestra el origen de ese dolor, para que después hagamos lo necesario para movernos y alejarnos hacia estados cada vez menos dolorosos. A menos, por supuesto, que por alguna razón hayamos determinado que necesitamos ser castigados y entonces, como condena, debemos permanecer en un estado continuo de sufrimiento sin alejarnos de él jamás. De la culpa ya hablaré en su momento.

Cuando evaluamos las emociones negativas como malas y las positivas como buenas, les estamos atribuyendo una cualidad moral que no tienen. Es decir, enojo, miedo o tristeza, serían como debilidades del carácter que deberíamos erradicar por ser malas. Por eso, insisto, escuchamos frases del tipo: "No te enojes, no es para tanto", "no tengas miedo, no pasa nada, no seas cobarde" o "ya no estés triste, arriba corazones y las cosas pasan por algo". Como si a la evolución le gustara desperdiciar energía y hubiera mantenido con nosotros esas emociones por miles de años sin que tuvieran alguna función útil. Eso es poco probable.

Nos hemos convertido en evitadores compulsivos de la tristeza

Vivimos en un tiempo y en una cultura donde la tristeza parece ya no tener cabida, como si sentirse triste fuera algo anormal, inadecuado, enfermo, moralmente incorrecto y que, por lo tanto, debe ser evitado a toda costa. "La tristeza debería ser eliminada del mundo", escuché alguna vez decir a alguien. Pero si tuviéramos éxito en este distópico intento, ¿qué nos quedaría entonces sentir cuando tenemos una pérdida? ¿Nada? ¿Indiferencia? ¿Aspiramos a no sentir nada cuando alguien amado se ha marchado? ¿A que no nos duela? ¿A no echar de menos? Afortunadamente para nosotros la tristeza es inevitable. Cada vez que alguien nos dice que no estemos tristes, que ya dejemos de llorar, que con nuestro llanto no dejamos descansar al ser amado que está en el más allá o que cambia la conversación cuando ésta se dirige hacia temas melancólicos, nos está diciendo que nuestra tristeza le resulta incómoda, quizá porque es como un espejo que le deja ver la suya que posiblemente tenga enclaustrada desde hace mucho y no ha podido descifrar qué hacer con ella.

Cualquier persona no profesional que nos ofrece un ansiolítico o un calmante sin haber sido recetado, o hasta un amigo que nos ofrece un trago "para ahogar las penas", generalmente son personas de buenas intenciones, pero que de alguna manera pueden influir en nosotros para bloquear, negar o sepultar a la tristeza como si no existiera, para vivir en la ilusión de que este denso pantano es en realidad un campo lleno de flores, con cascadas cristalinas y un sol radiante.

Familia, sociedad y cultura pueden ser promotores, prose-litistas y hasta dictadores de la orden no escrita al decir que no debemos estar tristes o que, si eso fuera inevitable, entonces lo hagamos por muy poco tiempo y donde nadie nos pueda mirar. ¡Ojalá que distraerse, descafeinar o maquillar a la tristeza realmente fuera una solución permanente y eficaz para algo!

¿Entonces para qué sirve la tristeza?

Lo primero que debemos saber es que la tristeza forma parte del duelo y de eso ya hablaré en el siguiente capítulo. Digamos que la tristeza es el lugar al que somos arrojados, pero el duelo es el tiempo que transcurrimos transitando por ella a partir de la pérdida.

Pero hablando específicamente de la tristeza, como toda emoción, lo primero que intenta es hacerte consciente de algo, mostrarte algo, como ya dije. Después, lo que intenta cualquier emoción es que te muevas: que hagas algo para, si eso es posible, ponerte a salvo, combatir aquello que sea amenazante o, en última instancia, te desacelera para que puedas irte adaptando a una nueva forma de vivir con la ausencia de lo que se ha perdido y reparar dentro de ti lo que sea posible. Es por eso que la tristeza se siente densa y a veces hace como que veamos el mundo en cámara lenta. Por eso el proceso de adaptación suele ser más bien lento. Entonces podríamos decir que:

- La tristeza te muestra lo que te hace falta, lo que necesitas o a lo que estás apegado y temes perder o ya has perdido.
- La tristeza te mueve a buscarlo, recuperarlo o, cuando esto no es posible, a adaptarte, como cuando la pérdida es permanente.

Otra de las funciones que tiene la tristeza, es la de quitarnos un poco de fuerza para que hagamos menos resistencia a la aceptación de lo que ha ocurrido. La presencia de la tristeza es fundamental para aceptar y acomodar la pérdida en nuestras vidas, pues digamos que nos saca un poco del mundo de lo cotidiano.

Tampoco estoy diciendo que porque tiene utilidad en nuestra vida, habría que encariñarse con ella, buscarla o hasta provocarla. No es necesario, ella se presenta cuando sabe que nos es útil y nos acompaña por un tiempo para desacelerar y asimilar lo que ha pasado. Entonces, a diferencia de mi libro *Del otro lado del miedo*, en donde busqué en parte hacerle un poco de mejores relaciones públicas a esa emoción, aquí no voy a hacer una oda a la tristeza. No porque, a diferencia del miedo, no depende de nosotros la decisión de afrontarla; simplemente somos arrojados a ella y ya.

¿Por qué si decimos que las emociones nos mueven, la tristeza parece no movernos para ninguna parte?

Es muy normal que lleguemos a pensar así, pues como ya dije, la tristeza nos desacelera al punto de sentir que no nos estamos moviendo. Y lo hace porque cuesta mucho trabajo asimilar lo desconocido cuando va a gran velocidad. Al desacelerarnos, nos ofrece un espacio de tiempo para entender lo posible, acomodar los recuerdos y las vivencias y prepararnos para la adaptación a un mundo que, del otro lado, será diferente.

Pero hay otro elemento que produce esta ilusión de inmovilidad, la tristeza inicialmente nos mueve hacia el interior. Es como si estuviera tratando de buscar adentro, en un acto desesperado, lo que se ha perdido afuera. Claramente lo que va a encontrar son recuerdos, pero esos pueden ser dolorosos porque precisamente rememoran lo que ya no está. Por eso también a veces no queremos que nadie nos pregunte nada, que nadie nos recuerde la pérdida, porque al recordarla, duele y lo hace porque es real.

Si supiéramos relacionarnos de una manera más saludable con la tristeza, nos daríamos cuenta que lejos de ser un elemento que nos quiera estancar y atrapar en sus garras fangosas, es realmente un estado que se muestra muy desagradable, precisamente para que no nos den ganas de quedarnos a habitar en él, pero sin que nos apresuremos demasiado a salir.

Otros habitantes del pantano de la tristeza

A veces culpamos a otros por nuestra pérdida y con la tristeza aparece el enojo. Otras veces sentimos que no vamos a poder con todo esto y con la tristeza se presenta la desesperanza o incluso la desesperación. No pocas veces, muy en silencio, experimentamos envidia hacia otras personas que no han perdido como nosotros. A veces nos llega a parecer como una especie de injusticia que nosotros, que hemos amado tanto, tengamos que perder cuando otras personas que parecen no cuidar tanto sus relaciones sigan estando juntas. Incluso cuestionamos cómo es posible que nuestro ser amado haya muerto, si era tan bueno o al menos no le hacía mal a nadie, cuando hay tantos otros que hacen el mal y siguen vivos por ahí.

En este pantano también habita la confusión, la desorientación y a veces la distracción, a tal punto que parece que perdemos un poco la memoria de lo cotidiano. También nos cuesta trabajo tomar decisiones y no es de sorprenderse, pues concentrarnos se nos dificulta. Probablemente por eso, mientras lees este libro, de pronto te des cuenta que algo de lo que has leído parece que lo hiciste de manera automática; de pronto no recuerdas lo que acabas de leer y tienes que retroceder varios párrafos atrás, ¿no es así? No es que estés perdiendo la memoria, es perfectamente comprensible que si toda tu atención está en el interior, cualquier cosa que venga de afuera puede estar ante ti, pero te cuesta más integrarla o asimilarla por el momento. Tu capacidad de concentración es algo que irás recuperando poco a poco, al menos hasta como la tenías antes de la pérdida. La tristeza nos permite acceder a la indiferencia de lo mundano, aunque el mundo sigue ahí.

La tristeza y el miedo

Y por supuesto que hay otro residente de este pantano que es muy importante, me refiero al miedo. Y uno podría pensar que el miedo no tiene nada que hacer aquí, porque lo peor ya ha pasado, ¿no es verdad? Sin embargo, el miedo tiene muchas voces y dice muchas cosas. El miedo se presenta cuando piensas que no vas a poder con todo esto y no sabes cómo vas a salir adelante. Digamos que es el miedo al derrumbe, a venirte abajo. Entonces se aplica la fórmula que nos parece más razonable: hacernos "los fuertes", aparentar que no pasa nada para que el miedo no se reconozca a sí mismo en nuestro rostro, en nuestro cuerpo. Pero querer ganarle al miedo aparentando es como querer tapar el sol con un dedo; en vez de refugiarse en la arrogancia de "yo lo puedo todo", más nos valdría reconocer nuestra fragilidad y pedir ayuda o al menos compartir con los nuestros lo que estamos sintiendo.

En una ocasión estuve acompañando a una familia en el proceso de duelo por la muerte de la madre. Los sobrevivientes eran el padre y un par de hijos adolescentes. Durante las primeras sesiones resultaba complicado empatar horarios, así que al padre lo veía algunas veces y a los hijos, por separado, en otras. Durante una de las sesiones con el padre me dijo que él no permitía que sus hijos lo vieran llorar, que él tenía que ser fuerte y estar bien para ellos. Yo le pregunté por qué hacía eso, cuál era su temor de que lo vieran llorar. Me respondió que él siempre había sido el pilar de la familia y si él se derrumbaba, sus hijos también lo harían. Por otra parte, en otra sesión hablando con los hijos, me contaron que ellos lloraban mucho cuando su padre no estaba en casa y lo hacían porque a él lo veían tan fuerte que no podían permitirse debilitarlo con sus lágrimas. Ellos creían que si su padre los veía llorar y sufrir le recordarían la pérdida de su pareja y eso le provocaría sufrimiento. Finalmente tuvimos la ocasión de reunirnos todos, ahí fue cuando hablamos con la verdad. Todos estaban tristes, todos estaban sufriendo, vivirlo por separado y en solitario únicamente hacía que el tránsito por la tristeza fuera mucho más complicado. "Reconocer su vulnerabilidad y su dolor los fortalece, porque así todos se acompañan", les dije.

Hay un miedo que no se hace tan consciente para muchos, al menos no en el momento mismo de la pérdida: el temor a la muerte propia. Ya en mi libro *Del otro lado del miedo* lo incluí en el apartado de los miedos profundos, esos que corren como ríos subterráneos bajo los pies de nuestra conciencia y que de vez en cuando emergen, pero cuesta reconocerlos. De hecho, incluso son tan aterradores, que no se quieren reconocer. ¿Y cómo podría evitarse que la muerte de alguien cercano nos recuerde, como he dicho, al menos en un nivel inconsciente, nuestra propia vulnerabilidad, nuestra propia muerte? Si es alguien de menor edad, nos recuerda que la muerte no es selectiva. Si es alguien contemporáneo, nos recuerda que nuestro momento podría llegar ahora mismo. Si es alguien mayor, como por ejemplo un padre o una madre, nos recuerda que, por lógica, nosotros somos la siguiente generación que sigue en el camino hacia el final.

He tratado de recordar una frase textual, si es que existe como la recuerdo, y que le atribuyo a Roland Barthes, semiólogo francés. Él probablemente la dijo, o la escribió, después de la muerte de su madre. Esta frase me la repetí en varias ocasiones cuando iba en mi auto hacia la casa de mi padre la mañana en que me avisaron que había muerto. Era evidente que una tristeza angustiante me invadía y entre los pensamientos confusos me dije: "Ante la muerte de mi padre, entre la muerte y yo, ya no hay nadie".

Hay otro tipo de miedo relacionado con la tristeza y es que si me permito estar triste, o me pongo a llorar, nunca voy a parar de hacerlo. Este miedo a la intensidad de las emociones está muy relacionado con estar poco habituado a convivir con ellas o con su expresión natural. Si bien ya veremos que es posible que parte de la tristeza se quede con nosotros por el resto de la vida, nosotros no nos quedamos a vivir con la tristeza. Esa parte que se queda con nosotros es cómo la tristeza se asegura de siempre recordarnos a quien se ha marchado. A veces a esta forma de la tristeza le llamamos nostalgia.

La tristeza y la soledad

Parece ser que la tristeza convoca a muchas otras emociones y sentimientos, ¿no es así? O tal vez es que muchas se reúnen en torno a ella. No bajo la forma de un aquelarre malévolo, sino más bien como auxiliares para ayudarnos a no quedar atrapados. Otro sentimiento del que quiero hablar brevemente es sobre la soledad.

Es evidente que quien se ha marchado ha dejado un vacío y es ahí donde podemos sentirnos verdaderamente solitarios, a pesar de que pueda haber mucha gente a nuestro alrededor. El vacío que ha dejado una persona difícilmente lo puede llenar otra porque cada una ocupa su propio espacio. Incluso si de alguna manera le pudiéramos pedir a alguien que ocupe el lugar de quien se ha marchado, y suponiendo que accediera a ello, ni acabaría por llenar ese hueco y terminaría por dejarnos otro con el espacio al que ha debido renunciar para ocupar uno que no le corresponde.

Todo esto sin contar la pesada carga que debe ser para alguien hacerse cargo de cumplir la función de otro, mientras se sigue haciendo cargo de su propia vida. Muy enredado, ¿no es cierto?

Por eso nunca deberíamos, por ejemplo, pedirle a un hijo que sea como su hermano que se ha marchado. Primero porque no lo es y segundo porque de alguna manera le estaríamos diciendo que ser él mismo no es suficiente y que entonces debería ser como el otro, que ese sí era bueno, educado, estudioso o lo que sea que se le haya obligado a ser en el pasado. Eso de catalogar a un hijo como bueno y obediente y al otro como malo o rebelde tiene más que ver con la capacidad que hayamos tenido para aleccionar, condicionar o a veces hasta someter a alguno para que tuviera conductas que a nosotros nos parecieran más aceptables. Claro, hay casos donde esto no es así y un hijo naturalmente se comporta como a nosotros nos gusta. Lo importante es no exigir o comparar abiertamente.

Aunque más adelante hablaré acerca de que podría haber una forma distinta de relacionarte con quien se ha marchado, quiero decir que la soledad se hace más aguda cuando renunciamos a la posibilidad de una conexión simbólica con la persona que físicamente se ha ausentado. Es verdad que nos gustaría tenerla "en cuerpo y alma", pero cuando recuperar una de las dos no es posible, me pregunto por qué tendríamos que renunciar a lo otro por no poder tenerlo todo.

La tristeza y el enojo

Me quiero detener particularmente en la emoción del enojo. Es una emoción que parecería no tener cabida al momento de una pérdida y, sin embargo, es un habitante muy activo de estos territorios y a veces fiel acompañante de la tristeza. Como dije, es fácil imaginar que podamos estar enojados con aquellos que pudieron haber intervenido en lo que haya pasado que provocó la pérdida, o incluso aquellos que no hicieron lo necesario para evitarla, como en el caso del equipo de salud cuando no pudo salvar la vida de un ser querido.

Hace poco tiempo iba conduciendo en el auto mientras escuchaba un noticiero. Estaban dando el reporte de que hubo un lamentable accidente y varias personas murieron. En el transcurso de la noticia entrevistaron a varios de los familiares de los heridos y fallecidos en el percance. Particularmente llamó mi atención la entrevista con una mujer joven que estaba narrando que desgraciadamente su hermana había sido una de las víctimas fatales. Contaba cómo llegó al hospital buscando a su hermana herida y noticias sobre su estado de salud. Y dijo algo como esto: "Llegué a la sala de espera y estaba esperando noticias acerca de mi hermana, cuando de pronto vi salir a un doctor de la sala de urgencias preguntando por los familiares de ella. Yo me acerqué y le dije 'te prohíbo que me digas que mi hermana está muerta', pero él no me hizo caso y me lo dijo y yo, hice lo que cualquier persona hubiera hecho: me le fui encima a los golpes".

Entendiendo el sentir en una situación como la anteriormente descrita, se comprende que a veces dan ganas porque haya un gran enojo por lo que ha pasado, pero no siempre todas las personas se lanzan a golpear a otro por haber dado una mala noticia, por mala que esta pueda ser. Pero más allá de la manera que tiene cada uno de procesar y expresar las emociones que se sienten, la cuestión aquí está en el enojo, que muchas veces es producto de una sensación de haber sido víctima de una injusticia. Y no me puedo imaginar en qué caso a alguien le pueda parecer justo que un ser amado muera.

A veces el enojo que se siente es con quien se ha marchado por haberse ido; por habernos dejado o no haberse cuidado como quizá muchas veces se lo pedimos. A veces cuesta reconocer este tipo de enojo porque no está bien visto enojarse con quien se ha ido.

Hace ya algún tiempo llegó a mi consultorio una mujer que había perdido a una hija muy joven y muy querida. Ella había sido víctima de un terrible y fatal accidente que le había quitado la vida y esto había sido en el marco de una salida furtiva sin el permiso de su madre. Durante los primeros meses, ella visitaba la tumba de su hija puntualmente cada semana, lo cual llamaba mi atención. Yo le pregunté a qué iba con tanta periodicidad al cementerio y ella me respondió, obviamente, a ver a su hija y platicar un poco con ella. Por supuesto que en ella había mucha tristeza, pero yo sospechaba que había algo más, especialmente por la forma de la muerte y las circunstancias en donde la hija se había arriesgado demasiado. En cierto momento le pregunté con toda claridad si no se sentía enojada con ella por haber salido sin su permiso y porque se hubiera arriesgado de tal manera que incluso acabó muriendo. Ella me respondía que no, que cómo iba a estar enojada con ella si la quería tanto y la extrañaba grandemente. Transcurrieron un par de semanas cuando un día llegó y me dijo: "¿Sabe de qué me acabo de dar cuenta?, del verdadero motivo por el que voy cada semana al cementerio". "¿Cuál es?", le pregunté. "Voy a asegurarme que mi hija siga ahí, es como si la tuviera castigada por lo que me hizo y ahora sí de ahí no se me va a volver a escapar; estoy muy, muy enojada con ella". Entonces la señora rompió en llanto y ahora sí le pudo dar paso más francamente a la tristeza; el enojo la estaba atascando.

Otras veces, como ya vimos, es con quién da una mala noticia, no necesariamente con quien hizo un daño.

56

Durante la reciente pandemia de COVID, muchas fueron las reacciones hacia el equipo de salud. Inicialmente se les vio como héroes que no abandonaron la trinchera a pesar del riesgo que corrían de contagiarse, pero posteriormente, en otras ocasiones, se les empezó a ver precisamente como lo contrario: seres que podrían portar la enfermedad y contagiar a otros. Incluso no pocas veces escuchamos casos de agresiones hacia el equipo de salud por parte de familiares cuando algún ser querido había muerto, casi como si ellos, y no el virus, hubieran sido los causantes de la fatalidad.

El enojo también puede dirigirse hacia una persona insensible a lo que estamos viviendo, alguien que no nos ofrece un trato digno (también el enojo se puede traducir en algo de intolerancia) o incluso puede dirigirse hacia un ser superior, por no haber querido escuchar nuestras plegarias y valorar nuestras promesas y así perdonar o salvar la vida de nuestro ser amado.

Pero como toda emoción, el enojo tampoco es algo malo, aunque también forme parte del rango de las emociones negativas. Así como hemos sido arrojados a la tristeza, y ésta nos debilita, a veces el enojo nos da la fuerza necesaria para levantarnos. Pero la idea es no actuar el enojo de formas agresivas o violentas hacia alguien (¿recuerdas las 3 reglas del capítulo 1?), sino que nos pueda ofrecer la sensación de que seremos capaces de salir de esto.

Los matices de la tristeza

Entonces la idea es identificar con claridad qué es lo que se está sintiendo para evitar ser arrastrados hacia profundidades de las que después nos cueste mucho trabajo salir. Por ejemplo, una emoción cuando va cambiando de intensidad regularmente también cambia de nombre. Veamos específicamente el ejemplo de la tristeza:

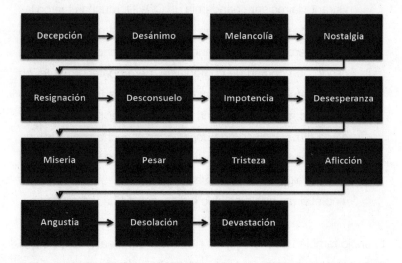

Como podemos ver aquí, de alguna manera todas éstas podrían ser consideradas como formas de tristeza o emociones y sentimientos dentro del espectro de la tristeza, por así decirlo. Por supuesto es posible que, en tu experiencia, alguna de las que aquí te muestro no te parezca familiar o identificable como parte de la tristeza y también tú tengas algunas que sí identifiques más. Pero mi intención no es crear un mapa correcto del rango de las emociones de la tristeza, sino darte una idea de cuántas maneras puede haber para expresar un sentimiento con mayor precisión de acuerdo a lo que se está experimentando. A veces, cuando ocurre algo muy grave, la palabra tristeza no alcanza para definir aquello que estamos sintiendo y conviene tener un rango más amplio de conceptos con los cuales nombrar a las emociones. ¿Por qué es importante esto? Porque expresar lo que estamos sintiendo con un mayor grado de especificidad nos permite de alguna manera elaborar y acomodar de forma más eficaz las emociones. Además, también esto podría permitirnos combinar emociones para tener y expresar mayor claridad. Por ejemplo, podrías decir no sólo que estás triste, sino que tienes una "tristeza furiosa decepcionante" o que te invade un "enojo melancólico desesperanzado". Es muy difícil que haya en nosotros emociones puras, por eso conviene al menos ir identificando hacia dónde hemos sido arrojados y a quien nos estamos encontrando.

El problema no es haber entrado, sino quedarse ahí

Siempre he dicho que las emociones no son un problema o que el problema no son las emociones. La cuestión es que, como en muchas otras cosas en la vida, la dosis es fundamental y permanecer demasiado tiempo en ellas, más allá del necesario para que cumplan su función, puede resultar contraproducente. Por ejemplo, un efecto secundario de quedarse atascado en una emoción son las creencias que empiezan a formarse dentro de estos territorios turbios.

Son las creencias las que pueden hacer que las emociones tengan la fuerza para arrastrarnos. Creencias del tipo, "esto es un castigo", "todo me pasa a mí", "no voy a poder con esto", "cuánto habrá sufrido" y otras afines, se convierten en alimento para que las emociones se arraiguen y nos conduzcan a más de estas creencias y así, como ya dije, caer en ese vórtice. Por supuesto, todo esto lo produce la tristeza que nos invade y nos deja un tanto vulnerables por la energía que nos resta para quedar sólo rumiando estos pensamientos irracionales. Y no digo que los combatas, porque ya hemos dicho que no tienes la energía suficiente; pero no permitas que se arraiguen en ti. Al menos cuestiona esas creencias de algún modo o evita seguirlas. Para ayudarte, te sugiero usar una estructura parecida a alguna de estas:

- "Mi cabeza insiste en que esto debe ser un castigo, pero yo la verdad no considero que haya motivos para eso y, aun así, que haya alguien que castigue de esta manera".
- "Mi mente dice que todo me pasa a mí y es verdad que muchas cosas desagradables me han sucedido, pero hay otras

que han sido buenas y a esas mi mente no les da mucha relevancia; creo que tengo que hacer un poco de balance, aunque hoy sienta que no hay motivos para eso".

Si al hacer estas reflexiones sobre las creencias que tu mente te ofrece aun te cuesta trabajo, simplemente repite para ti como respuesta:

**"No lo sé, pero sé que de una forma
u otra voy a poder con esto".**

Como dije, la tristeza nos debilita (pero no nos hace débiles), nos desacelera y se corre el riesgo de alcanzar a detenerse si no hacemos un esfuerzo por movernos. Ya sé que es posible que no tengas energía, pero entonces tenemos que echar mano de nuestro modo de supervivencia para no acabar hundidos. El modo de supervivencia te dice: "No te muevas porque tienes ganas, hazlo para no quedarte atrapado en este pantano".

Hay emociones en las que nos estancamos y otras que se parecen más a un vórtice en el que entramos y vamos girando mientras somos succionados. En esos abismos como que se va perdiendo la razón y empezamos a dejar que las emociones nos arrastren.

¿Puede la tristeza transformarse en depresión?

Pienso que si nos quedamos demasiado tiempo en el pantano corremos el riesgo de volvernos uno con él. Es decir, nos exponemos a irnos transformando poco a poco en algo cada vez menos humano, más frío y más mimetizado con ese color indefinido del fango pantanoso. Quedamos vulnerables y podemos ir perdiendo la memoria de quien somos, lo que alguna vez amamos y hacia dónde queremos ir. Entonces, como muchos que están perdidos, bien podríamos irnos introduciendo cada vez más profundo en ese territorio pensando que vamos hacia la salida. O peor aún, olvidarnos de dónde estamos, cómo hemos llegado allí y dejar de buscar cómo salir. Incluso podríamos llegar hasta olvidar un tanto a aquella persona que se ha ido por quedarnos solos en compañía de la tristeza. Y ya he dicho que la tristeza no ha evolucionado para cuidarnos; no sabe cómo hacerlo, sólo nos recibe cuando hemos tenido una pérdida, nos acompaña hasta la salida para que no nos extraviemos en el camino y después nos deja ir; no del todo, porque de vez en vez nos visita, pero ya no vivimos en su pantano.

Pero más allá de la metáfora, podemos encontrar diferencias. La tristeza y la depresión comparten síntomas similares, pero cada una es una experiencia distinta. Por ejemplo, sentirse triste es una parte integral de la depresión, pero la depresión no necesariamente forma parte de la experiencia de tristeza. Por supuesto no pretendo darte de ninguna manera pautas para diagnosticar si tienes una cosa o la otra, para eso deberías consultar a un especialista si tienes la duda o sientes que lo necesitas. Lo que sí voy a hacer, es darte algunas características de una y de otra para que puedas identificar lo que puedes estar pasando.

Por ejemplo, la depresión no es una forma aguda de tristeza, pues hay diferencias significativas entre estos dos estados. El principal de estos es que la depresión es una condición de salud mental diagnosticable que puede presentarse sin ninguna causa aparente, mientras que la tristeza es reactiva a la pérdida y no es una condición de salud mental.

En este sentido podemos decir que las personas que se sienten tristes frecuentemente pueden identificar la causa de su tristeza; sin embargo, muchas personas que experimentan depresión informan que tienen dificultades para identificar la razón por la que están deprimidas. Mientras que una persona triste puede mantener la esperanza en el futuro y puede en cierto momento empezar a moverse por sí misma o buscar la ayuda necesaria, una persona que experimenta depresión puede ver la vida sin esperanza y es posible que no pueda hacer frente o superar los síntomas de la depresión mediante una elección consciente.

Podríamos entonces decir que la tristeza siempre se presenta cuando ha habido una pérdida. La depresión, en cambio, puede presentarse en cualquier momento y sin ninguna razón aparente. Pero vamos a ver a continuación algunas características distintivas de cada uno de estos elementos. Como he dicho, es para que los conozcas y los tengas en cuenta, pero un diagnóstico siempre debe ser realizado por un especialista al igual que el tratamiento necesario, de ser el caso.

Algunos signos de la pérdida

Te enfocas en lo perdido.

Subidas y bajadas emocionales.

La autoestima no se ve tan afectada.

Las muestras de apoyo suelen ayudar.

Desesperanza transitoria.

Algunos signos de la depresión

Te enfocas en ti mismo.

Emociones fijas.

Sentimientos de inutilidad y autodesprecio.

Tener apoyo no hace diferencia.

Desesperanza permanente.

Tristeza. Desánimo. Malestar. Cambios en sueño y apetito.

Signos comunes a ambos

Siempre es importante contrastar cómo eras antes de la pérdida y cómo eres ahora. Hay personas que ya cursaban por procesos depresivos sin darse cuenta y al verse agudizados por la pérdida, tienden a relacionarlos a partir de ésta.

Hace años me buscó una familia para brindar atención a uno de sus miembros (un hermano) que, según decían, a partir de la muerte de su padre estaba muy mal. Cuando les pregunté acerca de los síntomas que observaban en él, me dijeron que estaba aislado, permanentemente triste, que no quería hablar con nadie y que incluso descuidaba mucho sus deberes y hasta su apariencia personal. Después les pedí que me contaran cómo era esa persona antes de ocurrir la muerte de su padre; es decir, qué tanto había cambiado después de la pérdida. Luego de pensarlo un momento y hablar entre ellos, me dijeron que en realidad no había tanta diferencia, que incluso un par de años antes de la muerte, la persona ya se comportaba más o menos así, sólo que ahora se había agudizado. Incluso, otro miembro de la familia me dijo después que creía que realmente la enfermedad de su padre había tomado mucho de la atención de todos y por eso no habían observado con tanta atención lo que pasaba con el hermano, al que incluso llegaron a tachar de desinteresado en lo que estaba pasando.

Si has tenido una pérdida muy reciente y has experimentado cambios inusuales y muy llamativos para ti, es muy probable que no se trate de un proceso depresivo, sino de una profunda tristeza relacionada con la pérdida. Sin embargo, debo resaltar que, ante cualquier pensamiento o intento de querer quitarse la vida, es imprescindible buscar ayuda profesional de inmediato. Nunca conviene pensar que alguien lo dice "sólo por llamar la atención". Toda idea de suicidio debe ser tomada en serio y como algo de extrema urgencia.

Pero respondiendo a la pregunta inicial, si la tristeza puede transformarse en depresión, yo creo más bien que la tristeza puede hacer más visible a la depresión, pero también podría ocultarla. Si uno se descuida, una gripe podría volverse neumonía, aunque no suele ser lo más común y depende mucho del sistema inmunológico y del estado general de la persona. Lo que quiero decir es que, si la depresión se presenta, es porque ya existían las condiciones para que esto se diera así y la pérdida pudo ser el detonante o lo que la haga más visible.

¿La tristeza siempre viene acompañada del llanto?

Muy frecuentemente, pero no necesariamente. Si bien podríamos decir que todos experimentan la emoción de la tristeza tras una pérdida, cada uno la expresa de manera distinta. Hay quien lo hace llorando, hay quien lo hace aislándose temporalmente, otros lo hacen rindiendo homenaje al ausente, escribiendo, hablando... La presencia del llanto no viene necesariamente en proporción directa con el amor que se siente por la persona que se ha ido.

En muchas culturas, incluso desde los tiempos de los antiguos egipcios, se ha echado mano de las plañideras, que eran generalmente mujeres a las que se les pagaba para llorar en los rituales funerarios. La razón de esto varía según la cultura; algunos lo hacían por la prohibición social de expresar el llanto en público, otros para resaltar la importancia o el amor que se le tenía a la persona que había muerto y algunos más para crear un ambiente propicio para evocar la tristeza y el respeto de los participantes en dichos rituales.

La cuestión fundamental es que no se trate de evadir, ocultar o reprimir una expresión emocional porque podamos sentir que es inadecuada o inoportuna. Siguiendo las tres reglas de las que ya hablé en el capítulo anterior, por supuesto.

¿Con qué se contrarresta la tristeza?

Cualquiera podría decir que con la alegría, pero eso sólo es de alguna forma su opuesto, no necesariamente su antídoto. Pero, insisto, ¿por qué buscar contrarrestarla como si se tratara de un veneno o una enfermedad? De hecho, yo no creo que realmente se pueda o se deba contrarrestar, pero hay quien intenta hacerlo distrayéndose o consumiendo alguna sustancia que altere la conciencia. Quien lo ha hecho sabe perfecto que eso no contrarresta realmente a la tristeza; no nos saca del pantano, sólo obliga a la tristeza a buscar otra manera de alcanzarnos y lo hará porque está cumpliendo su función. La supuesta victoria es realmente efímera y hasta pírrica, diría yo.

Dicho lo anterior, hay que saber que no está mal querer distraerse o hasta sentirse un poco mejor de pronto. Cuando lleguemos al duelo, veremos que las oscilaciones emocionales son parte de este proceso de adaptación; sólo digo que no deberíamos utilizar a la distracción como si fuera una cura, un escape con tal de no pensar o como el único mecanismo para evitar que la pérdida duela. Conviene verla más como una ayuda en el proceso, cuando así se desea. Nunca deberíamos obligar a una persona que ha sufrido una pérdida a distraerse para que "no esté triste". Podemos invitarla, sí, pero si no es para ella el mejor momento quizá podamos ofrecerle nuestra compañía. A menos, claro está, si los que realmente queremos distraernos del dolor del otro seamos nosotros. No resulta sencillo estar cerca de la tristeza de alguien cuando la propia no ha sido debidamente resuelta.

Por cierto, otra de las cualidades que tiene la tristeza es precisamente la de hacernos ver tristes para despertar la empatía de los demás y que nos puedan acompañar y ofrecer apoyo de ser necesario. Por eso no es de ayuda tratar de disimular o hacerse el fuerte; al hacerlo, le estamos robando una de sus funciones primordiales a la tristeza que es la de buscar el acercamiento de personas empáticas que nos puedan acompañar en este doloroso proceso. Esto luego se nos puede revertir en forma de alguna creencia que nos diga que todo mundo nos deja solos, cuando lo que realmente sucede es que a veces nosotros alejamos a los demás. Probablemente el tratar de disimular la tristeza viene de una creencia que asocia la sensibilidad con la debilidad.

Entonces ¿cómo salir de ella?

Considero que pensamos que vale la pena salir cuando creemos que hay algo bueno del otro lado. ¿Pero cómo puede verse algo bueno desde aquí, desde el corazón de este pantano? Simplemente a veces esto no es posible y entonces tenemos que echar mano de lo que quizá es nuestro último recurso: la esperanza.

La esperanza se define, según el Diccionario de la Lengua Española, como un: "Estado de ánimo que surge cuando se presenta como alcanzable lo que se desea". Para mí la esperanza es tener razones para creer que algo que se quiere puede ser posible. Claro, hay cosas que por más que se deseen, definitivamente hay poca esperanza de que se realicen, como lo es el desear que quien ha muerto vuelva a la vida. Por eso la esperanza debe sustentarse en cosas alcanzables.

La esperanza para salir de la tristeza puede dirigirse hacia el deseo de ya no sufrir tanto; de estar un poco mejor; de recordar no tanto con tristeza, sino con dignidad; de honrar su vida al recordarla y contar a otros cómo fue, para que de alguna manera siga viviendo mientras su recuerdo sea sostenido o su nombre sea pronunciado. Hay quien tiene la esperanza de la reunión en una vida futura pero, sobre todo, está la esperanza de que podremos aprender a vivir con nuestras ausencias y en la compañía simbólica de los que se han marchado.

Pero para mí la esperanza requiere de algo más que la sola espera. Necesita de nosotros para movernos en la dirección de lo que estamos buscando. Al buscar la salida, trabajando para nosotros y en memoria de quien se ha marchado, incrementamos las probabilidades de salir o, al menos de alguna manera, acortamos el tiempo de permanencia en el pantano. Si ya de por sí cuesta moverse en estos territorios fangosos de la tristeza, imagina qué tan complicado puede ser si además carecemos de esperanza; es decir, si no consideramos que es posible salir de aquí, o no tenemos la creencia que del otro lado vamos a encontrar paz y los recuerdos gratos perdidos de aquel que se ha marchado. Por supuesto que no digo que la esperanza lo sea todo, pero es parte del motor que nos llama desde el otro lado de la tristeza. Volveré a hablar de la esperanza en uno de los capítulos finales.

¿Qué vimos en este capítulo?

———————————— ▬▬▬ ————————————

○ La tristeza está catalogada como una emoción negativa, no porque sea mala o inadecuada, sino porque sentirla nos mueve a alejarnos de aquello que nos está produciendo dolor.

○ La tristeza te muestra lo que te hace falta, lo que has perdido, lo que echas de menos y promueve la adaptación gradual cuando la pérdida es irrecuperable. A los demás les muestra que necesitas empatía y apoyo de su parte.

○ La tristeza nos desacelera y nos lleva hacia el interior. Primero, para ofrecernos un tiempo para asimilar y adaptarnos. Segundo, para reflexionar y acomodar los recuerdos.

○ Con la pérdida, además de la tristeza llegan otras vivencias, emociones y sentimientos como la desorientación, la distracción, la frustración, el miedo, el enojo y la soledad, por ejemplo. Cada uno cumple una función y la dosis es fundamental para no darles rienda suelta sin ninguna dirección.

○ La tristeza es una emoción primaria, pero de ella se desprenden matices que pueden variar de un momento a otro. Nombrar con precisión lo que se siente hace a las emociones más manejables.

○ Hay muchas cosas que distinguen a la tristeza de la depresión, pero quizá un indicador fundamental es que con la tristeza te enfocas en lo perdido y con la depresión en el desprecio a ti mismo y la desesperanza permanente.

○ Una herramienta que nos puede ayudar a transitar con más seguridad por los territorios de la tristeza es la esperanza. La esperanza de estar mejor bajo la forma de una creencia raíz que dice: "De esto también voy a salir".

Ejercicio sugerido para este capítulo

Al inicio del camino de la tristeza todo puede ser abrumador y muy confuso. Conviene darle voz a lo que sientes y a lo que te pasa para agregar algo de orden al caos y luz a la oscuridad.

Te sugiero que hagas lo siguiente diariamente:

- Dispón de un espacio libre de interrupciones al menos 10 minutos cada día para que puedas sentarte a escribir. Conviene hacerlo por las noches, pero puede ser en el momento que tengas este tiempo disponible. ¿Por qué por las noches? Porque a veces es en ese momento donde las emociones encuentran un espacio más propicio para manifestarse más allá de lo ajetreado que pueda ser tu día.
- Ten a la mano algo con que escribir, yo sugiero hojas de papel sueltas. Podrías usar una libreta si lo deseas y es tu intención conservar lo que escribas como si fuera un diario de duelo. La intención de tener hojas sueltas es para que, si lo consideras conveniente, puedas disponer de ellas como lo desees al acabar de escribir. Podrías romperlas, tirarlas o conservarlas.
- Ahora sí estamos listos. Escribe lo que tú quieras por al menos 10 minutos cada día o 4 páginas, eso depende de ti. Por ejemplo, escribe lo que pasa por tu cabeza, lo que sientes y cómo te sientes. Escribe algo que le quisieras decir a la persona ausente, a la vida o a Dios, si es el caso. Escribe de puño y letra, hazlo sin autocensura y teniendo la certeza de que nadie que tú no quieras tiene por qué leer eso. Escribe sin hacer

juicios fijos porque esto que saldrá, especialmente al inicio, es lo que tiene que salir y no un reflejo preciso de quién eres. Es lo que hay a raíz de lo que ha pasado. Si te cuesta trabajo empezar, puedo sugerirte distintas formas de iniciar:

- "Hoy me siento..."
- "Lo que hoy tengo que decirte es..."
- "Lo que me está pesando más de todo esto es..."
- "Hoy quiero dejar salir lo que tengo dentro y quiero empezar por decir que..."

- Te sugiero colocar la fecha en la hoja, especialmente si decides que vas a conservar lo que has escrito. Eso te permitirá ir viendo cómo tus pensamientos, sentimientos y emociones se van transformando a lo largo del camino. Sin embargo, también te puede hacer ver, por ejemplo, si pasa mucho tiempo y das vueltas sobre lo mismo, que quizá estés estancado y es momento de avanzar o pedir ayuda.
- Al terminar de escribir cierra la libreta o dispón de las hojas sueltas como tú quieras.
- Haz esto todos los días hasta que sientas que ya no necesitas hacerlo. Recuerda que este camino no es lineal, así que hay días que puedes necesitar hacerlo y otros no. Incluso puedes escribir, dejarlo por un tiempo, y después retomar.

Este ejercicio tiene la intención de ayudarte no sólo a expresar, sino a desarrollar con menos complejidad la primera tarea del duelo. Pero de eso ya hablaremos más adelante.

3

EL DUELO

Perderás a alguien sin el cual no puedes vivir,
y tu corazón se romperá gravemente,
y la mala noticia es que nunca superarás
por completo la pérdida del ser amado.
Pero esta también es la buena noticia.
Viven para siempre en tu corazón roto
que no se vuelve a sellar.
Y lo logras. Es como tener una pierna rota
que nunca se cura perfectamente,
que todavía duele cuando hace frío,
pero aprendes a bailar con la cojera.
ANNE LAMOTT, escritora

En este capítulo, y en el siguiente, vamos a recorrer juntos un camino que simultáneamente te permita conocer y tener una perspectiva útil de lo que es el duelo mientras te acompaño a ir del otro lado de la tristeza. Aquí es donde hablo del duelo como tal, porque realmente creo que aprender sobre él te puede ser de ayuda para entender qué es y mirarlo más como un proceso dinámico que tiene funciones definidas y avanzar naturalmente a través de la tristeza y otras emociones que habitan en su pantano. En el siguiente capítulo seguiremos hablando del duelo, pero entonces ya más enfocados en el proceso de sanar. Yo creo que leerlos en secuencia te puede hacer mucho sentido, pero si por el momento se te dificulta concentrarte o procesar algo de lo que veamos en este capítulo, puedes probar ir directo al capítulo 5 y luego volver de vez en vez a éste si te surge alguna duda. Incluso oscilar entre ambos capítulos es algo que también puede ser un camino posible.

¿Qué es el duelo y para qué sirve?

La palabra duelo, para nuestros efectos, viene del latín *dolus*, que significa dolor y pena. Digamos que el duelo es la respuesta natural, psicológica, emotiva y en alguna medida fisiológica, que ocurre después de una pérdida significativa. Ya dije que la tristeza forma parte de él, pero es mucho más amplio, por así decirlo. Sin embargo, hay que resaltar que es una respuesta natural, por lo que podemos decir que el duelo no es una enfermedad que hay que curar, algo impropio de sentir o un defecto que se deba ocultar o negar. De hecho, es imposible de negar porque, sea como sea tu forma de vivirlo, estás en él si has sufrido una pérdida importante. Hay evidencia sólida de que todos los seres humanos vivimos el duelo de alguna manera, incluso parece haberla en algunos animales también.

Ahora bien, ni a la naturaleza ni a la evolución les gusta desperdiciar recursos y energía, así que si han evolucionado con nosotros por miles de años, emociones como la tristeza y respuestas psicoemocionales como el duelo, deben de tener alguna función importante.

Una de las cosas que hace el duelo es que nos ayuda a aceptar la realidad de lo que ha pasado y nos mueve hacia la adaptación a un mundo distinto, donde la ausencia se hace presente en nuestras vidas. Como veremos, primero nos hace buscar y querer recuperar a quien se ha marchado y luego, al ser confrontados con la realidad y lo estéril de nuestra búsqueda, nos hace caer en una frustración agotadora, pues de la manera que queremos que regrese quien se ha ido nunca volverá y nos lleva entonces a un lugar donde tenemos que elegir entre quedarnos atascados en la tristeza, como queriendo detener el tiempo, o tomar un segundo camino más adaptativo; salir del otro lado para aprender a vivir de una manera distinta en muchos sentidos. Es por eso que, por desagradable y doloroso que sea ese tránsito, no podemos ni deberíamos hacer el intento de no vivirlo, pues corremos el riesgo de caer en la inadaptación, así sea en un futuro distante. No es poco frecuente que cuando optamos por tomar el camino de la evitación, algún acontecimiento futuro, como una pérdida menor, un comentario de alguien o hasta una fecha significativa, nos lleve a caer de manera abrupta en una crisis de la que ya no se encuentra motivo aparente, pues la pérdida ha quedado demasiado lejos como para asociarla a nuestro malestar. Los atajos que se vislumbran en este pantano pueden ser muy tentadores, pero suelen ser fallidos y muy resbaladizos. Yo siempre he pensado que es mejor transitar por lo real, que arriesgar a resbalar y acabar más hundidos de lo imaginado.

Si la tristeza es el pantano, ¿entonces el duelo qué es?

Esto de alguna manera lo dije en el capítulo anterior, pero pienso que decirlo de otra forma te hará más sentido. Creo que ya estás familiarizado con la metáfora de que la tristeza es como el pantano al que nos arroja la pérdida, ¿cierto? Entonces podría yo decir que ese pantano es el espacio y el duelo es el tiempo. Es el tiempo en el que sientes inicialmente tristeza y posteriormente nostalgia por aquello que has perdido. El tiempo que transcurre a partir del momento de la pérdida y que lo hace paralelamente al tiempo de nuestra propia vida. Es decir, el duelo nos acompañará de una forma u otra de ahí en adelante, pero lo ideal es que no pasemos todo ese tiempo dentro del pantano; es decir, en la tristeza, sino que seamos capaces de salir del otro lado. A pesar de eso, como cuando uno sale precisamente de un pantano, no salimos limpios y tenemos algunas heridas que dejarán cicatrices, algunas muy profundas sin duda. Como ya dije, así como la tristeza no se va del todo, pues regresa en forma de nostalgia al recordar a quien se ha ido, el duelo se convierte en compañero de nuestro tiempo de vida, pero la mayor parte del tiempo no somos conscientes de él, sino que se hace más notorio con cada una de nuestras pérdidas y probablemente hacia la vejez en algunas personas.

Todos ya hemos tenido pérdidas importantes y no necesariamente por muerte. Por ejemplo, en algún momento tuvimos que abandonar la seguridad del vientre materno, convirtiéndolo en un lugar al que en esta vida nunca habremos de volver. Esa es nuestra primera gran pérdida. Luego vienen otras, como cuando dejamos de ser bebés y de alguna manera ya no fuimos como antes el eje de atención familiar o cuando fuimos creciendo y nos empezaron a delegar parte de nuestro cuidado. Dejamos la casa y a sus habitantes para ir parte del día al colegio; en este caso también en él hay pérdidas porque no todos los que empiezan terminan. Algunos amigos se mudarán de casa o de colegio y generalmente esto hace que dejemos de frecuentarnos. En la casa algunos también se marchan por diferentes razones y nosotros, muy probablemente, un día tendremos que dejar la casa parental para iniciar una vida más independiente y autosuficiente; una vida propia por así decirlo. Perdemos la infancia, la niñez, la adolescencia y la juventud. A veces añoramos los tiempos idos y otras, como cuando escuchamos una vieja canción, sentimos una nostalgia agridulce por el pasado, del que nos queda el recuerdo y la vivencia. El pasado no se pierde, sólo hay algunas cosas que recordamos de él y otras a veces no.

Y claro, sé que, lamentablemente, para algunos no parece haber recuerdos gratos de sus años iniciales por muchas razones. Ahí es donde se hace presente la pérdida simbólica de la que hablé en el capítulo 1, esa que nos hace sentir que perdimos aquello que nos perdimos, lo que no llegamos a tener, pero quizá nos habría gustado experimentar como sucedió con la mayoría. Una especie de nostalgia por lo que no vivimos, pero en algún momento deseamos, imaginamos o esperamos, como haber tenido una familia, un padre, una madre o algo que los demás tenían y nosotros no.

Lo que quiero decir con todo esto es que las pérdidas no son nuevas en nuestra vida. A veces pasamos por la muerte de los abuelos, la muerte de mascotas, amigos y otras personas cercanas. Por supuesto es posible que ninguna de las pérdidas previas que puedas haber tenido se compare a lo que estás viviendo hoy y no pretendo que lo hagas. Sólo quiero resaltar que las pérdidas y el consecuente proceso de duelo, no son nuevos en nuestra vida, pues han pasado a formar parte de ella, del tiempo que hemos vivido.

¿Es el duelo algo a superar o un problema a resolver?

Cuando tenemos una herida física, por ejemplo una cortada, parece ser que es un problema que de esa cortada salga sangre, pero normalmente no lo es. Es una respuesta natural del cuerpo porque no es sólo sangre lo que sale por la herida, sino otros elementos que la ayudarán eventualmente a sanar y cicatrizar. Lo que sería un problema es que la sangre no pare de salir o que la herida se infecte con algún elemento extraño y patógeno. El problema podría ser la herida en todo caso, pero esa ya no es evitable porque ya ha ocurrido. La cicatrización, el duelo, no puede ser el problema si nos acompaña en el proceso de sanar. Sin el duelo el alma no cicatriza; quedarte a vivir dentro del pantano hace el mismo efecto.

Entonces, así como no es propiamente un problema, tampoco es algo que podemos decir que se supera o incluso tiene un final; algo así como un cierre. Porque ¿cuándo diríamos que damos por "cerrado" el hecho de que alguien haya muerto? ¿Cuándo ya no duele? ¿Deja de doler realmente algún día?

Que el dolor eventualmente ya no sea insoportable no significa que no haya un dolor por la ausencia. No es un dolor "vivo", por supuesto, sino uno que a veces parece un tanto soterrado y que emerge de vez en vez bajo la forma de la nostalgia. ¿Y qué tal eso de superar el duelo? Yo siempre he pensado que cuando alguien nos dice que superemos algo, quiere decir más bien que aprendamos a vivir con lo que ha pasado, sólo que todo aprendizaje lleva tiempo y no siempre es cuestión de la sola voluntad. Evidentemente la meta no es olvidar al ser amado, al contrario, ¿no es así? Y si lo vamos a recordar, cómo olvidar que la muerte forma parte de su vida. Lo trágico sería, pienso yo, que olvidáramos su vida por sólo pensar en su muerte.

El problema con los modelos de fases o etapas en el duelo

Muchos de nosotros aprendimos o hemos escuchado acerca de las "etapas del duelo", que han tenido diferentes versiones a lo largo de la historia. De hecho, por eso se les llama "modelos de etapas", porque hay muchos, aunque todos se basan en el supuesto de que las personas pasamos por etapas específicas luego de haber tenido una pérdida. Por mucho, el modelo más popular es el de una psiquiatra y escritora suizo-estadounidense, Elisabeth Kübler Ross, que en un libro de 1969, *On Death and Dying* (*Sobre la muerte y los moribundos*), documentó sus observaciones sobre las vivencias de pacientes que estaban muriendo. Esta autora afirmaba que las personas que mueren pasan por cinco etapas de duelo: negación, ira, negociación, depresión y, finalmente, aceptación. No es así.

Los modelos de etapas tienden a ser muy atractivos porque, en medio del caos de la pérdida, resultan ser estéticos ya que siguen una estructura; es decir, tienen un principio y un final claros. La cuestión con estos modelos es que carecen de evidencia empírica sólida y utilidad práctica para ofrecer un tratamiento eficaz, especialmente con personas en riesgo o con complicaciones en el proceso de duelo. Porque no es lo mismo la vivencia por la que pasa una persona que está muriendo, aun suponiendo que esas fueran las etapas por las que realmente pasan todos, que lo que ocurre con las personas que viven el proceso como familiares o personas afectadas por la pérdida del ser amado.

Ya distintos investigadores contemporáneos nos advierten acerca de seguir ciegamente los modelos de etapas como si fuera lo correcto o como si no hubiera actualmente más estudios y evidencia que nos conducen por caminos con mayor sustento. Por ejemplo, los investigadores y doctores Marian Osterweis y Fredric Solomon, en una publicación muy bien referenciada acerca del duelo, *Bereavement: Reactions, Consequences, and Care* (*Duelo: reacciones, consecuencias y atención*), nos dicen acerca de los modelos de etapas que:

> La noción de etapas podría llevar a la gente a esperar que los dolientes pasen de una reacción claramente identificable a otra de una manera más ordenada de lo que suele ocurrir. También podría resultar en un comportamiento inapropiado hacia los dolientes, incluidas evaluaciones apresuradas de dónde están o deberían estar las personas en el proceso de duelo.

Por otra parte, uno de mis mentores con quien tuve la fortuna de estudiar directamente en mis años formativos en tanatología y quien fue editor de la prestigiosa revista *Death Studies*, el doctor Robert Neimeyer, hace referencia también a estos modelos de etapas en un número de la revista de referencia:

...modelos sospechosamente simplistas, como las teorías de las etapas del duelo que han sido repudiadas en gran medida por los teóricos e investigadores contemporáneos... rara vez se basan en las mejores teorías disponibles sobre la naturaleza del duelo y su facilitación.

Puedo decir que lo que más inquieta de estos modelos es la expectativa de que las personas en duelo pasarán, incluso deberían pasar, por ciertas etapas, esto puede ser dañino para quienes no lo hacen, pues ya de por sí transitar a través de la tristeza es denso y confuso como para que lo complique más el seguir un mapa que se supone es el correcto o sentirse "raro" por no hacerlo.

Por supuesto que a pesar de esto no podemos dejar de reconocer que, aunque no fue el primero que habló de ello, el texto de 1969 de Kübler-Ross abrió la puerta hacia la visibilidad del sufrimiento de las personas moribundas. Incluso en su momento, a falta de modelos que han ido surgiendo en años posteriores, probablemente muchas personas echaron mano de ese texto para tratar de encontrar alivio en un momento doloroso y caótico de sus vidas. Pero hoy, en beneficio de las personas que buscan un camino más confiable, humano y eficaz en el tránsito a través de la tristeza y el duelo, ya podemos dejar descansar a los modelos de etapas y sus creadores y reubicarlos de los estantes de libros de consulta hacia los de libros de historia. Como lo dice finalmente el doctor Paul Rosenblatt, profesor emérito de la Universidad de Minnesota en Estados Unidos, en su publicación, *Lágrimas amargas: diaristas del siglo XIX y teorías del duelo del siglo XX*:

Las etapas son, por supuesto, construcciones mentales de investigadores, clínicos y teóricos. No son conjuntos de eventos reales, abruptamente delineables que son obvios para cualquier observador.

En la actualidad quienes aún defienden esos modelos, y probablemente lo hacen en un intento de preservarlos como algo vigente, dicen que las etapas han sido mal entendidas, que en realidad no tienen por qué cursarse todas, que realmente no van en una secuencia específica y que cada persona es diferente. Estas afirmaciones ya le quitan todo lo estético y fundamental al modelo en sí mismo, porque es como decir que el modelo es de etapas, pero que realmente no las tiene. Pero se siguen aferrando desesperadamente a su defensa, quizá porque es algo que sigue vendiendo y porque es fácil de explicar, aunque no sea realmente de ayuda para la mayoría.

¿Cuánto dura y qué podríamos esperar entonces en el duelo?

Esta pregunta es de las que más recuerdo haber recibido en diferentes foros o entrevistas al respecto. Y respuestas puede haber muchas, dependiendo de quién responda. Por ejemplo, la visión medicalizada nos dice que no debería pasar de un año, hay parámetros de evaluación que se fijan a los 6 meses y hay autores que hablan que, por ejemplo, el duelo por la muerte de un hijo puede durar hasta 10 años. Y entiendo perfecto la necesidad de saber, de darle una estructura a algo que parece no tener pies ni cabeza y, por supuesto, tener parámetros para saber si vamos bien.

Sin embargo, a pesar de que no me gustaría hablar de tiempos, porque como ya he dicho el duelo es muy variable, sé que necesitas un marco de referencia para identificar cómo vas en este proceso. No obstante, te voy a pedir que tomes con reserva aquellas propuestas que sean muy rígidas en cuanto a duración, momentos, fases o que pretendan darte una especie de mapa de ruta "correcto" de cómo debería ser un proceso de duelo. Lo que te pueda ser de ayuda en este momento es bueno, salvo cuando deja de serlo y puede patologizar un proceso natural que, por supuesto lleva tiempo porque, recordemos: la función específica del duelo es ayudarnos con la adaptación.

Hace ya varios años estaba dando un curso para una empresa. Como al iniciar el curso a los asistentes les leyeron parte de mi currículum, mencionaron que una de las áreas de mi quehacer profesional tenía que ver con la tanatología y las pérdidas. En cierto momento del curso se acercó a mí uno de los participantes para preguntarme si yo podría ayudar a su esposa "con la muerte de su madre". Me dijo que estaba muy preocupado porque la veía muy mal y, dicho por él, no dejaba de llorar. Me dijo que ya había hablado con ella y le hizo ver que, desde su perspectiva, no era sano que estuviera tan triste y que ya era momento de que superara lo que había pasado. Yo lo escuché con atención, pero finalmente le hice una pregunta: "¿Y hace cuánto murió la madre de tu esposa?" Él me respondió: "Eso es lo que me preocupa, ya tiene más de dos semanas."

Entonces, sabiendo que cada proceso es diferente y variable vamos a hablar de algunos tiempos probables en los que el duelo se desarrolla. Sin embargo, antes quiero resaltar lo que decía al respecto el doctor John Bowlby, psicólogo del desarrollo, psicoanalista y psiquiatra inglés, quien desarrolló la teoría del apego:

El duelo nunca acaba.
Sólo que a medida que pasa el tiempo
irrumpe con menos frecuencia.

Probablemente la obra culminante del doctor Bowlby, en donde expuso su teoría más desarrollada, es su obra de tres volúmenes llamada, *Attachment and Loss* (*Apego y pérdida*) en donde profundizó acerca del apego, la separación y la pérdida.

Quiero insistir que cualquier plazo o duración que mencione respecto al duelo, es sólo un marco de referencia para darte una idea de los tiempos razonables en que todo esto se desarrolla; pero no lo tomes tan puntual, exacto o como un parámetro de lo correcto o incorrecto. De lo que no ayuda y es preocupante en el duelo, hablaré en diferentes momentos de este libro, de eso no tengas duda.

Digamos que la parte aguda, la del pantano, no dura para siempre. Sin embargo, no podría decir que 1 año es más normal que 2 o viceversa. Depende no tanto del tiempo, sino de cómo nos adaptamos a vivir con la ausencia. Hay personas que se adaptan naturalmente más rápido que otras, pero también es cierto que, en otros casos, hay factores que lo complican y de eso hablaré puntualmente en el capítulo 6; te voy a pedir que pongas ahí especial atención cuando hable del duelo prolongado. Pero por ahora, me gustaría hablar más que de tiempos, de momentos en el duelo y del proceso normal de éste, que es por el que transitamos de 85% al 90% de las personas cuando sufrimos una pérdida importante.

Una propuesta más útil

La doctora Margaret Stroebe, con el doctor Henk Schut, de la Universidad de Utrecht, en los Países Bajos, han desarrollado lo que hoy conocemos como el "Modelo de proceso dual para afrontar el duelo". Es con fundamento principalmente en este modelo, junto al de "4 tareas del duelo" del doctor William Worden, miembro de la Asociación Estadounidense de Psicología y con cargos académicos en la Escuela de Medicina de Harvard y la Escuela de Graduados en Psicología Rosemead en California, que en este capítulo y el siguiente, buscaré ofrecerte ayuda para transitar por el proceso de duelo sin quedarte atrapado en el pantano de la tristeza.

Yo sé que muchos quisiéramos que hubiera una salida definida y un camino claro para afrontar el duelo; es decir, llegar a un punto en donde declaremos que el duelo ya terminó y seguir con la vida. Pero eso no parece ni tan sencillo, ni tan posible. Mientras transitamos por el duelo debemos también seguir de alguna manera con nuestra propia vida y sus responsabilidades, inherentes y adquiridas, porque el duelo pasará a formar parte del camino de la vida, la cual no se detendrá a esperar que el duelo termine. Si imaginamos la pérdida y el duelo como algo a superar o una caída de la que hay que levantarse, a nuestra cabeza puede venir con facilidad una especie de camino escarpado, pero muy definido, que deberíamos seguir para salir de ahí, ¿no es así? Digamos que podríamos pensar de manera equivocada que el duelo se parece a esto:

Así NO es el **duelo**

El modelo de proceso dual dice que, durante el procesamiento saludable del duelo, las personas oscilarán entre dos momentos: concentrarse en la pérdida y ocuparse de situaciones de la vida cotidiana. Justamente a esto le llaman "oscilaciones" y es algo que por mucho tiempo yo he llamado "la montaña rusa emocional". Mientras vamos oscilando, enfocándonos a veces en la tristeza de lo que se ha perdido y en otros momentos en lo que nos demanda la vida cotidiana, también vamos pasando por oscilaciones emocionales. Lo que quiero decir es que hay días muy malos y otros que no lo son tanto. A veces esto cambia de momento a momento, porque al inicio las oscilaciones pueden ser muy marcadas y de corta duración, pero en otras ocasiones, o para otras personas, son oscilaciones largas, en donde hay varios días no tan malos y otros que francamente nos dejan muy maltrechos. Este proceso natural nos ayuda a encontrar el equilibrio entre enfrentar la realidad de nuestra pérdida y aprender a vivir de nuevo a pesar de ella, aunque de una manera distinta.

A lo largo del tiempo muchos pacientes se han sentido más tranquilos, o menos extraños, cuando les explico esto de la "montaña rusa". Y es que, a veces, cuando hay días en los que sienten que empiezan a estar mejor, luego se ponen muy ansiosos o frustrados cuando viene una especie de regresión y caída otra vez hacia la tristeza. "Yo pensé que ya lo estaba superando", me suelen decir, y yo les hago ver que estas fluctuaciones u oscilaciones son indicadores habituales que esperamos ver en el camino hacia la salida del pantano de la tristeza.

Inicialmente pensemos que este movimiento oscilatorio es más o menos así:

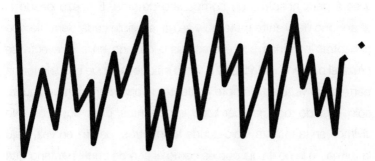

Oscilaciones en el duelo

Este movimiento sucede naturalmente en el duelo cuando todo va por buen camino, porque esa es la manera de irnos adaptando gradualmente a la nueva realidad, sin atragantarnos o estancarnos.

Con estas oscilaciones no nos hundimos en lo más profundo del pantano de la tristeza, pero aún estamos desarrollando la fortaleza para salir del otro lado. Te presento por ahora así este movimiento porque es identificable con lo que dije de la "montaña rusa" o las subidas y bajadas emocionales, pero aquí hay que quitarnos la idea de que arriba es bueno o de que abajo es malo. Digamos que cada valle y cada cresta de esta representación es la metáfora de los días muy tristes y los más ocupados; de los más abrumadores a los más cotidianos dentro de tu vida en este momento.

Yo sé que nadie por voluntad se arroja al pantano, pero ya estando adentro conviene saberse mover dentro de él para no acabar hundidos, abrumados y agotados por la desesperación de querer salir cuanto antes. Sin embargo, como he dicho, por ahora te presento gráficamente así las oscilaciones, pero un poco más adelante te las presentaré de otra manera que no es la de un zigzag vertical.

Los dos momentos del duelo

Recordemos que, desde nuestra perspectiva, el duelo ha sido y será para nosotros un compañero de vida. Empezó desde el abandono del vientre materno y se hace visible cada cierto tiempo con otras pérdidas posteriores, justo cuando en su trayecto se cruza el pantano de la tristeza. Esto es que, aunque el duelo forma parte de la vida, no siempre la afecta de una manera muy aguda, sólo cuando ocurren pérdidas importantes para nosotros. No vivimos en la tristeza, sólo acude a nosotros, de vez en vez, bajo la forma de la nostalgia que es como el eco de aquel pantano que cruzamos.

Pero el duelo no es estático al igual que no lo es ninguna emoción y la tristeza no es la excepción a esto. No es que un día sea de una manera y de pronto, en algún momento puntual, se vuelva de otra y ahí todo termine. ¿Recuerdas las oscilaciones? Bueno, pues el proceso de duelo, mientras estamos en el pantano de la tristeza, nos mueve constante y notoriamente como en un vaivén, de lado a lado, entre un extremo más viscoso y otro un poco más sólido. Al final, cuando salimos del otro lado de la tristeza, acabamos orientados hacia el lado más sólido, pero de vez en cuando volvemos a tocar el otro lado. La idea clave en torno al modelo de proceso dual es que no atravesamos el duelo en línea recta.

Aclaro: estos lados no son espacios físicos, sino momentos que tenemos y por los cuales pasamos de manera alternada a lo largo del camino. Vamos a conocerlos y después volveré a presentarte las oscilaciones gráficamente, pero de una manera un poco distinta.

1er. momento del duelo: Funcionamiento orientado a la pérdida (búsqueda de reunión)

En este primer momento, que se hace muy notorio cuando la pérdida es muy reciente, estamos inicialmente inmersos en la tristeza y el dolor. Nuestros pensamientos, emociones y comportamientos están plenamente orientados hacia la pérdida, sus recuerdos y la necesidad desesperante de que no hubiera ocurrido lo que pasó. Daríamos lo que fuera porque nuestro ser querido regresara y todo volviera a ser como antes, incluso mejor que antes, si es que padeció una enfermedad larga y grave.

También puede parecer que nos "olvidemos" de que ya no está nuestro ser amado y que tengamos conductas que nos hagan pensar que estamos perdiendo la razón, como llamarle por teléfono, poner su plato en la mesa, creer que le hemos visto pasar o haber escuchado sus pasos. Incluso puede haber episodios de incredulidad o irrealidad acerca de lo que ha ocurrido. Este momento suele tener emociones intensas y es cuando más en soledad, frustración y enojo te puedes sentir. Puede que estés repasando mentalmente, una y otra vez, todas las cosas que sientes que hiciste mal, que pudiste hacer diferente, que tenían que haber pasado de forma diferente o las decisiones que debieron haberse tomado para evitar lo que pasó. La culpa, el remordimiento y hasta el resentimiento suelen manifestarse muy intensamente en este momento. Incluso aunque las decisiones que se tomaron hubieran sido hasta cierto punto razonables para la circunstancia, parecería que todo estuvo mal hecho y por eso pasó lo que pasó. Una fantasía que puede ser muy peligrosa si dejas que se asiente en tu mente sin cuestionarla al menos.

Aquí es donde se puede presentar de forma más aguda el llanto, el pensar mucho en tu ser querido y tener un fuerte deseo de acurrucarte bajo las sábanas y nunca salir. Puedes sentirte abrumado por la ausencia o sentir una punzada de tanto extrañar. Es más, puedes sentir cierta resistencia a moverte hacia el segundo momento, especialmente si la única manera que encuentras de mantenerte en conexión con quien se ha ido es a través del sufrimiento. En este primer momento no necesitamos que nadie nos recuerde la pérdida, sólo necesitamos recuperar lo perdido. Pero eso no puede ser.

Podemos estar inmersos en preguntas infinitas llenas de "por qué": "¿Por qué así?" "¿Por qué él/ella?" "¿Por qué a mí?" "¿Por qué ahora?" "¿Por qué no otros?", por ejemplo. Otra cosa que podría pasar es que vengan a tu mente pensamientos invasivos que te hagan recordar, cuando los hubo, escenas de sufrimiento en los momentos finales. Si tu caso tiene que ver con no haber podido estar cerca de tu ser querido, incluso ni siquiera haber atestiguado qué pasó, pueden también venir este tipo de pensamientos muy traumáticos o fantasías de sufrimiento en soledad.

Hace ya algún tiempo tuve un paciente en terapia cuyo hijo había muerto en un grave accidente de tránsito. Un pensamiento que no podía removerse de la cabeza era el de su hijo agonizante y envuelto en dolor y angustia entre los fierros retorcidos de su auto. Era una imagen que lo asaltaba despierto y hasta en los sueños. Cuando me contó esto que le pasaba, y sabiendo que él no había estado presente ni durante ni después del accidente, le pregunté cómo sabía él que así habían sido las cosas. Y no porque yo no pensara que tal vez habló con un rescatista o leído algún reporte policíaco o de los servicios de urgencias, sino porque quería saber de dónde venía su creencia. Sin embargo, su respuesta fue algo como esto: "La verdad es que no lo sé, sólo así me lo imagino y lo imagino llamándome y yo sin saber nada en ese momento. Lo imagino lleno de dolor y de angustia y con gran sufrimiento", me dijo.

Este tipo de pensamientos e imágenes intrusivas son muy comunes, sobre todo en el caso de muertes traumáticas o que se perciben como en soledad. Por supuesto que nadie quisiera pensar así, menos cuando no hay evidencia y todo ese dolor sale de nuestra mente proyectado hacia el ser querido que se ha ido. Aun habiendo testigos de la muerte, cuesta realmente saber lo que pasa quien está muriendo en ese momento. Hay muchas emociones mezcladas, no es extraño entonces que nuestros pensamientos también estén revueltos y que incluso sean, por así decirlo, tan agresivos en imágenes.

En suma, puedo decir que cuando oscilamos hacia este momento, el orientado a la pérdida, tenemos vivencias desagradables, dolorosas y muy tristes. Este es un momento al que habremos de volver varias veces mientras estemos en el tránsito hacia el otro lado de la tristeza. Esto te lo digo por si en un momento dado te sientes muy triste y caes en la tentación de preguntarte cuánto dura o "¿cuándo saldré de aquí?" Saldrás y volverás a él. Quizá lo que sí te puedo decir es que lo visitarás con más frecuencia e intensidad durante los primeros meses luego de la pérdida, quizá de forma aguda los primeros 6 meses y con varios retornos al menos durante el primer año. Por cierto, de la vivencia del primer año hablaré un poco más adelante en este capítulo.

2° momento del duelo:
Funcionamiento orientado hacia la restauración
(adaptación y reorientación)

Recuerda que este momento no es la secuencia inmediata y lógica del anterior, sino que es otro momento del que también entramos y salimos como el movimiento de un péndulo. Entre ambos momentos nos movemos de uno a otro mientras vamos cruzando el pantano. Las oscilaciones, ¿recuerdas?

Este otro momento se llama orientado a la restauración porque aquí es donde empieza a darse con mayor visibilidad precisamente la adaptación. Es evidente que no se trata de restaurar lo que pasó y hacer que todo vuelva a estar como antes; ya acordamos que eso no es posible. Se trata de restaurarte a ti de la manera que sea posible para que sigas funcionando en la vida.

En este otro momento, que por más que se llame segundo no es la secuencia del primero sino otro momento en el que de pronto estás, a veces vas y otras vienes, te encuentras haciéndote cargo de lo cotidiano de la vida. Lamentablemente la vida no se detiene a esperar a que salgamos del pantano y muchas cosas siguen ocurriendo afuera y necesitando de nuestra atención. Tienes que seguir trabajando, yendo a la escuela, cuidando a los niños, atendiendo tu aseo personal, el de la casa y pagando las cuentas y los servicios domésticos como luz, gas o agua, por ejemplo. Seguramente te estás haciendo cargo de cosas y trámites derivados de la pérdida o hasta de cosas que para ti son nuevas. A veces incluso ya no quieres pensar en lo que pasó y te duermes con la esperanza de que, al despertar, todo haya sido como un mal sueño. Otras veces estás tan inmerso en lo que tienes que hacer, que por momentos dejas de concentrarte en lo que pasó, hasta que escuchas una canción, alguien te pregunta cómo estás o el llegar a la casa inevitablemente te lleva de vuelta por un tiempo al primer momento. Estas son justo las oscilaciones.

También aquí de pronto te puedes encontrar viendo un programa de TV, escuchando otro tipo de música distinta a la que te recuerda la pérdida o teniendo la ilusión de estar bien. Esto para algunos puede ser un alivio, pero para otros, para los que creen que está mal distraerse o incluso divertirse, puede parecer un signo atroz, una señal de que no quisieron tanto a quien decían querer y hoy extrañan, porque no es posible que no se estén sintiendo mal todo el tiempo. Como si el sufrimiento fuera la medida o el residuo que queda en vez del amor.

Una vez tuve en terapia a una mujer cuyo esposo había muerto de manera repentina producto de un accidente. Ella estaba profundamente triste, incluso tenía muy pocas oscilaciones en su proceso; es decir, estaba casi todo el tiempo orientada a la pérdida añorando a su esposo, lamentándose acerca de lo sucedido y con muy pocos momentos dedicados para ella. Su tristeza era profunda y muy densa. El tiempo estaba pasando y no tenía signos de estar saliendo de ese pantano; incluso estaba perdiendo las fuerzas para hacerlo. Comenzamos el proceso de terapia y busqué ayudarla precisamente a oscilar más ampliamente. Poco a poco empezó a hacerlo, pero un día llegó devastada a su sesión. Me dijo que era la peor mujer de la tierra y que no era posible que la muerte de su esposo le importara tan poco. Obviamente le pregunté qué había pasado que la hacía sentirse así y decir eso. Me respondió algo como esto:

"¿Recuerda que le conté que unas amigas me estaban insistiendo para salir con ellas a pasear, tomar un café o a distraernos un rato? Recordará también que yo me he negado porque no tengo ánimos de salir a nada. Bueno, pues quién sabe cómo me dejé convencer por ellas y no sabe qué arrepentida estoy. Fuimos a dar al cine, entramos y a la mitad de la película me tuve que salir de lo mal que me sentí".

"¿Qué pasó?", le pregunté.

"Pues resulta que la película ésta, que no me acuerdo ni cómo se llama, tenía ciertas escenas graciosas, entonces, sin darme cuenta, en un momento empecé a reírme de lo que pasaba en una escena. Fue horrible darme cuenta que me estaba riendo, como si nada hubiera pasado, como si la muerte de mi esposo no me importara. Salí de la sala a llorar, pero de enojo conmigo por ser tan insensible. Nunca voy a volver a salir con esas amigas".

Por supuesto que volvió a salir con las amigas y empezó gradualmente a moverse hacia su propia vida, lo que la ayudó a salir de ese pantano de la tristeza. Este es un buen ejemplo de esas oscilaciones y las reacciones que pueden provocar cuando no sabemos que es normal que se presenten o como cuando creemos que la única forma de seguir amando es sufriendo.

Y perdona que insista, pero es muy importante que recuerdes que estos dos momentos no son secuenciales; es decir, no es que salgas del primero para entrar al segundo y después ya logres "superar" lo que pasó. El tránsito hacia el otro lado de la tristeza oscila entre ambos momentos y esto es variable para cada persona, aun siendo integrantes de una misma familia. Siempre te voy a recordar que la función primaria del duelo no es superar nada, sino ayudarte a adaptarte a la realidad de lo que ha pasado para que puedas seguir viviendo.

Para que todo esto quede más claro, ahora voy a esquematizar nuevamente a las oscilaciones, pero ya con los dos momentos incluidos en el camino hacia la salida del pantano y en dirección hacia el resto de tu vida (o hasta la siguiente pérdida al menos).

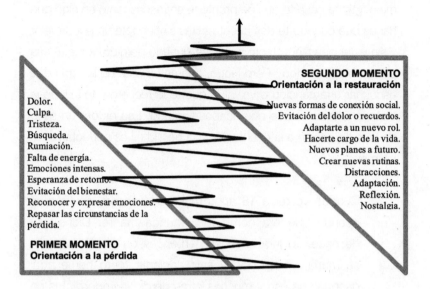

SEGUNDO MOMENTO
Orientación a la restauración

Dolor.
Culpa.
Tristeza.
Búsqueda.
Rumiación.
Falta de energía.
Emociones intensas.
Esperanza de retorno.
Evitación del bienestar.
Reconocer y expresar emociones.
Repasar las circunstancias de la pérdida.

Nuevas formas de conexión social.
Evitación del dolor o recuerdos.
Adaptarte a un nuevo rol.
Hacerte cargo de la vida.
Nuevos planes a futuro.
Crear nuevas rutinas.
Distracciones.
Adaptación.
Reflexión.
Nostalgia.

PRIMER MOMENTO
Orientación a la pérdida

Como ves, antes te presenté a las oscilaciones en el camino en un esquema para ejemplificar las "subidas y bajadas" emocionales, ¿recuerdas?, pero ahora este camino oscilatorio que recorremos lo estoy esquematizando más apegado al modelo de la doctora Stroebe. Como te diste cuenta, las oscilaciones persisten, pero ahora incluyendo a los dos momentos de los que ya te hablé, el de orientación hacia la pérdida y el de la orientación hacia la restauración. He querido ofrecerte así este esquema para que podamos ubicar juntos cómo las oscilaciones nos acercan y alejan de ambos momentos y, sin embargo, es más probable que al inicio del camino nos encontremos más frecuentemente orientados hacia la pérdida, la tristeza y la búsqueda, pero conforme vamos avanzando, si todo va bien, nos iremos orientando, a pesar de las oscilaciones, más hacia el espacio de restauración en donde nos iremos acomodando para salir entonces del otro lado de la tristeza.

Es importante recalcar que este es sólo un esquema y para ti el camino y sus oscilaciones pueden ser más agudas, más espaciadas o incluso, especialmente al inicio, variar dentro de un mismo día. Por ejemplo, dependiendo en dónde estés en este camino, ¿te ha pasado que de pronto te enfrascas tanto en algo que haces que cuando te das cuenta estás sintiéndote un poco mejor y sin estar pensando tanto en tu ser querido perdido, aunque sea por un breve tiempo? Pero luego, aparentemente de la nada o al escuchar una canción o ver algo que te lo recuerda, te invade la tristeza y hasta puede que acabes llorando. Eso es dar un salto de la restauración a la orientación a la pérdida y es perfectamente normal.

Cuando yo tenía 18 años murió de cáncer una tía muy querida que era como mi segunda madre. Dicho sea de paso, yo juraba en ese entonces que, si un día ella se moría, yo no podría salir adelante, pero heme aquí después de esa y muchas otras pérdidas importantes en mi vida. Pero volviendo a lo que te iba contando, dentro de mi proceso iba naturalmente oscilando. Una tarde que me sentía particularmente bien, como más ligero dentro de lo que cabía, había sido invitado a comer en casa de unos amigos. Estaba yo contento por la reunión y estaba siendo una tarde realmente tranquila para mí. La cuestión es que de pronto, al estar comiendo, noté un silencio en la mesa; levanté la vista y todos me estaban mirando porque, verdaderamente sin darme cuenta y aparentemente de la nada, estaba llorando y mis lágrimas caían dentro de mi plato de sopa. Era como una tristeza automática en la que había caído sin mucha conciencia. No podría decir si fue la sopa, el momento o todo junto lo que me llevó de nuevo al momento de la orientación a la pérdida. Me quedé ahí por un rato para luego, hacia el final de la tarde, volver a sentirme un poco más tranquilo.

Con el tiempo, estas oscilaciones entre momentos tienden a volverse menos intensas e impredecibles y generalmente comenzamos a inclinarnos más hacia la restauración. Esto nos ayuda a vivir el duelo en dosis que sean más manejables en lugar de ahogarnos en el pantano de la tristeza; lo que podría suceder si no pudiéramos tener esos momentos en donde sacamos la cabeza para respirar. A veces enfrentarás tu pérdida de frente, otras te concentrarás en satisfacer necesidades prácticas y tareas de la vida y de vez en cuando necesitarás tomar un descanso o encontrar un respiro.

Si cuando piensas en el segundo momento (el de la restauración, en donde la tristeza será reemplazada por la nostalgia y en donde te irás adaptando a una nueva forma de vida a pesar de la ausencia) como algo muy lejano, imposible, inadecuado o hasta ofensivo para ti, es muy probable que esto se deba a que estás aún en una posición más aproximada al primer momento donde, como ya viste, hay incluso una resistencia o evitación inconsciente a sentirse mejor. Para ese momento, eso también es normal. Sólo quiero que sepas que si ahora no crees que vas a llegar allá, te reitero que es habitual pasar por esa sensación; al inicio cruzar el pantano se puede ver como algo insuperable.

La naturalidad de las oscilaciones

Muchas de las cosas que hacemos, biológicamente hablando, se dan bajo la forma de oscilaciones; es decir, vamos de un lado para el otro. La respiración se da en inhalaciones y exhalaciones. El corazón se contrae y se relaja para bombear sangre; lo mismo hacen los pulmones con el aire que respiramos. Tenemos momentos del día en que estamos despiertos y otros momentos en que dormimos y aun durante el sueño la ciencia nos dice que hay 4 momentos diferentes o ciclos del sueño y al estar dormidos oscilamos entre ellos. A veces estamos alerta o concentrados en algo y otras veces un tanto distraídos o dispersos. ¿Lo ves?, las oscilaciones suelen ser naturales en muchos de nuestros procesos, incluso cuando hacemos ejercicio; a veces los músculos están relajados y en otros momentos están contraídos.

¿Por qué me siento atascado en el primer momento y siento que no avanzo?

Posiblemente porque la pérdida es muy reciente, porque aún no has empezado a oscilar, porque no te has permitido hacerlo o porque crees que el duelo es algo que debería durar muy poco tiempo. Lamentablemente hay personas que sienten que no van a salir adelante y entonces dejan de intentarlo; no los culpo si de verdad creen que nada van a lograr transitando por este camino; "ya no tiene caso", podríamos escucharlos decir. Otras personas creen que, si se llegasen a sentir un poco mejor, es como una especie de traición a la persona que se ha marchado porque, "¿cómo me voy a sentir mejor cuando la persona que más he amado ha muerto?"

No digo que si estás en ese caso te estés provocando o agudizando voluntariamente el sufrimiento, porque también sentir que estás como en estancamiento puede deberse a un dolor muy grande que no te deja ni contemplar la posibilidad de moverte. Pero recuerda, una cosa es lo que sientes y otra lo que haces con lo que sientes. Lo que quiero decir es que tú sabes cuánto amaste a quien se ha marchado y que no hay necesidad de mostrarle esto a través de tu sufrimiento, ¿no es verdad? Hay otras maneras de demostrar el amor, por supuesto, pero yo siempre he dicho que un indicador para pedir ayuda profesional en estos casos es cuando sientes que no puedes moverte; en nuestro caso ni siquiera oscilar y entonces te quedas como en una especie de limbo o vacío sin mucha variación y muy orientado hacia la tristeza. Esto te lo voy a recordar de varias maneras a lo largo del libro: "Si sientes que no puedes, busca ayuda cuanto antes". Sin embargo, recuerda que sentirte muy triste, especialmente al inicio del camino, es perfectamente normal.

No me siento tan mal como pensé o como dicen que debería y me han dicho que debo estar en negación

El no sentir el corazón roto, ni llorar a mares o no sentir que el mundo se te ha acabado, no significa que estás en negación o mucho menos que no querías a tu ser amado. Especialmente si este sentir más balanceado se da de manera natural y no como una forma forzada de que no te duela. Un ejemplo de una forma de negación desadaptativa sería que cada vez que te pones triste empieces a acudir a pensamientos y razonamientos que te hagan ocultar hasta de ti esa tristeza. Pensamientos del tipo: "Todo pasa por algo", "todo lo que pasa es para mi bien", "esto fue para mejor", "debo estar bien", "no me puedo venir abajo"... No digo que esos pensamientos sean malos, especialmente si realmente te ayudan y no sólo ocultan tu dolor; lo que digo es que no ayuda cuando los usas como una forma de evadir el sentimiento cuando se presenta.

Hay muchas variables en juego que pueden mediar en el desarrollo del proceso de duelo; algunas de ellas son tu personalidad, tu capacidad de resiliencia, el tipo de relación que tenías con la persona, la forma y momento de la muerte, otros factores que pueden estar produciendo estrés o ansiedad, el apoyo familiar y social disponible, tu edad, etcétera. Incluso hay personas que tienen reacciones emocionales más notorias y otros no tanto. Por eso, como ya dije, es conveniente contrastar cuál ha sido o es tu estilo habitual de afrontar las cosas que te ponen triste. Si eres una persona que llora con facilidad, es probable que ante esto haya muchas lágrimas de tu parte, ¿me explico?

Si genuinamente no sientes que las emociones sean muy intensas y además te estás haciendo cargo de la vida cotidiana, muy probablemente no te estás saltando el primer momento del duelo, sólo que para ti puede ser menos notorio o inclusive puede que más adelante haya una oscilación más grande, o tal vez no. Hay ocasiones donde estamos tan ocupados o tan arropados por otros que nos acompañan, que al principio la tristeza no se presenta de forma tan notoria, sino hasta que empezamos a desacelerar o cuando el resto de quienes estaban muy atentos a nosotros empiezan poco a poco a volver a la vida cotidiana. Hay una expresión coloquial en México que dice "el dolor se presenta más fuerte cuando se 'enfría el golpe'", aludiendo a un concepto de que al principio puede que un golpe no duela tanto, pero después de un rato aparecen dolores y hasta moretones. Algo así parece ser lo que pasa cuando el mundo empieza a volver a su normalidad, pero nosotros debemos de crearnos una distinta. Es como con ciertas catástrofes o eventos que impactan a una sociedad. Los más afectados llevan las secuelas por mucho tiempo, pero los otros, los que inicialmente apoyaron, empiezan a dejar de hablar de eso, de ver las noticias y regresan a su vida cotidiana. Hay como un breve espacio donde la soledad y la tristeza parecen hacerse más evidentes o dolorosas cuando todo y todos siguen su marcha.

Lo importante es que no te quedes en embotamiento, algo así como en una especie de pausa o aplanamiento de las emociones, tanto las positivas como las negativas. Si sientes indiferencia ante muchos aspectos de tu vida que deberían importarte, como la familia, los amigos o el trabajo, y realmente los descuidas al punto de dañarte o abandonarlos (recuerda las 3 reglas del capítulo 1), es probable que debas considerar buscar ayuda si eso persiste de manera muy aguda por más de 3 meses en cualquier momento del camino.

La complejidad del primer año

Y ya que estoy hablando de tiempos, para muchas personas el primer año tras la pérdida puede ser realmente el más complicado.

Y no es que mágicamente al año todo acabe, ya dejamos en claro que el duelo es un proceso que lleva su tiempo y que al final nos queda la tristeza en forma de nostalgia. Me refiero a que el primer año suele ser "las primeras veces de todo": el primer cumpleaños (tuyo y de tu ser amado), la primera navidad, el primer año nuevo, el primer aniversario, las primeras vacaciones, el primer día de las madres, del padre o de los niños; en suma, tu primer encuentro con días que solían ser festivos entre ustedes y que hoy, por primera vez desde que esa persona entró a tu vida, vas a pasar sin su presencia física. Todo esto hasta llegar al primer aniversario de su fallecimiento, en donde incluso de manera inconsciente, semanas o días antes empiezas a recordar más y a oscilar una vez más hacia el primer momento. Incluso hay personas que el día del aniversario empiezan a recordar qué estaban haciendo o en dónde estaban hace un año a esa hora. Esto, si te ocurre, es también algo que suele suceder de manera normal en la situación en la que te encuentras.

Cuando una pérdida ocurre antes de las festividades decembrinas, suele ser muy común que las personas que estén en terapia conmigo me comenten que están confundidos acerca de lo que deben hacer en esas fechas. Por un lado, es muy posible que no tengan deseos de hacer nada, pero por el otro, puede que haya otros miembros de la familia, o incluso haya niños en casa, que quieran tener algunos de los rituales propios de la época. Recuerdo una conversación que tuve con una persona en terapia (llamémosle Emma), cuya madre había muerto pocas semanas antes:

Emma: Mario no sé qué hacer con esto de las navidades. Parte de mis hermanos dicen que hay que celebrar, pero otra hermana y yo decimos que no estamos para eso. ¿Tú qué piensas?

Yo: Pienso que no se ponen de acuerdo y eso es algo que sucede en casos así. Pero dime algo, ¿qué le gustaba hacer a tu mamá en esas fechas?

Emma: A ella le encantaba decorar la casa y quedaba como "la casa de Santa Claus", le gustaba preparar platillos de temporada y darnos regalos a todos sus hijos, aunque ya éramos grandes.

Yo: Y tú y tu hermana que no están de acuerdo con celebrar ninguna festividad, ¿qué quieren hacer en su lugar?

(Emma se queda en silencio un rato). **Emma:** No lo sé. No he pensado en eso. Pues que cada quien se quede en su casa y celebre como quiera, pienso. Aunque mi papá no se va a querer ir a otro lado. A lo mejor si vamos cada uno un rato a estar con él, ayude.

Yo: Por cierto, ¿tu papá qué quisiera hacer?

Emma: Mmm... pues creo que nadie le ha preguntado.

Yo: Me parecería importante que le pregunten qué quiere él, tal vez puedan partir de ahí para decidir. Finalmente, no creo que vayan a festejar nada, sino más bien podrían darle un tono de conmemoración a lo que hagan. Conmemorar es traer a la memoria de una forma especial a la persona que por primera vez se ha ausentado.

Emma: No había pensado en eso... en lo de preguntarle a mi papá. A él también le gustaba eso de los adornos.

Yo: ¿Y ya no le gusta?

Emma: Pues te digo que no sé. Caray, qué egoístas estar haciendo planes sin él.

Yo: No me parece egoísmo, sólo están tratando de organizarse en algo que por ahora parece confuso en su situación. Como te decía, pueden hablar con él y de ahí deciden lo que crean más conveniente.

Finalmente, el papá de Emma sí quería adornar la casa y conmemorar. No tanto como si no hubiera pasado nada, pero les dijo a
sus hijos que como a su mamá le gustaban esas fechas, en su
honor él quería guardar la tradición y esperaba que ellos quisieran
hacer lo mismo. Cuando le dieron un tono más conmemorativo
que festivo, la perspectiva de todos cambió y pudieron reunirse en
su casa a recordarla como a ella le gustaba.

Las emboscadas de la tristeza

Y no solamente es el tiempo, sino también hay personas y lugares
que te recuerdan mucho más a tu ser amado. A veces dan ganas
de evitar estos encuentros porque duele que te pregunten o duele
recordar. Entonces por un tiempo evitas estos encuentros y lugares. Eso es normal también, forma parte de la oscilación hacia la
adaptación.

Sin embargo, la tristeza nos suele tender emboscadas. A
veces una canción, un color o hasta un día soleado nos pueden
recordar la pérdida del ser amado y ponernos tristes o al menos
nostálgicos. Es decir, no hay mucha forma de escapar, pero eso no
significa que nos vayamos a quedar estancados, especialmente si
tenemos la voluntad de movernos y cruzar este pantano.

Además, no es lo mismo una emboscada de la tristeza que
quedarnos secuestrados por ella. Esto es, quedar atrapados en
sus arenas movedizas y hundirnos lentamente. A pesar de las oscilaciones de las que ya te he hablado, digamos que a los 6 meses
después de la pérdida conviene que hayas sido capaz de respetar
las 3 reglas de las que ya hablamos y que además no te sientas
peor cada día. Si esto ocurre, harías bien en buscar la ayuda de un
psicoterapeuta, preferentemente especializado o adecuadamente
capacitado en el manejo de las pérdidas.

El duelo en tu cuerpo y en tu mente

Ya en el capítulo pasado mencioné que, además de la tristeza, hay otras emociones que habitan su pantano, ¿lo recuerdas? Pero el cuerpo y la mente también padecen los efectos de la pérdida, además de tus emociones y sentimientos, por supuesto. Quiero hablarte de estas sensaciones y cogniciones para que ciertas sensaciones inusuales no te provoquen además ansiedad. Yo he tenido personas en terapia que me dicen: "Y para colmo yo creo que ya me está dando Alzheimer, porque todo se me olvida". Cuando les digo que la confusión y la distracción pueden afectar la capacidad de retención de la memoria, se sienten muy aliviados de que esto sea producto de su proceso normal y no una nueva calamidad en sus vidas.

En cuanto a sensaciones físicas, éstas se presentan más habitualmente cuando la pérdida es muy reciente y suelen ser intensas. Se puede sentir un hueco en el estómago, rigidez en el pecho, la garganta tensa, tener hipersensibilidad a los ruidos o a la luz intensa, falta de aire o fatiga constante, debilidad muscular, falta de energía y boca seca. Hay quien también experimenta, como parte de la rigidez, la sensación de tener algo clavado en el centro del pecho. Estas son sensaciones comunes tras la pérdida, pero si algo te alarma siempre es buena idea consultar con un médico cualquier síntoma que sea inusual o preocupante para ti. En general la gran mayoría de los médicos se ocupan de preguntar el contexto en el que ha surgido un síntoma, pero si no lo hace, es muy importante que le digas que estás pasando por una pérdida importante para que tenga esto en consideración para su diagnóstico.

También podrías experimentar alteraciones en el sueño, como dificultad para conciliarlo o tener un sueño muy ligero. Esto suele revertirse por sí mismo en algunos meses, siempre que no te haya pasado ya desde antes de la pérdida. También puedes presentar alteraciones en el apetito, siendo la falta de éste el síntoma más común. Derivado de este "mal comer", hay quien —como efecto colateral— pierde peso tras la pérdida.

En cuanto a soñar o no soñar al ausente esto es todo un tema, porque la interpretación que cada uno da a esto es muy variada. Lo que más he escuchado a lo largo de mi vida profesional alrededor de las pérdidas es: "¿Por qué yo no le he soñado y los demás sí?" Esto es particularmente inquietante cuando se interpreta que soñar a alguien es como una forma de venir a despedirse o comunicarse. Otras personas se inquietan si tienen sueños donde el ausente les reclama algo o hasta se revela en sus sueños con enojo. La realidad es que yo considero que esto de las apariciones en los sueños y la forma en que lo hacen tiene más que ver con asuntos pendientes que uno siente que quedaron o simplemente como una forma de acomodar la pérdida desde el interior. No porque los sueños no puedan significar algo más, sólo que yo no creo que su presencia o ausencia sean una mala señal de nada.

¿Necesito un tanatólogo?

Generalmente no. Es decir, por miles de años los seres humanos hemos aprendido a vivir con nuestras pérdidas sin la ayuda de un experto en la materia. Así como el duelo es algo natural, es natural transitar por la tristeza en el duelo. El duelo no es una enfermedad o algo en lo que un experto en pérdidas tenga que intervenir en todos los casos, mucho menos tomar algún medicamento que no ha sido recetado por un médico psiquiatra con tal de aliviar la tristeza.

Diversos investigadores y autores contemporáneos altamente referenciados en temas de pérdida como Neimeyer, Bonanno, Stroebe o Jordan concuerdan que las intervenciones terapéuticas para el duelo no deben ser dadas a todas las personas que han pasado por una pérdida, pues incluso una intervención no requerida podría hacer más mal que bien al alterar el tránsito natural por el duelo. Esto es especialmente cierto con aquellos profesionales que insisten en que las personas deben sacar a como dé lugar sus emociones para romper la "negación" y así "superar" la pérdida. Incluso en la actualidad hay agencias funerarias que, dentro de sus paquetes de servicios, incluyen algunas sesiones de tanatología para los dolientes. No debería nadie sentirse obligado a tomarlas sólo por no desperdiciar lo pagado o porque es lo que ofrecen. A menos, claro está, que sientas que las necesitas porque ya llevas un tiempo en estancamiento o realmente sientes que no puedes sin ayuda.

Esto también debería invitar a la reflexión a las personas que proveen u ofrecen ayuda tanatológica. Si inician procesos sin hacer una adecuada evaluación, lo menos que puede resultar es una intervención inefectiva, pero diversos estudios, como ya dije, nos dicen que incluso podrían ser intervenciones dañinas para el proceso natural. Lo primero que deberíamos establecer es si la persona que pide auxilio realmente necesita de nuestra ayuda o sólo tiene que saber que es normal lo que está pasando. El duelo no es una enfermedad y si no identificamos algo que nos haga pensar que la persona no va a mejorar por sí misma, deberíamos sólo normalizar el proceso de duelo explicando en una sesión que lo que se vive es esperado para lo que ha pasado. Es la severidad de las reacciones y el hecho de que la persona no pueda por sí sola volver a funcionar adecuadamente dentro de su propia vida, lo que indica la necesidad de encontrar atención eficaz, eficiente y desde modelos terapéuticos con sustento y actualizados.

La mayoría de las personas empiezan a oscilar más notoriamente hacia la adaptación dentro de los 6 meses después de la pérdida, sin olvidar, claro está, que el primer año suele ser complicado para muchos. Recordemos que entre 85% a 90% de las personas aprenderán a vivir a pesar de sus pérdidas sin ningún tipo de proceso de terapia; es decir, lo harán de manera natural. Sin embargo, las personas con emociones muy intensas o atoradas en una tristeza profunda e incapacitante después de 6 meses, corren un alto riesgo de permanecer estancadas durante mucho tiempo después de eso y sería buena idea buscar ayuda especializada.

¿Cuándo pedir ayuda?

Hay algunas señales que te pueden servir como pauta para buscar ayuda. La tristeza normal después de una pérdida no es una señal de eso, pero sí lo es cuando experimentas sentimientos de culpabilidad irracionales, desesperanza extrema, abatimiento severo, agitación, ansiedad o tristeza prolongada en el tiempo. También rabia o cólera incontrolada o algún tipo de disfunción y malestar significativo en tu día a día que incluso revista un peligro para tu propia vida o la de otros, es decir, cuando ya has roto alguna de las 3 reglas o sientes que estás a punto de hacerlo.

Hace años tuve en terapia a una familia que se encontraba muy afectada por la muerte —como resultado del cáncer— de uno de sus miembros, un adolescente. En este caso era el padre el que estaba más afectado y su principal síntoma era un estado de culpa muy persistente e irracional. A pesar de que los médicos le habían confirmado que el tipo de cáncer que había padecido su hijo, además de ser de muy mal pronóstico, resultaba indetectable en estudios o chequeos de rutina y sólo por casualidad, o hasta que ya era demasiado tarde, es que podía saberse la existencia de aquel padecimiento. Nada de esto ayudaba a que aquel padre se librara de la culpa, ya que esta era totalmente irracional. Incluso me llegó a decir que él debió saber incluso antes que los doctores que su hijo estaba mal. Yo le pregunté cómo habría podido saber lo que los mismos doctores no supieron a tiempo, a lo que me respondió: "Debí tener vista de rayos X para detectar la primera célula maligna antes de que se expandiera". De no ser por el dolor que estaba viviendo el padre, cualquiera pensaría que esa afirmación debía ser una exageración o una mala broma, pero en realidad era producto de la gran culpa que sentía por haber fallado en salvar la vida de su hijo.

El trastorno de duelo prolongado

Este ya no es el proceso de duelo normal porque ya involucra estancamiento. Uno de sus rasgos característicos incluye la incapacidad para oscilar hacia la adaptación y quedarse atascado en los pensamientos de pérdida. Esto puede afectar gravemente la capacidad de la persona para funcionar en su vida cotidiana, laboral y su mundo de relaciones. Incluso son personas que no responden efectivamente a los medicamentos antidepresivos ni a la terapia dirigida al duelo convencional. Diversas investigaciones estiman que entre 5% y 15% de las personas en duelo desarrollarán este trastorno.

Otra característica de este trastorno es el tiempo de duración de los síntomas sin oscilaciones. Se presentan de manera muy aguda entumecimiento, dolor emocional, dificultad para mantener relaciones y soledad intensa que duran más de lo habitual. En general el diagnóstico de este trastorno se suele hacer a los 12 meses después de la pérdida, pero como dije, desde el mes 6 si no se ve ninguna variación se puede sospechar de la posibilidad de estar pasando por eso.

Un indicador adicional es que las personas que lo padecen sienten que no están seguras de quiénes son, dónde encajan, a dónde pertenecen, que la vida carece de sentido y que el futuro carece de esperanza y de alegría. No ven salida del pantano de la tristeza. Pero lamentablemente sus efectos dañinos no quedan ahí; las investigaciones muestran que este trastorno está asociado con un mayor riesgo a una serie de problemas de salud, como problemas para dormir, abuso de sustancias, anomalías inmunitarias, cáncer y enfermedades cardiovasculares. En un estudio realizado con personas viudas, se encontró que entre los que padecían el trastorno, 19% desarrolló problemas cardíacos, en comparación con sólo 5% de los que experimentaron un duelo normal. 15% de las personas que experimentaron duelo prolongado fueron diagnosticadas con cáncer dentro de los 25 meses posteriores a la muerte de sus cónyuges, mientras que ninguna de las viudas y viudos que cursaban por un proceso de duelo normal lo tuvo. Otro estudio que empleó una muestra con personas con el trastorno encontró que 65% tenía pensamientos de querer morir y 38% tenía un comportamiento autodestructivo. 9% trató de suicidarse.

Hay otra diferencia clave. Parece ser que las personas más propensas a padecer este trastorno tienen un funcionamiento cerebral donde las vías de recompensa y anhelo están alteradas. Lo mismo se ve en personas que padecen adicciones.

Si te preguntas si estás en riesgo de padecer este tipo de duelo prolongado, quizá convenga remitirnos a lo que nos dice el doctor Robert Neimeyer:

Los factores que suelen aumentar la probabilidad de desarrollarlo se relacionan con quiénes somos, a quién perdemos y cómo los perdemos.

En general quienes están más en riesgo, aunque no todos lo van a desarrollar, suelen ser las personas que han perdido un hijo o una pareja romántica, situaciones donde la muerte se presenta de forma repentina, inesperada o violenta (por suicidio, accidente o asesinato), las personas que tienen antecedentes de trastornos del estado de ánimo o de ansiedad o abuso de sustancias, aquellos que perdieron a su padre o a su madre en la infancia es muy probable que desarrollen este tipo de duelo en la edad adulta y quienes lamentablemente sufrieron alguna forma de abuso cuando eran niños.

Pero como ha dicho el doctor Neimeyer, no sólo es la forma de la pérdida, sino la propia personalidad y la capacidad de adaptarse lo que también influye. Esto que te he presentado son sólo unas pautas que nos ofrece la ciencia para identificar factores de riesgo, pero es un profesional debidamente formado en procesos de pérdida y duelo quien debe diagnosticar si alguien está padeciendo este trastorno, pues de ser así, requiere una intervención personalizada y especializada.

¿Cómo sé si ya estoy o voy a estar bien?

Como aquí el asunto no es "superar", dejar de querer o que se te olvide lo que ha pasado, recordemos que la meta es aprender a vivir con la ausencia a pesar de la pérdida y en compañía de la tristeza por un tiempo. Porque recuerda que no es lo mismo que la tristeza te acompañe a que te quedes a vivir en su pantano. Claramente creo que ya he insistido lo suficiente en que la vida no volverá a ser como antes o seguir como si nada hubiera pasado, pero así es la vida y, mientras te muevas en ella para hacerte cargo de la tuya, ese puede ser un parámetro sólido que indique que te estás adaptando. Recordemos que la pérdida es para siempre, pero el dolor agudo no lo es.

Si todo marcha naturalmente, estarás bien dentro de todo este malestar, sólo que será algo inusual porque lo que ha pasado, aunque normal, tampoco es algo cotidiano. Estarás bien siempre que no te aísles, que te permitas sentir, pero que sigas avanzando hacia el resto de tu vida. No esperes que el indicador de "ya estás bien" sea como sentir que no ha pasado nada. Insisto en que la nostalgia es el residuo que nos deja la tristeza.

¿Qué vimos en este capítulo?

○ El duelo es un proceso normal que surge después de una pérdida y su función es ayudarnos a la adaptación y a aprender a vivir con la ausencia física de quien se ha marchado, abriendo la puerta a su presencia simbólica.

○ El duelo no es algo a superar, de hecho podemos decir que no acaba, pero su parte aguda suele durar en la mayoría de las personas alrededor de 1 año. Luego de eso, la tristeza que queda suele irse convirtiendo gradualmente en nostalgia.

○ Los modelos actuales del duelo nos revelan que éste no se da en etapas, como se pensaba en el siglo pasado, sino que es un camino con oscilaciones entre un momento de tristeza y dolor por la pérdida y otro que está más orientado hacia la adaptación y la vida cotidiana. Es como un sube y baja emocional.

○ Durante el primer año después de la pérdida nos enfrentamos a las primeras veces sin la presencia de la persona amada; cumpleaños, aniversarios y festividades suelen ser momentos en donde la ausencia se hace más presente y dolorosa porque es la confrontación con la realidad de que se ha marchado.

○ Entre 85% y 90% de las personas serán capaces de transitar por el duelo hacia el otro lado de la tristeza sin ningún tipo de ayuda profesional. Sin embargo, conviene reiterar que es normal pasar un tiempo largo por la tristeza, lo que no ayuda es quedarse a vivir en su pantano.

○ Quedarse atascado en una tristeza profunda y que altere nuestro funcionamiento habitual de manera importante puede ser un indicador de estar transitando por un trastorno de duelo complicado. Si pasados 6 meses después de la pérdida te sientes igual o peor que el primer día o has descuidado tu salud, trabajo o relaciones, es momento de buscar ayuda profesional.

Ejercicio sugerido para este capítulo
Huella vital

De forma inconsciente todos nos vamos apropiando, por así decirlo, de formas de gesticular, sentir, hablar y hasta de pensar y actuar de las personas con las que nos hemos relacionado. Dejan una inevitable huella en nosotros que puede ser agradable o desagradable en ocasiones. Lamentablemente, muchas veces nos centramos en pensar sólo en el momento de la pérdida o en las cosas que aquella persona se ha llevado consigo o el dolor que nos ha provocado. Es hora de ser más justos, de reconocer no sólo lo que el otro se ha llevado o el dolor que ha producido, sino lo que ha dejado en tu vida y te puede fortalecer.

Utilizando hojas en blanco o una libreta, escribe una carta para tu ser querido utilizando estos inicios de párrafo que te propongo aquí. Hazla tan breve o tan extensa como sientas que quieres hacerlo. Tómate tu tiempo.

Hola: _____ (anota aquí el nombre de la persona).

Hoy quiero contarte que tu paso por mi vida ha dejado huellas importantes.

Tras tu paso por mi vida, mi concepto del amor es ahora este: (escribe un párrafo narrando esto).

Las frases, palabras o momentos que más me recuerdan tu presencia son: (escribe un párrafo narrando esto).

Quiero que sepas que la principal cualidad o aspecto que más admiré de ti es: (escribe un párrafo narrando esto).

¿Sabes?, debido a tu paso por mi vida también has influido en mi personalidad; hoy puedo decir que soy más… (describe aquí cualidades que en ti han incrementado gracias a la vida compartida con quien se ha marchado, por ejemplo: perseverante, reflexiva, responsable…).

Y también puedo decir que soy menos… (ejemplos: intolerante, temerosa, impulsivo, pesimista…

Claro que hay cosas que me gustaría dejar en el pasado o soltar, hay huellas que dejaste que no quiero seguir y que no voy a extrañar. Por ejemplo, estas: (Describe las huellas que no quieres seguir, por ejemplo: cuando discutimos, dejábamos de hablarnos, tu forma de beber, tu forma de descuidarte…).

Hoy decido quedarme con lo mejor de tu paso por mi vida y lo que quiero conservar, las principales huellas tuyas que quiero que me acompañen, son estas: (escribe un párrafo narrando esto, por ejemplo: "Quiero que me acompañe tu recuerdo para sentir que de alguna manera estás conmigo, quiero quedarme con el sonido de tu voz en mi memoria y con las veces que me hacías reír. Quiero quedarme con tu manera de resolver problemas y afrontar lo inesperado"…).

Si por alguna razón no te es posible escribir algo así, déjalo por unos días y después, si lo consideras conveniente, haz algún otro intento posteriormente.

Si varios miembros de la familia están experimentando la misma pérdida y lo desean, cada uno puede hacer su huella vital y luego compartirla con los demás. Esto es sólo una sugerencia, pero también puede ser un ejercicio muy íntimo y personal.

4

EL PROCESO DE SANAR

1. Debes dejar que el dolor te visite.
2. Debes permitir que te enseñe.
3. No debes permitir que se quede más tiempo.
(Tres rutas hacia la curación.)
IJEOMA UMEBINYUO, Preguntas para Ada

A veces uno se pregunta cuándo debemos empezar a preparar a un hijo para la vida y la respuesta es, "desde el momento en que nace". Lo mismo pasa con una herida en el cuerpo, empieza a sanar de inmediato, aunque de entrada sólo podamos ver la herida y no los procesos internos que se han desatado para que ésta empiece a sanar. Con la pérdida hay algo muy parecido, el proceso de sanar no empieza cuando hemos salido del otro lado de la tristeza o cuando el duelo acaba, sino desde el primer momento que hemos sido heridos y arrojados al pantano que ya conoces.

En este capítulo vamos a seguir hablando del duelo, pero ya no desde una perspectiva de comprensión o de explicación, porque eso ya lo hicimos en el capítulo anterior, sino buscando encontrar en su tránsito algunas herramientas y tareas que podemos emprender para salir, quizá un poco menos dolidos, hacia el otro lado de la tristeza.

Las tareas del duelo

El tránsito por el duelo puede darse de muchas maneras y hay diferentes teorías que ofrecen modelos diversos para esto. El modelo que tomo en este libro, por ejemplo, es el del "proceso dual para afrontar el duelo" del que te hablé en el capítulo anterior; es un camino posible que no nos marca en un mapa un camino definido o correcto a seguir, sino que nos ofrece un rumbo y anticipa lo que podemos encontrar en el territorio de la pérdida y la tristeza. También hay distintos abordajes terapéuticos para acompañar y ayudar a las personas a transitar por este camino. Salvo con los modelos de etapas, no tengo ningún problema con los abordajes en fases o incluso otros menos estructurados, pero desde mi perspectiva, formación y experiencia profesional en este campo, para mí los modelos de tareas me parecen de los más esclarecedores y útiles para apoyarnos en este proceso. Así como el modelo dual explica la forma del camino, los modelos de tareas nos ofrecen herramientas y un marco de referencia que nos permita hacer algo mientras vamos avanzando en vez de sólo quedarnos pasivamente esperando a que el tiempo transcurra o a cruzar "etapas" inexistentes.

La idea con estas tareas es que puedas seguir avanzando. Son propuestas y herramientas para que no te estanques o te pierdas para siempre en el pantano. Yo sé que a veces puede ser tentador ya no buscar salir, porque en ocasiones se siente como si la tristeza fuera la única manera de seguir manteniéndonos cerca de quien se ha marchado, pero sabemos que no tiene ningún sentido quedarse atascado en la tristeza porque nuestro ser querido no puede habitar en este pantano. A veces proyectar nuestra tristeza puede resultar más fácil si estamos en un lugar oscuro; como cuando cierras los ojos para recordar a tu ser querido, pero la oscuridad es engañosa porque bien podrías estar estancado en la oscuridad de la tristeza y creer que encontraste un portal para estar en contacto permanente con tu ser amado. No obstante, quiero que tengas en cuenta que todo lo que he dicho hasta este momento, y lo que te diré, es una propuesta de camino y siempre debes ser tú quien valide lo que te ayuda. Entiendo perfecto que algunas cosas de las que estás leyendo aquí te hacen más sentido que otras y unas se aproximan más a tu experiencia personal, mientras que otras te pueden resultar un tanto ajenas o lejanas. Eso es normal porque no hay dos procesos de duelo iguales. Así que si en estas páginas encuentras algo que te sea de ayuda tal como viene, estupendo. Si sientes que debes hacer adaptaciones para que te funcione mejor o incluso tienes un camino distinto que realmente te sirve, usa lo que sea que te lleve del otro lado de la tristeza. Lo importante es que aprendas a vivir con la ausencia sin renunciar del todo a tener un nuevo vínculo con quien se ha marchado.

Vamos a ver a lo largo de este capítulo algunas tareas de las que puedas echar mano para transitar por este camino, siempre en el marco de las oscilaciones que ya conoces. Te presentaré cada una de las "4 tareas de duelo", basándome en las del doctor William Worden, quien a lo largo de los años ha venido actualizando continuamente su modelo y de quien ya te hablé un poco en el capítulo anterior. En cada tarea también te iré mencionando o recomendando algunas actividades que pueden ayudarte a alcanzarlas. Sin embargo, dentro de las oscilaciones yo siempre abogo por el camino medio; es decir, ni todo ni nada de algo. Es la dosis lo que importa en la mayoría de las ocasiones. Entonces de lo que puedas leer aquí, tú decides en qué dosis te es posible hacerlo sin caer en los extremos, aunque de todos modos a veces las oscilaciones te llevarán a tocarlos. Si te mantienes en movimiento en este proceso y siguiendo las 3 reglas, podrás encaminarte a lo que sea bueno y te haga bien para tu propio proceso personal de avance hacia el otro lado de la tristeza.

PRIMERA TAREA:
Afrontar la realidad de lo que ha pasado y su impacto en tu vida

Es quizá una de las tareas más dolorosas y que menos quieras hacer, pero es indispensable para no estancarte en este pantano. Se trata de encontrar la manera de reconocer, en cuerpo, alma, corazón y mente, que la pérdida es real y en muchos sentidos es definitiva y permanente. Es decir que nuestro ser querido ya no va a estar como solía estar y que nada va a cambiar eso.

Como ya vimos en el capítulo anterior, en el esquema del modelo dual del duelo, al inicio es normal que estés más orientado a la pérdida, es decir que estés mucho tiempo inmerso en la tristeza y pensando en lo que pasó y lo que ahora te hace falta. Pero eso hace también que todas las emociones que surgen nos hagan sentir abrumados. Esto y el deseo de recuperar a tu ser amado, te pueden dificultar el camino a mirar las cosas como han pasado y no llenas de incredulidad o de franca evitación. Recuerda que la mente se está adaptando a la ausencia, así que el avance necesita ser a un ritmo que la mantenga razonablemente estable a pesar de lo confuso y doloroso de lo que ha ocurrido. Si te apresuras o te detienes, te puedes desestabilizar.

Hay muchas formas de protegernos de la realidad de manera temporal en este proceso de adaptación. Podemos hacerlo negando abiertamente lo que ha pasado, evitando visitar el cementerio, removiendo de inmediato todo vestigio que nos recuerde la ausencia o dejando todo intacto en una habitación, como si estuviésemos esperando su regreso. Hay quien se enfrasca en actividades para acabar el día con mucho cansancio y no tener espacio para pensar o sentir. Otras personas evitan aceptar la realidad de la pérdida desplazando o proyectando a la persona ausente hacia objetos como la urna de las cenizas, una fotografía, visitas recurrentes al cementerio o cualquier objeto que se conserve y con el cuál empecemos a formar un vínculo como si del ausente se tratara; acciones así pueden formar parte de una negación temporal propia del proceso de adaptación y de sus oscilaciones. Y no digo que esté mal hacer estas cosas si te ayudan en el proceso de cruzar el pantano. Lo que no ayuda es que se conviertan en anclas, lastres o hasta refugios en donde te empieces a sentir tan conectado con el ausente a través de objetos, lugares o actitudes, que ya luego no quieras seguirte moviendo.

Hace muchos años estuve alrededor del caso de una familia conformada por un padre, una madre y dos hijos. Por desgracia, uno de los dos hijos había muerto siendo muy pequeño; lo llamaré Miguelito. El otro, al que llamaré Tomás, era un par de años mayor y tenía para ese entonces unos 5 años. Los padres habían decidido cremar el cuerpo de Miguelito y tener sus cenizas en la casa, lo cual en sí no es incorrecto o inadecuado, siempre que se tenga claro para qué o por qué se les tiene ahí y lo que se haga con ellas, como veremos a continuación. Era evidente que los padres estaban cruzando sin mucho consuelo el pantano de la tristeza y el pequeño Tomás, que era evidente que también extrañaba a su hermanito estaba también tratando de cruzar su propio pantano, sólo que sin mucha ayuda de sus padres que de alguna manera se habían olvidado un tanto de guiarle por estar inmersos cada uno en su dolor. Una mañana mientras desayunaban, según me contaron luego, uno de los dos tuvo una idea. ¿Por qué no llevar las cenizas de Miguelito de la repisa, donde usualmente se encontraban, a una silla alta que antes había ocupado para que "desayunara con ellos?" Con el acuerdo del otro cónyuge, ese impulso se volvió una tendencia de los fines de semana y después un hábito permanente en el día a día. Pero eso no era todo y voy a dar grandes saltos en la historia de lo que fue ocurriendo: un día se preguntaron por qué no "vestir" a la urna con las cenizas de Miguelito con algo de sus ropas que conservaban. Como evidentemente la ropa no se ajustaba bien para la pequeña urna, con la misma tela la madre le confeccionó algunos forros a manera de vestimenta. Hacían que el pequeño Tomás saludara a "su hermano" cada mañana al sentarse a la mesa y se despidiera de él cuando salía para el colegio. Luego, cuando salían a pasear al fin de semana un día decidieron que Miguelito no se quedaría en casa, así que usando una carriola que guardaban de él, sacaban la urna a pasear o a veces lo hacían en una especie de mochila tipo "backpack" que cargaban indistintamente el padre o la madre, siempre hacia el frente del cuerpo. Parecía que estaban tratando de reintegrar a Miguelito a la vida familiar, pero haciéndolo a través de un objeto que incluso parecía que estaba empezando a reemplazar al propio Miguelito; es decir, la urna se estaba convirtiendo en él para los padres. ¿Y el pequeño Tomás? Él empezó a desarrollar mucha ansiedad alrededor de la "presencia" de su hermano como encerrado dentro de la urna y no quería pasar tiempo a solas cerca de ella y preguntaba constantemente si su hermano un día iba a salir.

Uno pensaría que el amor tan grande que le tenían los padres al hijo perdido les llevó a construir esa fantasía y qué daño podría hacerles eso si así sentían a su hijo "más cercano", ¿no es así? Si bien es cierto que al principio hubo consuelo, después en todos había una gran ansiedad, incluso en la madre se detona el cuestionamiento de si estaban haciendo bien y el temor de que eso les estuviera afectando mentalmente. Esto hizo crisis cuando en el cumpleaños de Miguelito tomó conciencia que habían decorado la casa, comprado un pastel y le estaban cantando "las mañanitas". "Fue cuando me di cuenta que eso no era normal, pero sobre todo sano", me dijo en una sesión. Particularmente era el padre el que fomentaba en mayor medida todos esos actos, la madre, aunque en principio de acuerdo, ya no se sentía bien y veía que no le hacía bien a nadie lo que estaba ocurriendo.

Esto que ocurrió con la familia, dentro de toda la complejidad que encierra un caso así, empezó por no aceptar la realidad de lo que había sucedido y entonces encontraron refugio en una fantasía imposible; que su hijo seguía vivo y estaba representado por las cenizas. Eso los mantuvo sin oscilar por varios meses, porque no tocaba el lado de la pérdida y se mantenían artificialmente del lado de una supuesta adaptación porque "estaban bien", la cuestión es que, aunque estuvieran del lado que causa menos dolor, no avanzaban hacia la salida del pantano. Era como detener con un dedo el péndulo de un reloj para que no vaya al otro lado, pero es cuestión de tiempo para que te canses, ya no lo puedas sostener y entonces vaya con más fuerza hacia el otro extremo. Por cierto, si esta historia que te he contado acá te parece extrema y hasta te hace pensar que ha sido un caso aislado en mi quehacer terapéutico, temo decirte que no; casos con muchas similitudes a éste han pasado por mi consultorio a lo largo de los años, sólo que no es mi intención llenar este capítulo de historias y te cuento ésta que creo es muy representativa de lo que te quiero transmitir.

Entonces trata de identificar si hay cosas que te pueden estar haciendo sentir mejor en un momento determinado pero que después te pueden hacer sentir peor. Por ejemplo, aislarte, comer compulsivamente, tumbarte en la cama o un sillón a ver la televisión para no pensar o enfrascarte en el trabajo hasta el agotamiento. A lo mejor algo de lo que haces calma tu ansiedad, canaliza tu enojo o te aleja un poco de la tristeza y si eso sucede está bien, sólo cuida que no tenga como un efecto de "rebote" donde después se haga presente la culpa, el enojo contra ti mismo, se agudice la sensación de soledad o incluso sientas que estás perdiendo la cordura. Que tus espacios o estrategias protectoras no se conviertan en lugares de los que luego ya no puedas salir; recuerda siempre la importancia de las oscilaciones y las 3 reglas que seguro recuerdas muy bien del capítulo uno.

Querer creer que las cosas no pasaron, evitar pensar en la realidad de lo que ha ocurrido o inclusive inconscientemente distraerse, no es un acto de locura, sino un intento compasivo hacia ti mismo por evitar el insoportable dolor que a veces la realidad pretende que traguemos de una vez. Es más, como ya dije en capítulos anteriores, uno puede creer que de pronto ve, escucha o siente la presencia de la otra persona, pero de inmediato la realidad nos hace recordar que ya no está; esas experiencias son muy comunes en el inicio del proceso y no significan pérdida de la razón porque suceden naturalmente. Cosa muy distinta es crear fantasías propositivamente que después sí acaben tomando el control de nuestra mente.

Aunque tú y yo sepamos la verdad, y es que pasó algo terrible que te está doliendo mucho, a veces se necesita no pensar demasiado en el asunto y no querer hablar de eso con nadie, pero no debería esto convertirse en un mecanismo permanente que te mantenga en evasión o no te deje avanzar.

Varias personas en terapia me han expuesto su sentir acerca de las preguntas que les hacen otros alrededor de lo que ha pasado o de cómo lo están llevando. A muchos no les afecta tanto, pero a muchos otros sí y me dicen cosas como: "Mario, ya no quiero que nadie me pregunte nada", especialmente qué pasó, cómo pasó, por qué pasó y cómo están. Es natural, cada pregunta los enfrenta con la realidad que por el momento quisieran no ver. Algunas personas incluso entran en conflicto porque, a pesar de no querer contar nada o estar ya cansadas de hacerlo, se sienten mal de poner límites hacia alguien que parece genuinamente estar interesado en su bienestar y lo que ha pasado. "¿Qué hago?", suelen preguntarme. Y yo puedo responderles algo como esto:

Entiendo que a veces no quieras contar nada y también entiendo a las otras personas; seguramente unas quieren saber cómo estás para encontrar la manera de ayudarte y otras francamente sólo quieren saber para enterarse. Podría decirte que les tengas paciencia porque, por muy buena voluntad que tengan, realmente no tienen una idea precisa de lo que tú estás viviendo por dentro o si éste es un buen tiempo para ti para hablar con ellos de eso. Pero también podría decirte que puedes establecer límites amables dejando que te ayuden, pero como tú verdaderamente lo necesites en ese preciso momento. Por ejemplo, cuando alguien se acerque a preguntarte algo de lo que ha pasado, pero tú no tengas el ánimo o la disposición de responder, puedes optar por decir directamente: "Agradezco que me lo preguntes, pero por ahora quisiera no hablar de eso, gracias". Para los más insistentes también está la siguiente fórmula: "¿De verdad me quieres ayudar?", la mayoría responderá que sí, a lo que tú puedes continuar: "por ahora me ayuda mucho que no me preguntes nada" o "en este momento me ayuda mucho no tener que contar". No faltará quien aun así te insista y te diga "tienes que hablar de eso", "tienes que sacarlo" o alguna de esas variantes, a lo que, si se desea, cualquiera podría responder: "una vez más te agradezco, siento que voy bien dentro de lo que cabe, pero confía en que cuando necesite de tu ayuda te lo haré saber y te agradeceré que si llega ese momento, estés ahí para apoyarme, gracias".

Esto que acabas de leer son sólo ideas, pero tú seguramente tienes también otros argumentos para manejar estas situaciones. Yo sólo lo dejo acá como opciones, porque hay personas u ocasiones en que necesitamos una guía que nos permita saber cómo responder cuando no queremos hablar. Recuerda, es perfectamente normal cuando oscilas entre querer contar y a veces no. Incluso te sentirás con más apertura para contar a unos y a otros no; eso también es considerado como una forma de oscilar.

Quizá uno de los casos más notorios de evitación de la realidad que recuerdo, además del que ya te conté de los padres que reemplazaron a su hijo por la urna, ocurrió alrededor del año 2000 y es el de una mujer que llegó a terapia a casi dos años de la muerte de su madre. Por su estado emocional, anímico y hasta físico, cualquiera habría pensado que la muerte acababa de ocurrir, pero no era así. La mujer estaba devastada y evidentemente hundida en lo más profundo del pantano de la tristeza. ¿Qué había pasado que la había mantenido ahí sin salir y ella no se hubiera dado cuenta en dónde estaba estancada? Bueno, pues fue la evitación lo que le impidió cumplir con esta primera tarea de afrontar y aceptar la realidad de la pérdida. Cuando empecé a indagar acerca de su historia tras la pérdida, me contó algo como esto:

La enfermedad de mi madre se la llevó muy rápido. Muchos supieron que se había enfermado, pero sólo mi hermana, una tía y yo estuvimos cerca y fuimos las que nos enteramos de todo. Cuando murió les prohibí que le avisaran a nadie que no fuera un puñado de familiares cercanos, pero nada más. Ni amigos de ella, ni amigos de nosotras; sólo la familia más cercana. Así lo hicimos y el funeral y entierro fueron realmente pequeños. A partir del siguiente día hábil regresé a trabajar como si nada y los que me preguntaban cómo seguía mi mamá les respondía que ya estaba bien, que ya había salido del hospital, lo cual era una verdad a medias. Dentro de la primera semana tras su muerte, un día iba caminando por la calle y tuve una idea. Me dirigí a una agencia de viajes, entré y le dije a una señorita que me atendió que me quería ir de viaje alrededor del mundo. Que el costo no era importante, pero necesitaba que me hiciera un itinerario que durara 1 año entero y que recorriera muchos lugares de muchos países en ese tiempo. La señorita me preguntó algunas cosas y me hizo el plan de viaje. Le pedí que lo imprimiera y le dije que lo estudiaría en casa para ver si necesitaba ajustes. Tomé las hojas y me fui a la casa. Al llegar quité los adornos que tenía con imanes en la puerta del refrigerador y los reemplacé con las hojas del itinerario del viaje mundial. En ese momento me dije: "Mi mamá no se ha muerto, está de viaje". Y la "envié" a recorrer el mundo. Cada mañana al despertar iba al refrigerador y veía, de acuerdo al día, en donde "estaba" mi mamá. Londres, París, Roma, Estambul... y yo me imaginaba las cosas que mi mamá estaría haciendo ese día. Incluso cuando alguien me preguntaba por ella, yo decía que estaba de viaje. Es más, a una señora que era su amiga que nunca le avisé que había muerto le dije lo mismo. Ella se extrañó mucho que no le hubiera contado de ese viaje o se hubiera despedido de ella, pero yo le dije que lo decidió muy rápido y a lo mejor por lo que había pasado de su enfermedad ahora quería vivir la vida. No sé si me creyó, pero ya no la volví a ver. Y así pasó el tiempo y todo 1 año sin verla porque andaba en ese "viaje". Pero el año acabó y ella debía "regresar", entré en angustia, pero decidí que se tomaría otro año más, así que cuando acabó el itinerario, simplemente volví a empezar desde el día 1 sólo reemplazando las fechas y de nuevo cada mañana viendo en que parte del trayecto estaba. Dejé de hablar de ella y la gente ya no me preguntaba tanto. Su amiga llamó un par de veces dejando mensajes en la contestadora, pero nunca le regresé las llamadas. Hasta que mi cabeza me empezó a traicionar; de pronto, por ejemplo, en mi cumpleaños o Navidad, mi cabeza me preguntaba por qué mi mamá no me había mandado una sola postal; por qué no me llamaba por teléfono para felicitarme en esos días especiales o buscar reunirnos; o por qué no se acordaba de mí. Yo trataba de convencerme que seguía de viaje, que todo estaba bien hasta que un día me desmoroné y tuve lo que ahora sé que fue un ataque de ansiedad, luego lloré por horas y me encerré en la casa por unos días. En el trabajo dije que estaba enferma, pero ya no puedo más y estoy desesperada por ayuda. Es que da lo mismo que esté de viaje o esté muerta porque de todos modos no vuelve, por más que la espero no vuelve ni va a volver y no puedo con este dolor.

Una de las cosas más devastadoras que resultaron de esta estrategia evitativa, es que vivió la toma de conciencia en una gran soledad, pues cuando hubo rituales funerarios casi nadie le acompañó porque ocultó la realidad hasta de ella misma. Y ahora que realmente necesitaba apoyo emocional de personas cercanas, no podía tenerlo porque los pocos que conocían la verdad, ya estaban del otro lado de la tristeza y quienes no, no podrían entender cómo les mintió todo este tiempo acerca de la muerte de su madre.

Otras maneras de evitar la realidad y el sufrimiento, se dan a través de minimizar la pérdida o desvalorizar la relación. Lo primero es muy común verlo como cuando alguien se deshace rápidamente de ropa y otros recuerdos de la persona ausente, como si hubiera una especie de prisa por no dejar vestigio que nos haga recordar. Lo otro, desvalorizar la relación, es tratar de convencerse que la pérdida no duele porque "no se perdió tanto", como cuando alguien dice que la pérdida no le afecta porque: "Ni nos veíamos tanto", "no era tan buena pareja" o "pues yo la verdad ni lo voy a extrañar".

¿Cómo aceptar lo que no quiero aceptar?

Lo primero que te diría como respuesta a esto es: dejando de hacer resistencia. Pelearse o resistirse a la realidad suele ser complicado, doloroso, agotador y, muy frecuentemente, inútil; especialmente cuando esa realidad no se puede cambiar. Aceptar es recibir voluntariamente lo que es, pero si no es por voluntad, pues tendremos que aceptar porque no nos queda más remedio. La realidad es lo que es, por más que no nos guste.

Sin embargo, hay quien cae en un estado de resignación que es como aceptar maldiciendo aquello que debe de aceptarse por la fuerza y, especialmente, sintiéndose impotente y hasta víctima de alguna injusticia. Aceptar de manera activa, en cambio, no significa aceptar con alegría o como si lo que se acepta no importara. Uno puede no querer aceptar aquello que ha pasado y, sin embargo, uno declara que, al menos por el momento, no hay más que hacer y entonces empieza el proceso de aprender a vivir con esa realidad. Por ejemplo, uno puede aceptar la edad que tiene, porque esa es la que tiene, lo que quizá no deba aceptar, hasta cierto punto, es descuidar su apariencia o su salud en función de esa misma edad.

Convendría entonces aceptar lo que no podemos cambiar, pero no renunciar a lo que sí podemos cambiar, queremos cambiar y sentimos que vale la pena hacerlo. Por ejemplo, puedo aceptar el hecho de que la persona que amo ha muerto, pero no acepto dejarla ir del todo porque hay muchas cosas que quiero conservar de ella. Cuando uno acepta una parte, la incambiable, sí está más en nuestras manos entonces ver qué partes sí tenemos cierta posibilidad de cambiar o conservar de otra manera.

Pero tampoco soy ciego a la realidad de que a veces, cuando decimos que hemos aceptado, muy en el fondo hay una parte que no. Una parte que espera recuperar lo perdido o que le regresen un todo "como era antes". Lo entiendo, pero hasta con esa parte que hoy integra nuestra realidad, tenemos que aprender a vivir. Y esa parte tuya que no acepta del todo tiene razón en estar enojada, dolida o resentida y eso también lo tenemos que aceptar como parte de la realidad. Quizá la cuestión aquí sea, por ejemplo, no actuar el enojo; sólo mirarlo, sentirlo, comprenderlo y aceptarlo. Es decir, debemos aceptar que puede que haya una parte de nosotros que no acepta del todo lo que ha pasado, pero esa parte también debe aceptar que no tiene muchas más opciones si quiere avanzar en este denso camino.

Aceptar finalmente implica también creer que es posible adaptarse a una ausencia o a una nueva condición y aprender a vivir de una manera distinta a pesar de lo ocurrido. Porque si crees que es posible, aunque de momento no sepas cómo, entonces vas a buscar la forma de hacerlo. En cambio, si crees que no, entonces tal vez vivas en resentimiento e inadaptación, porque finalmente no harás más que esperar que ocurra un milagro y el tiempo dé marcha atrás. Para algunos será de ayuda sostener entonces una intención alrededor de esto:

> Acepto lo que es y acepto incluso que a mí me gustaría que fuera diferente. Acepto que me gustaría que fuera como yo digo que debería o no debería de ser, pero la realidad es que las cosas no siempre pueden ser como yo quiero y eso también es algo que debo aceptar y aprender a vivir con ello. Acepto que lo que es, es; lo quiera o no.

Ver la realidad te permite contar una historia completa de la vida de tu ser amado. Refugiarnos en una fantasía no hace honor realmente a su vida, sino que se vuelve la historia de una vida no como fue, sino como nosotros decimos que debió ser.

Actividades para ayudarte a alcanzar la primera tarea:

Puedo imaginar que quizá te cueste pensar en una despedida porque no quieres dejar ir y menos si es para siempre, pero no es así. Tengas o no creencias espirituales y religiosas, los seres humanos evolucionamos con una afinidad a comprender las transiciones entre estados etarios, sociales, incluso biológicos. Lo que quiero decir con esto es que podríamos decir que toda despedida encierra una bienvenida posterior. Por ejemplo, nos despedimos de la infancia para dar la bienvenida a la niñez, lo hacemos de ella para dar la bienvenida a la adolescencia y luego otra vez para dar la bienvenida a la vida adulta. Tenemos rituales también para despedirnos de la soltería para entrar a la vida en pareja y de igual manera, como con las fiestas de graduación, nos despedimos de una etapa de ser estudiantes para entrar a la vida profesional o laboral. Claramente despedimos a alguien de su vida en la tierra, en este plano o bajo esta forma, para luego darle la bienvenida transformado en un ser espiritual, simbólico o perteneciente al mundo de nuestros ancestros o seres queridos que se han marchado. Lo que voy a escribir a continuación es algo que, si así lo deseas, puedes acomodar dentro de ti para que te suene mejor. Es como un "permiso" que damos a la persona que ha muerto de "marcharse" para que luego pueda volver:

> Te dejo ir para que puedas transformarte y volver a mí, en vez de tenerte atrapado en mi mente y corazón como a un fantasma o una presencia momificada envuelta en un pensamiento doloroso.

Claramente no necesitan nuestro permiso para marcharse, pero puede ser muy amoroso dárselos si de todos modos se están yendo o ya se han ido, pero lo escrito arriba es más para uno que para ellos en realidad. Trata como te sea posible de declarar una despedida y ya en la cuarta tarea nos centraremos en dar la bienvenida e integrar a la persona que se ha marchado de una forma distinta, eso te lo puedo ofrecer.

Participa en ritos y rituales de despedida

Seguramente al estar leyendo este libro ya pasaste por uno de los primeros momentos en donde la pérdida no puede negarse y esto es por los rituales funerarios. Sabemos que, durante la parte más aguda de la pandemia por el COVID, algunos rituales se vieron alterados. Por ejemplo, los velorios, funerales y otros ritos no pudieron ejecutarse como es acostumbrado o como las personas hubieran deseado; sin embargo, los rituales, como sea posible hacerlos, son una forma de despedida y participar en ellos es algo que ayuda a asimilar la realidad de lo que ha pasado. Igualmente, las visitas al cementerio o al lugar de reposo final de los restos es algo que ayuda con esta tarea. Hay personas que, incluso sin haber tenido una pérdida, argumentan que no les gusta visitar los cementerios y sitios afines, es comprensible. Tras de sí existe un temor muy grande por la muerte propia o una gran carga de pensamiento mágico alrededor de esos espacios. Por eso no digo que sea indispensable hacerlo o esté mal no ir, pero también es algo que ayuda a muchos.

Cada vez observó más personas que dicen que en su familia no han tenido grandes pérdidas aún o realmente no tienen rituales o ritos funerarios a seguir y por lo tanto no saben qué pueden hacer, pero tienen la intención o el impulso de hacer algo llegado el momento. En general en los rituales funerarios, como los velorios, hay alguien que suele voluntariamente ofrecerse para hacer algún rezo o decir algunas palabras. Pero si por alguna razón eso no sucede, o a ti no te viene bien, siempre puedes hacer cualquier cosa que a ti te haga sentido como un homenaje para quien se ha marchado. Encender una veladora frente a una fotografía, prender incienso, decir algunas palabras, montar una guardia durante unos minutos junto al ataúd o invitar a otros a seguirte en un rezo que te sepas, son acciones que siempre están al alcance de tu mano.

Trata de establecer fechas y algunos plazos

Para muchas personas está la disyuntiva de qué hacer con las pertenencias de quien ha muerto. Claro que se pueden guardar algunas, pero no sé si dejar, por ejemplo, una habitación intacta de manera permanente sea de ayuda. No hay buen momento para empezar a disponer o donar algunas de sus cosas, lo sé, pero trata de establecer una fecha para hacerlo. Por ejemplo a los 6 meses o incluso en el aniversario de su muerte. Lo mismo podrías hacer con las cenizas si es que aún no decides cuál será su lugar de descanso final. Hay quien las tiene en casa un tiempo y luego las lleva a un nicho o al lugar donde quedarán finalmente. Incluso se puede hacer una segunda ceremonia o ritual para el día que decidas esto. Invitar a algunos seres cercanos en ese día puede ser una buena idea.

Si en tu familia lo acostumbran, o incluso si tú quieres hacerlo, podrías procurar en un día específico del mes, durante el primer año, hacer un pequeño ritual personal para tenerle presente de una manera más simbólica. Evidentemente podrías hacer lo mismo en fechas especiales o aniversarios. Hay personas que encienden una vela o veladora durante el primer año, el día del mes, en que la persona murió; esto es sólo un ejemplo.

Mantén una conexión saludable con quien se ha marchado

Aceptar la realidad de la pérdida no implica renunciar a seguir pensando, recordando o incluso considerando como parte de tu vida a quien se ha ido. Yo sé que habrá voces que te dicen "tienes" que dejar ir o incluso lleguen al extremo de asegurarte (como si realmente lo supieran), que no lo dejas descansar. Uno de los grandes miedos que repetidamente escucho en las personas que han perdido un ser querido es que se les llegue a "olvidar" ya no digamos la muerte, sino incluso la vida de su ser amado. El gran miedo a que, si no te mantienes activamente recordando, se te va a olvidar la persona. ¿Cómo podría ser eso? La amnesia no es un síntoma del duelo. No olvidamos, recordamos de otra manera y tenemos su presencia de otra manera. Piénsalo, incluso con aquellos que viven ahora mismo con nosotros; no los tenemos a todos presentes a cada momento del día, pero eso no significa que los olvidemos ¿no es cierto? Bueno, esto puede ser aún más cierto con aquellos que se han ido. Si bien ahora mismo puede ser que parezca que todo el tiempo y a cada instante piensas en esa persona, muy generalmente no es así y eso es normal. Lo anterior no significa que deberías hacer algo consciente y deliberadamente para pensar menos. Es tan natural como las oscilaciones; a veces piensas mucho, a veces un poco menos. A veces tienes la necesidad o el impulso de recordar y a veces te tienes que enfocar en otros temas de la vida cotidiana. En muchas ocasiones parece que hacemos las dos cosas al mismo tiempo.

Mantener una conexión sana es evitar mantener a la persona como secuestrada en nuestro pensamiento o poner una barrera para ya no pensar y que no duela, como cuando evitas conversaciones, personas o lugares de manera radical. ¿A dónde podemos ir que los nuestros no puedan ir en nuestro pensamiento y corazón? ¿Qué tanto podemos evitar, que al final algo acabe por traerlos de vuelta a la memoria?

Escribe una breve biografía de quien se ha ido

Ahora que, si quieres preservar su memoria, incluso para que generaciones venideras sepan quién era uno de sus ancestros más importantes, siempre puedes recurrir a escribir una breve biografía de su vida. Esto lo puedes hacer tan elaborado como quieras, como cuando haces una investigación de aspectos que probablemente no conocías de la persona. Podrías platicar con otros familiares, amigos, compañeros del trabajo o buscar entre sus pertenencias algunas anotaciones que pudieran revelar parte de aspectos de su personalidad que puedas plasmar en esa historia. Pero también lo podrías hacer mucho más simple y directo escribiendo tu perspectiva de su vida. Por eso no se trata de que escribas como si todo fuera una mera cronología, sino incluso podrían ser aspectos que tú viviste al lado de él o de ella. Voy a decirlo así, podrías convertirte en una especie de cronista de su vida y así el recuerdo que quede no será únicamente el del momento de su muerte, sino que, incluyendo a ésta en la narrativa, será un relato de su vida entera. No te preocupes de ser tan preciso y objetivo con algunos datos, al final es la perspectiva que tú tienes de su vida y la forma en que otros la pueden conocer a través de tus ojos, tu vivencia y tu experiencia.

Trata en lo posible de evitar idealizar, malignizar, distorsionar, fantasear o martirizar a la persona ausente. La idea es más bien rendirle una especie de homenaje y plasmar su vida en un documento que quizá otros después puedan leer. A mí me gustaría que inicialmente esto lo pudieras hacer escribiendo de puño y letra, pero también puedes usar medios digitales o incluso agregar algunos archivos multimedia a su biografía, como fotografías, fragmentos de video, algo de su voz que tengas grabada o incluso intercalar algunas de sus canciones favoritas si eso crees que aplica.

Escribe una carta para el ausente

A veces nos quedan cosas por decir, en otras ocasiones sentimos que nos hizo falta una despedida apropiada o simplemente quisiéramos decir algo a la persona que se ha marchado. Escribir una carta para la persona ausente puede ser terapéuticamente algo muy poderoso en muchos sentidos. En la escritura de esa carta se hace presente a la persona, se pueden expresar emociones y sentimientos de alguna manera reprimidos o puede abrir la oportunidad para desbloquear ideas o pensamientos que te han mantenido en estancamiento. Podrías hacer un primer intento, después leerla y luego hacer una segunda y hasta una tercera versión para que te quede una carta final si con la primera no te sientes muy satisfecho. Podría ser una carta que escribas y conserves o que al terminar de escribirla puedas leerla para ti y luego destruirla. También podrías leerla en voz alta frente a la fotografía de la persona o colocarte en una habitación privada, sentado con una silla vacía frente a ti e imaginarte que ahí está la persona y leerla también en voz alta.

Podría ser una carta de despedida, una carta de gratitud o incluso una de reclamo, si fuera el caso. Inclusive podría tener un poco de todos los elementos anteriores. Luego, si decides leerla en voz alta, imagina que la persona la escucha. Luego piensa qué te diría o daría como respuesta. Podrías incluso escribir lo que crees que podría responderte. Finalmente, este ejercicio también lo podrías hacer escribiendo varias cartas; es decir, cada vez que sientas que tienes algo que decirle. Sólo trata de mantener la conversación abierta y no centrarte únicamente en un sólo mensaje como "por qué te fuiste" o "necesito que regreses". Claro, eso se lo puedes decir si lo deseas, sólo que no te recomiendo que sea el tema central de todas tus cartas si es que decides escribir más de una. A algunas personas estas cartas les ayudan para hacer cierres, para mí la intención es más bien mantener el diálogo abierto como cuando le cuentas cómo te has sentido y lo que estás haciendo para moverte por este pantano.

SEGUNDA TAREA:
Navegar a través de las emociones

Sería muy complicado navegar por el mar negando que estás en él o incluso fantaseando que estás en tierra firme, ¿no es cierto? Lo mismo pasa con esta travesía nuestra a través del pantano de la tristeza. La única manera de llegar del otro lado es asumiendo que estamos aquí y que nos vamos moviendo con la intención de no quedar atascados dentro de él. Pero recordarás que en este territorio no sólo habita la tristeza, sino muchas otras emociones y sentimientos que emergen a nuestro encuentro y que nos pueden resultar tan confusos que busquemos evitarlos o incluso, por ser tan abrumadores, dejemos de movernos y entonces a empezar a hundirnos con ellos.

Pero tenemos una ventaja que ya conoces de sobra, saber que el movimiento es oscilatorio y que, así como hay días en que las emociones parecen devorarnos y luchamos para llegar apenas al día siguiente, hay días en que parecen ausentarse y podemos sentir que nos han dado una tregua, aunque a veces podemos incluso sentirnos aturdidos por su repentino silencio. Es muy cansado remar contra corriente y es muy cansado luchar contra las emociones. Por fortuna esta segunda tarea no se trata de eso, sino quizá un poco de todo lo contrario. En los ríos emocionales, aun dentro del pantano, la corriente viaja a distintas velocidades. A veces hay aguas más claras, otras veces son bastante turbias, algunas veces rápidas y otras muy, muy espesas y lentas. Hay ocasiones en que parecen aglutinarse en un paso angosto y es como si todo dejara de fluir por un momento, para más adelante volver a rápidas corrientes y bifurcaciones inciertas.

Navegar a través de las emociones en la pérdida no es como querer ir río arriba y volver al lugar en donde estábamos antes de que todo este caos se desatara; ya acordamos varias veces que eso no es posible. Entonces, en los tramos que tengamos que navegar a través de ellas para avanzar, lo haremos siguiendo su cauce, pero tratando de mantener el movimiento ni muy violento, ni muy estancado. Buscando mantener cierto rumbo en las bifurcaciones, pero a veces será necesario que nos rindamos a las emociones.

Rendirte de manera controlada a las emociones

Suena totalmente paradójico este subtítulo, ¿no te parece? Primero, porque cuando uno se rinde parecería que uno depone todas sus armas o energías y entonces ya no hay nada bajo control. Segundo, porque controlar las emociones no es lo que estamos buscando; esto suele ser muy cansado además de infructuoso o hasta contraproducente.

Rendirte a las emociones no es dejar que tomen el control o que tengan absoluto poder sobre ti, sólo es reconocer que una vez que han surgido lo mejor es dejar que se expresen de la mejor manera posible. Rendirte de manera controlada se hace también en oscilaciones y siempre de la mano de nuestras 3 reglas. A veces puedes estar tan triste o cansado que lo mejor que puedes hacer en ese momento es simplemente quedarte ahí por un momento en esa emoción. Rendirte a las emociones no es abandonarte a ellas, es dejar de luchar contra ellas y a veces dejar que nos conduzcan por un tramo para luego retomar la dirección y seguir avanzando.

Uno se rinde a las emociones no necesariamente actuándolas, sino reconociéndolas y aceptando que estamos en ellas. Pero a veces hacemos resistencia, como cuando, por ejemplo, descubres que puedes estar enojado con la persona que se ha ido, por haberte dejado, y luego tratar de anular tu emoción diciendo que no es apropiado enojarse con quien se ha marchado. En este ejemplo no te abandonas al enojo, te rindes a él, lo miras de frente, lo reconoces y luego lo dejas ir para seguir tu propio camino; el enojo, la culpa o la misma tristeza no te marcan el camino como si ellos fueran guías de este territorio. Sí, es verdad, las emociones son sus habitantes, a ratos acompañantes, pero no tus guías. ¿Hay diferencia, no lo crees? Por eso te rindes de manera controlada, a ratos, por lapsos, incluso por pequeñas temporadas, pero sin abandonar tu rumbo, sólo dejando que te trasladen. Incluso parece que a veces resulta menos complicado navegar por las emociones porque nos hacen avanzar trechos importantes, aunque puedan parecer no tan agradables, principalmente por la resistencia que les hacemos y la poca familiaridad que a veces tenemos con ellas.

Y por cierto, como ya dije en el capítulo uno, donde hablé de la tristeza, a veces los otros no ayudan con esta tarea. Me refiero específicamente a la familia, la sociedad o la cultura. Muchas de estas entidades tratan de librarnos (mejor dicho, de librarse) lo más rápido posible de los sentimientos de angustia, enojo, dolor, culpa o soledad. El entorno social puede sentirse inquieto, pues es posible que quienes lo conforman no quieran pensar en sus propias pérdidas, pasadas y futuras. Y entonces, bajo el lema de "arriba corazones", te dicen que ya pares de sufrir, que mejor te regocijes porque tu ser amado ya está en un mejor lugar y que no te va a llevar a ninguna parte victimizarte por lo que no puedes cambiar. Que te digan cosas como ésta es tan útil como arrojarle una toalla a una persona que se está ahogando en el mar para que se seque.

Y esto es especialmente cierto con la tristeza. Entre todas las cosas que alguien puede decirte para "animarte" o "sacarte" de ahí es que ya no llores porque haces sufrir a tu ser querido y que no le gustaría verte así. Yo a veces me pongo en el lugar de alguien que se ha marchado y pienso que podría entender perfectamente bien que los que me aman se queden tristes por un tiempo. Es que no podría ser de otra manera si me echan de menos. ¿Por qué yo, desde el más allá, querría que estuvieran todos alegres como si nada hubiera pasado? Es natural que por un tiempo van a navegar por este territorio de emociones. Como he dicho, si al morir tengo conciencia de los que se quedan en la vida, creo que seré capaz de comprender que estén tristes, pero lo que quizá sí me costaría un poco más aceptar es que se queden para siempre estancados en la tristeza por causa de mi ausencia. Al menos no creo que eso me gustaría.

¿Se vale...?

Una pregunta que recurrentemente me hacen algunas personas, tanto en terapia como en talleres, generalmente empieza así y la completan distintos cuestionamientos: "¿Se vale extrañar a mi hijo después de un año?" "¿Se vale no sentir que mi vida está destrozada?" "¿Se vale querer ya no sentir?" "¿Se vale que no le quiera contar nada a nadie?" "¿Se vale llorar?", etcétera. Yo lo que les respondo es que no sé desde dónde podría "valerse" o no, pero eso están sintiendo o experimentando en ese momento y más vale que se permitan sentir y ver hacia dónde los conduce por un momento y luego retomar la dirección como sea posible. Muchas personas se sienten raras por sentir, cuando la sociedad y la cultura nos han hecho creer que es impropio hacerlo. Lo peor que uno puede decirse es: "Yo no debería sentirme así". Es mejor cambiar la frase por algo como: "Así me estoy sintiendo, estás son las emociones que me visitan hoy y algo quieren decirme; voy a escucharlas, a aprender de ellas y a dejarlas ir por un momento", esto precisamente es como rendirse a las emociones y no abandonarse a ellas.

Aunque en un capítulo final voy a replicar algunas de las preguntas e inquietudes más comunes que las personas me han externado a lo largo del tiempo con relación a la pérdida y el duelo, ahora mismo no quiero dejar pasar una pregunta que quizá es de las que más me hacen: "Mario, ¿está mal que llore?" o "Mario, ¿está mal que no llore?" Mi respuesta siempre la ofrezco con una pregunta inicial: "¿Y tienes ganas de llorar?" Porque si tienes ganas de llorar y lo haces, bien. Si no tienes ganas de llorar y no lo haces, bien también. Si por ahora tienes ganas, luego ya no (o viceversa) y luego vuelves al ciclo, pues esas son las oscilaciones. Quizá lo que no ayuda acá es tener ganas de llorar y reprimir el llanto o no tener ganas de hacerlo y tratar de provocarlo para que los demás vean cuánto queríamos a quien se ha marchado y cuánto sufrimos su pérdida. Por cierto, hay personas que hagamos lo que hagamos con nuestro duelo, no les va a parecer la forma y siempre tendrán algo que opinar. Que si lloramos mucho es que ya estamos en depresión; que si no, es que no le queríamos tanto o estamos en negación. Que si aceleramos algunos trámites, ya nomás vamos por la herencia y que si no lo hacemos, pues somos muy tontos. Si buscamos ayuda somos débiles y si no la buscamos es que nos gusta sufrir. La gran ventaja es que, para cruzar este pantano, una de las cosas a las que no te deberías sentir en obligación es la de satisfacer la opinión o parecer de todo el mundo.

Actividades para ayudarte a alcanzar la segunda tarea

La expresión emocional se beneficia de las palabras, pero a veces también de otras herramientas como la imaginería, algo lúdico o algo más sensorial.

Las emociones que me visitaron hoy

Todos los días, al finalizar el día, puedes escribir un breve texto, quizá de una cuartilla, quizá un poco más, en donde describas las emociones, sentimientos o hasta pensamientos que te visitaron ese día y qué fue lo que te dijeron o te mostraron. He aquí un par de ejemplos:

> *Hoy me visitó la culpa. Me dijo que yo pude hacer mucho más por cambiar el rumbo de las cosas, que nada de lo que hice fue suficiente y me preguntó si yo sabía cuánto había sufrido mi ser querido. Y yo escuché a la culpa y le dije que la entendía, porque ella también estaba muy dolida, como yo, por todo esto y es natural que estuviera buscando explicaciones o culpables. Pero le pedí que me tuviera paciencia, que no me era de ayuda que me hablara*

de esa manera porque ella sabe perfectamente bien que yo tampoco quería que todo esto pasara...

Hoy me visitó la angustia y me hizo ver mi soledad. Me dijo que cómo iba yo a poder con todo esto sin la persona que más amaba. Me dijo que de esto no nos vamos a recuperar y que la vida no volverá a ser como antes. Y yo la escuché y le dije que hasta cierto punto tenía razón, que muchas cosas van a ser diferentes, pero también le dije que juntos vamos a salir del otro lado. Que realmente la angustia es la desesperación del amor que quiere recuperar lo perdido. Cuando la vi así le tuve compasión y fui amable con ella porque no quiere lastimarme, sólo que lo que busca es imposible y yo debo ayudarla a moverse de ahí...

Te puede visitar más de una emoción en un día, así que puedes poner las que alcances a identificar. Haz esto cada noche por algún tiempo, al menos hasta que te familiarices con ellas, seas capaz de reconocerlas y escucharlas, pero que ellas también te escuchen a ti. A veces no serán capaces de decirte qué quieren y es cuando quizá sólo quieren tener tu compañía; ahí ríndete un poco a ellas y trata de ayudarlas también tú.

Dibujar

Quizá un dibujo no es tan preciso de comprender como las palabras, pero permite que las emociones se manifiesten sin muchos filtros y el significado que nosotros le demos al dibujo es lo que cuenta acá. Podrías dibujar por ejemplo una piedra, si es lo que sientes que vas cargando. Un vórtice, en el que sientes que has entrado o hasta las oscilaciones que sientes que estás teniendo. Puedes dibujar al enojo, a la tristeza o hasta el pantano. Aquí te pongo algunas muestras de este tipo de dibujos.

"El corazón desinflado"   **"El vórtice"**   **"La promesa del reencuentro"**

Me parece útil ponerle nombre al dibujo y ser capaz de contar una breve historia de qué significa para ti lo que hayas dibujado. Estos dibujos los puedes compartir con alguien, coleccionarlos para que veas cómo evoluciona tu proceso o hacer uno cada día y dejarlo ir. Muchas personas en este punto me dicen que "no saben dibujar", pero hasta los niños pequeños saben cómo. Que no te gusten tus dibujos o que no estén para una galería, eso es otra cosa, pero de que todos somos capaces de hacer dibujos, de eso ni duda cabe.

Incluso a veces quizá empieces dibujando algo tan abstracto y confuso como pueden ser tus emociones, sentimientos y pensamientos del momento. Tal vez todo se parezca más a una maraña, manchas oscuras o líneas sin mucho sentido:

"La maraña en mi cabeza"

Luego puedes mirar lo que has dibujado y hacer para ti una breve historia, escrita si lo prefieres:

Esta maraña es como mi cabeza. La dibujé sin muchas ganas y de hecho así es como me siento. Pero ahora que lo pienso, esta maraña no es mi cabeza; es algo que está en ella y la he estado tratando de desenredar, pero no sé ni por dónde empezar. De hecho, ni mi mamá ni mi papá me enseñaron realmente a comer espagueti y no puedo hacer que, cuando lo como, se sostenga del tenedor. Lo he intentado y es como mi secreto que a veces prefiero comer pasta corta para no pasar la vergüenza de que esté yo batallando con eso. Pero siempre he tenido ganas; como cuando aprendí a usar los palillos para el sushi. Lo que yo digo es por qué nunca me enseñaron esas cosas... y muchas otras. O tal vez lo intentaron y yo no quería. La verdad es que siempre quise hacer las cosas a mi modo y pues yo creo que por mi carácter ya mejor me dejaban. Igual ni ellos mismos sabían comer el espagueti con el tenedor. ¿Cómo iban a enseñarme lo que no sabían? Pero estoy tan enojada porque hay muchas cosas que nunca les pregunté, que nunca me enseñaron... y yo quisiera que estuvieran aquí para abrazarme, para enseñarme a comer espagueti y a lo mejor así me puedo sacar esta maraña de la cabeza. Vuelvo a ver el dibujo y veo por ahí unos corazones que salieron sin querer. A lo mejor no tengo que desenredar la maraña y sólo sacarla de ahí; dejar libre a mi corazón de lo que ya no fue, porque la verdad hubo muchas cosas muy buenas y yo les agradezco a los dos todo lo que me enseñaron...

Si tratas de leer este texto tratando de encontrar en él pies y cabeza, quizá no lo logres. Es un texto libre que va llevando a la persona por distintos ríos emocionales. Es la combinación del uso del dibujo y las metáforas, como veremos más adelante.

Escucha música que te conecte con tu sentir y te acompañe a moverte

Cuando murió mi padre en el año 2010 a las pocas semanas sentí la necesidad de no perder algunos de sus recuerdos. Por supuesto no me refiero a objetos, sino cosas que me lo recordaran más vívidamente. Así que me di a la tarea de hacer una pequeña playlist de música donde tengo 5 canciones. Una de 1958 que siempre le gustó mucho, otra que siempre pedía si había piano en un restaurante, otra que cantaba cuando íbamos en carretera y dos que no sé si le gustaban tanto, pero sí sé que de inmediato me llevan a dos momentos de mi niñez donde él estaba presente. Realmente no escucho muy seguido esa playlist, pero una de las canciones la tengo de tema en uno de los talleres que imparto y, por supuesto, como ya habrás adivinado, mientras escribo esta sección tengo puesta precisamente su playlist y eso me desacelera por momentos.

Pero no tienes que hacer tú una playlist como tal o recurrir a la música que le gustaba a la otra persona. Simplemente podrías, quizá mientras escribes o dibujas, por ejemplo, escuchar música que sintonice con tu sentir del momento o facilite la expresión de emociones. Pero procura que no sean sólo canciones que te vinculen con un tipo de emoción o sentimiento, sino quizá alguna variedad que te haga oscilar, por así decirlo. Haz esto por ratos, cuando sientas que te es de ayuda porque el objetivo no es que sufras, sino que movilices las emociones que están dentro de ti.

Mi pérdida es como...

Escribir una metáfora de cómo es tu pérdida te puede ayudar no sólo a expresar, sino a simbolizar lo que estás sintiendo. Podría ser una breve narración o metáfora de "cómo es mi pérdida", "cómo es mi vida sin ti", "cómo fue mi vida a tu lado" o "cómo quiero que sea mi vida cuando aprenda a vivir con tu ausencia". De igual forma trata de darle movimiento a la metáfora o narración para que no te empantanes en las emociones. Por ejemplo:

> *Mi pérdida es como un vórtice en el que siento que voy cayendo sin control. Desde que te fuiste no encuentro rumbo ni muchas ganas de hacer nada. Este remolino me lleva de un lado a otro y a veces siento que voy a perder la razón. Francamente a ratos me dejo arrastrar por esto, porque me siento muy cansado. Luego, después de un rato, saco fuerza no sé de dónde y me levanto. Porque el vórtice realmente no me lleva a ninguna parte... o a lo mejor no he dejado que me lleve. Pero no quiero estar dando vueltas en esto toda la vida. Hasta tus recuerdos se me revuelven y tampoco te mereces eso. De alguna manera tengo confianza en que esto que me pasa es natural porque me estoy acostumbrando a tenerte de otra manera. No quiero que tú tengas que vivir conmigo en un vórtice, así que en los ratos que deja de girar trato de ir acomodando cosas. Luego regresa el remolino ese y me desacomoda unas, pero ya no todas. No como al principio...*

Trata de escribir a qué se parece lo que quieres representar, dónde estás tú con relación a eso y hacia dónde te estás moviendo o te quieres mover.

Expresar las emociones no se trata nada más de nombrarlas o decir que ahí están. El camino es que a ratos te muevas con ellas y a veces ellas contigo. Que las dirijas para que sean el impulso que te lleva a ir del otro lado de la tristeza. Y naturalmente eso hacen, especialmente si se dan cuenta de que tenemos un rumbo hacia donde queremos ir.

TERCERA TAREA:
Adaptarte a una nueva realidad

No está de más recordar que no es que tengas que completar una tarea para ir "adelantando" en las otras, Es que con las oscilaciones vas y vienes entre tareas y así vas avanzando. Estamos ahora frente a la tercera y penúltima tarea. Realmente no podría decirte que ninguna es más sencilla o complicada que las otras, pero ésta podría ser un poco más laboriosa.

Idealmente nos vamos adaptando a la ausencia desde el momento mismo de la pérdida, aunque al principio haya mucha resistencia porque recordemos que oscilamos entre la pérdida y la adaptación. Aquí se trata de que te vayas apropiando de una nueva realidad y aprendas a moverte dentro de ella para continuar haciéndote cargo de tu vida y de lo que eres responsable. Vas a hacer esto a través de la adaptación y de ajustar varios ejes de tu vida: lo cotidiano, tus relaciones y a ti mismo dentro del mundo.

Una madre que perdió a un hijo pequeño se adaptará de manera diferente a una persona de 30 años que ha perdido a un hermano adulto y ambos de manera diferente a un adolescente que perdió a uno de sus padres. La vida personal y familiar "normal", la que tenía la persona antes de la pérdida, ha cambiado fundamentalmente por la muerte y es necesario hacer ajustes para alcanzar una "nueva normalidad" o "normalidad distinta", aprendiendo a vivir con la ausencia física de quien se ha marchado.

Como con las otras tareas, ésta llevará tiempo. Es posible que hayas anticipado todos los grandes ajustes que tendrás por hacer a partir de lo que ha cambiado, pero también puede haber una serie de pequeñas cosas a las que no sabías que tendrías que adaptarte todos los días. La persona que murió puede haber desempeñado roles y funciones en tu vida personal y en la vida familiar de los cuales ni siquiera había tanta conciencia y ahora, a partir de su ausencia, gradualmente se van revelando conforme pasan los días, semanas y meses. Por supuesto desde un punto de vista emocional nos hacen falta, pero también lo hacen desde muchas otras perspectivas.

Worden nos dice que hay 3 tipos de ajustes que debemos realizar: Al mundo exterior, al interior y a tu mundo simbólico de significados.

Ajustes a tu mundo exterior

Es como la forma de relacionarte con otras personas y otros aspectos de tu vida como el laboral, por ejemplo. Implica asumir nuevos roles y tareas después de la muerte de un ser querido. Por ejemplo, cuando uno de los padres muere, el hermano mayor puede sentirse obligado a tomar el relevo como figura que coordine, organice o hasta mantenga unida a la familia. Un cónyuge sobreviviente de repente es responsable de las tareas que antes realizaba la pareja que se ha ausentado y hasta de buscar cubrir aquellos aspectos no tangibles que la otra persona proveía en la relación.

Estos ajustes se relacionan con la forma en que la familia interactúa entre sí y con el mundo exterior. En otro sentido, están los ajustes a tu logística cotidiana y lo que para muchos suelen ser días muy pesados: los fines de semana. Según la dinámica previa que haya existido, es posible que los días laborales hayan sido parte de lo cotidiano donde la convivencia estaba forjada alrededor de otras rutinas un tanto obligatorias. Trabajo, escuela, gimnasio o hasta las tareas domésticas. Nuestra vida estaba repleta de certezas en donde no teníamos que hacernos cargo conscientemente de nuestro mundo de relaciones porque estaba ahí. Pero los fines de semana puede ser una historia muy diferente; las rutinas giraban alrededor de los miembros del núcleo familiar, grupos de amigos o la convivencia entre ustedes. No hay tantas actividades estructuradas y por eso es que el vacío se siente más pesado en esos momentos. Es muy tentador quedarse envuelto entre las sábanas todo el día implorando que llegue el lunes y se entiende si eso lo haces en algunos momentos. Pero también es importante que estructures nuevas rutinas alrededor de tu vida, porque ésta ha cambiado.

Ajustes a tu mundo interior

Estos ajustes pueden ser más abstractos. Se refieren a los cambios en tu autoimagen, autoestima o sentido de ti mismo. Por ejemplo, después de la muerte de una pareja, la persona sobreviviente puede tener dificultades porque ya no se define como parte de un sistema familiar o de pareja en sí mismo y ahora se define como viudo o viuda. Puede parecer que su "viejo yo" también se ha ido con la muerte de la otra persona y esto puede afectar de manera importante la confianza en sí mismo o, como dije, hasta la autoestima puede padecer los lodos de este pantano. La duda también es común, ya que aquí es donde surgen las preguntas de las que en su momento ya te hablé; aquellas que te hacen cuestionarte si podrás seguir con tu vida después de lo que ha pasado o si estarás a la altura para hacerte cargo de los aspectos que la otra persona podría haber cubierto. Estas dudas son comprensibles, pero no caigas en la idea de que tú debes ser el reemplazo de la otra persona. Esto ni a satisfacción de todos lo vas a lograr y, quizá lo más importante, ¿quién va a ocupar tu lugar si tú pretendes ocupar el de otro que se ha marchado? Entonces, si eres hermano o hermana mayor, no pretendas ser el reemplazo de un padre o madre para tus hermanos; incluso no sólo quizá hagan cierta resistencia a eso, sino que tú te vas a saturar y los demás no estarían recuperando al progenitor ausente y sí perderían a un hermano que podría estar presente en su propio rol. Lo mismo si has perdido a una pareja y tienes hijos, tú no puedes ser padre y madre a la vez, pero sí puedes, por ejemplo, ser una madre que ejerza las funciones del rol paterno.

Hay personas que en vida nos animan, otras que nos hacen reflexionar, otras que nos muestran nuestras áreas de oportunidad y algunas más no dejan que se nos venga el mundo cuando nos sentimos abatidos. Hay quien nos hace reír, quien siempre está ahí cuando más le necesitamos o incluso aquellas que nos sirven como espejo para mirarnos desde afuera. Con su ausencia algo tendrás que hacer para proveerte de mucho de esto, aunque evidentemente puede que haya cosas que se fueron para siempre. A eso también tendrás que habituarte. Pero sobre todo es el hecho de ubicarte en un lugar que parece el mismo, pero no es igual. Es cómo te sientes contigo a partir de esta pérdida. Hay personas que acaban por sentirse incompletas, unas debilitadas y otras fortalecidas. Algunas más se sienten como sin rumbo y otras encuentran uno distinto. Recordarás en el capítulo uno que te contaba de una mujer que había tenido una pérdida gestacional y que nos da un claro ejemplo de cómo la identidad se puede ver alterada; repito acá un breve fragmento para recordar:

> Ahora ya no sólo no sé qué perdí, sino que ya no sé qué soy. ¿Soy una madre que ha perdido un hijo o sólo soy una mujer que perdió un feto; un producto o un embarazo? ¿Puedo llorar y sentir como madre o al hacerlo estaría usurpando un papel que no me corresponde?

Hacer estos ajustes a tu mundo interior no tiene que ver con renunciar a los roles que has tenido, sino al de modificarlos y adquirir otros adicionales o distintos en el futuro. Los que tuviste o has tenido forman parte de tu historia personal y no se borran.

Claramente tu rol cambiará con relación al de la otra persona, pero hay partes de nosotros que permanecen constantes a pesar de los movimientos en nuestro mundo de relaciones. Seguramente hay partes de ti que te gustaría conservar como tu perseverancia, la fortaleza interior, tu capacidad de asombro o tu sensibilidad, por ejemplo. De hecho, muchos de esos elementos internos que te conforman están contigo en estos territorios complicados y son los que te servirán como elementos de apoyo para cruzar y salir del otro lado.

Ajustes a tu mundo simbólico y de significados

Aquí es donde entra lo que para ti significa la pérdida en sí misma. Sabemos que no vamos a estar en este mundo para siempre y que las personas que amamos tampoco son eternas, pero una cosa es saber esto y otra muy distinta tenerlo consciente. De hecho, hay quien dice que se disfrutaría más la vida con la constante conciencia de la finitud, pero yo pienso a veces que vivir pensando en que todos nos vamos a morir se puede convertir en una fuente de angustia. La vida es relativamente frágil, eso es verdad, pero aun así creo que la vida es para vivirla, no para estar pensando cuándo se perderá. Hasta que la pérdida ocurre, por supuesto.

El hecho de la muerte, sin duda, de alguna manera afecta tus creencias, valores y suposiciones sobre el mundo. La vida puede parecer cruel, injusta o sin sentido. Esto puede desafiar tus creencias sobre el mundo o tu fe. Pero adaptarse a la vida sin tu ser querido también se trata de redefinir, replantearte y hasta encontrar nuevas creencias que pueden resultar de todo esto, como desarrollar fortaleza emocional y resiliencia. De manera temporal o permanente esto que ha pasado puede afectar tus creencias, tu espiritualidad, tus afinidades religiosas y hasta tu manera de ver el mundo. Habrá elementos que quedarán estables, otros que se fortalecerán y seguramente otros que habrás de cuestionar seriamente. Hay personas que dicen estar enojadas con un dios creador porque no escuchó sus plegarias o no entender las leyes universales del karma, el destino o la vida misma. Mientras más rígidas hayan sido nuestras creencias que supuestamente nos protegían del dolor, es más probable que se tambaleen con más fuerza, pero para algunas personas servirán para sostenerse mientras amaina la tormenta. Y sin embargo, como ya dije, la muerte forma parte de la vida y no me imagino que pueda ser el resultado de un castigo o de la voluntad de un ser creador que de la noche a la mañana le hayamos adjudicado el papel del gran destructor o ladrón de nuestra felicidad. No estoy muy seguro que una perspectiva así sea de ayuda.

Aquí también entran muchas interrogantes existenciales: ¿Cuál es mi lugar aquí? ¿A qué me llama la vida ahora? ¿Cómo voy a afrontar este reto? ¿Es el mundo un lugar justo? ¿Cuál es el sentido de la vida?, etcétera. Sin duda no esperaría que en un momento como éste realmente esperemos resolver estos cuestionamientos que ni estando en un estado de total claridad y lucidez podemos desentrañar. Y sin embargo llegan porque estamos tratando de entender cómo es el mundo y la vida a raíz de lo que ha pasado. Si te embarcas en una travesía de la búsqueda de respuestas "verdaderas" o intentas que las respuestas vengan desde el exterior, puedes estancarte en el pantano como el que se queda a habitar en él mirando cada noche las estrellas y tratando de descifrar su supuesto mensaje. Mirar las estrellas está bien y si tienen algún mensaje para nosotros ya nos enteraremos sin duda; mientras tanto, seguiremos andando, ¿no te parece?

Actividades para ayudarte a alcanzar la tercera tarea

Recuerda que en esta tercera tarea de lo que se trata es que pienses un poco más en ti que en lo que te ha pasado.

Dispón de algo de tiempo para ti

Puedo entender perfectamente que hay muchas cosas que te pasan por la cabeza y que a veces los días te pueden parecer eternos y en otras ocasiones que el tiempo pasa muy deprisa. Esto también es propio de las oscilaciones, pero la cuestión es que a veces parece que no queda mucho tiempo disponible para ti. Y créeme que entiendo que todo lo que haces de alguna manera tiene mucho que ver contigo, pero tú sabes a lo que me refiero; dedicarte tiempo para ti: para tu cuerpo, como con el ejercicio; para tu mente, como cuando te sientas por un momento a reflexionar; para tu descanso, como cuando te vas a dormir un poco más temprano; tu ocio, como cuando te pasas media tarde sin hacer algo realmente estructurado y hasta para encontrar formas de relajarte o tiempo para pensar en otras cosas que tú quieres. Y es que muchas veces escucho a personas decir que no tienen tiempo para esto, o para aquello. Y yo suelo decirles que a veces el tiempo no se tiene, sino que uno tiene que tomarlo de las 24 horas de cada día. En estas circunstancias de la pérdida es necesario disponer de algo del tiempo que tenemos para nosotros. Es sumamente agotador para la mente, el alma y el cuerpo, tener que estar siempre pensando en el pantano, en sus habitantes, en las cosas que no hiciste, en las cosas que tienes por hacer y además en lo que estás sintiendo. Llega el momento en que necesitamos una tregua. Y no me refiero a una exclusivamente en donde sólo nos dé tiempo para tomar aire o salir a respirar, sino a un espacio digno y razonable donde podamos verdaderamente ocuparnos de nosotros.

Yo no recomendaría salir a dar una vuelta en el auto si eres tú quien conduce, porque sabemos que cuando estás pasando por una pérdida, la atención está menguada y dividida y no siempre puede enfocarse en algo que requiere atención completa, como conducir un vehículo automotor. Recordemos que la atención está también oscilando. Pero sí podría recomendarte que salieras a caminar por unos minutos al día a un parque, que pudieras darte la oportunidad de tomar un masaje relajante o darte unos minutos al día para tomar un té y desconectarte de los dispositivos electrónicos y las redes, por ejemplo. Haz esto por momentos breves porque la cabeza no te va a permitir verdaderamente hacerlo por ratos más prolongados. No hay momentos pequeños que puedas dedicar para ti, todo momento es importante y cuenta. Al final parece innecesario recordarte que eres tú precisamente quien necesita de estos espacios, ¿no es así? Y que difícilmente van a llegar si tú no tomas el tiempo necesario para ti.

Ubícate en un nuevo espacio

Una vez más vamos a recurrir aquí al uso de las metáforas y las imágenes. Recuerda que tu mente necesita comprender y acomodar todo desde diferentes niveles; dibujar y simbolizar es una muy buena manera de lograr esto. Te voy a dar unos pasos como guía para hacer este ejercicio, pero tú adáptalos a lo que sientas que te ayuda.

1. Toma una hoja de papel de tamaño estándar o del tamaño que tú quieras.
2. Ten a la mano de preferencia un lápiz y colores, que pueden ser acuarelas, crayones o lápices de colores.
3. Dibuja un paisaje de la naturaleza que represente una imagen de <u>cómo te sientes en este momento de tu vida</u>. Puede ser algo con montañas, agua, rocas, una cueva, un pantano, un desierto, una inundación, un volcán, un terremoto, un tsunami, etcétera.
4. Al terminar este dibujo, dibújate dentro de él. No tienes que dibujarte de forma muy realista; por ejemplo, si dibujas montañas muy altas a lo mejor quieres dibujarte como un punto en la cima de una de ellas o si dibujas el mar incluso podrías ser un pez.

Imaginemos que el dibujo de abajo es lo que has hecho:

5. Ahora, mirando ese dibujo y estando tú dentro de él, ve haciéndote unas preguntas alrededor de lo que está pasando, por ejemplo:

- ¿Quién soy?, (ejemplo: Un viajero, un explorador, un vagabundo, un visitante, un viajero errante, un pez, una fiera, un ave, una roca, una nube…).

- ¿En dónde estoy?, (el lugar que dibujaste; en este ejemplo podría ser: en una sierra, una cordillera, en la inmensidad, un lugar nunca antes visto por mí, un lugar familiar…).

- ¿Qué estoy haciendo?, (ejemplo: esperando, caminando, avanzando, pensando, buscando, encontrando, ocultándome…).

- ¿Qué está pasando?, (ejemplo: todo está en calma, hay un silencio aterrador, sopla el viento, todo se viene abajo, siento que la esperanza viene a buscarme…).

- ¿Qué estoy pensando, sintiendo o diciéndome?, (ejemplo: estoy pensando que el camino es muy largo, siento mucho miedo y me digo que a pesar de eso debo seguirme moviendo…).

- ¿De dónde vengo?, (ejemplo: de un pantano muy denso, he caído aquí desde el paraíso, realmente estoy dando vueltas, de un lugar incierto…).

- ¿A dónde voy?, (ejemplo: al otro lado de la tristeza, hacia el resto de mi vida, a adaptarme a lo que me ha pasado…).

- ¿Qué quiero?, (ejemplo: salir de aquí, no detenerme, tener paz, sentirme seguro, volver a verte, saber que estás conmigo…).

- ¿Qué me ayudaría a moverme o salir de aquí?, (ejemplo: que alguien me diera una guía, conocer más este territorio, unas palabras de aliento…).

- ¿Qué me dirían estos elementos si me hablaran? (en este ejemplo, las montañas: "Estamos aquí para acompañarte", "no es necesario que te resistas a nosotras", "no somos infinitas", "hemos visto pasar innumerables vidas por estos caminos y sabemos que hay una manera de cruzar"…).

- ¿Cuál es mi principal cualidad o habilidad que me ayudará con este tránsito?, (ejemplo: mi perseverancia, mi fortaleza, mis ganas de estar bien, el recuerdo de tu paso por mi vida, el saber que de alguna forma vives en mí…).

No tendrías que responderlas todas y estos solamente son algunos ejemplos, pero creo que te das una idea de lo que quiero que hagas aquí. Podrías responder sólo pensando en las respuestas o también podrías escribirlas para que tengas más claridad.

Piensa un poco más en ti

De igual manera, cuando estamos muy inmersos en la pérdida, nos vamos olvidando un poco de nosotros, de nuestras necesidades y de los aspectos que también son muy importantes y que sin querer estamos descuidando. Elementos tan importantes como nuestras relaciones, nuestra economía o nuestra salud. Por eso te quiero proponer que, para evaluar visualmente en dónde estás, utilicemos la rueda de la vida. Es probable que en algún momento ya la hayas visto o en algún espacio terapéutico incluso hayas trabajado con ella, pero en esta ocasión me gustaría utilizarla para que puedas pensar un poco más en ti, en el marco de este pantano de la tristeza.

Se trata de que en una hoja en blanco dibujes un gran círculo. Después, utilizando líneas radiales, divide ese círculo en ocho secciones como las rebanadas de un pastel o una pizza (puedes mirar ahora mismo el ejemplo que te pongo adelante). Al finalizar esto, puedes nombrar cada uno de los espacios resultantes con un elemento muy importante de tu vida. En mi ejemplo he agregado elementos como familia, salud o espiritualidad, entre otros. Puedes tomarlos todos, sólo algunos de ellos o reemplazarlos por los que para ti sean muy importantes. Una vez que lo hagas puedes graduar, como en el ejemplo, cada uno de estos espacios con números del 1 al 10, siendo el 1 el nivel más bajo y el 10 el nivel más alto. Finalmente, puedes colorear o sombrear en qué nivel te sientes en cada uno de estos aspectos de tu vida en este momento. En el ejemplo que te ofrezco vemos cómo la persona que lo ha llenado evalúa que sus áreas de ocupación y trabajo, tiempo para sí misma y desarrollo personal están realmente bajas o descuidadas. También en el ejemplo te das cuenta que otros elementos, como la espiritualidad y la salud, se encuentran en niveles razonables. Entonces haz tu gráfica y después de ella te daré más instrucciones.

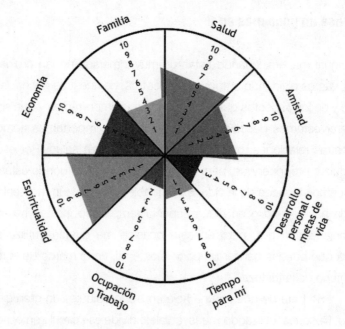

Pensando en mí

Una vez que la termines vamos a hacer las siguientes reflexiones:

1. ¿Cuáles áreas se han visto más afectadas negativamente a raíz de mi pérdida, cuáles extrañamente han mejorado y cuáles se han mantenido más o menos iguales?
2. En las dos áreas donde me encuentro con más puntaje, ¿van al alza o a la baja?
3. En las tres áreas donde mi puntaje es menor, ¿qué tendría qué hacer para subir uno o dos puntos en el plazo de un par de meses?
4. ¿En cuál de estas áreas siento más necesidad de mejorar?
5. ¿Hay alguien que me gustaría que me ayudara a mejorar alguno de estos niveles? ¿Qué tendría qué pedirle?
6. ¿Qué tendría qué hacer, o dejar de hacer, para evitar descender de nivel en las dos áreas donde me encuentro con más puntaje, en lo que voy buscando mejorar en las demás?

7. ¿A qué puedo comprometerme al ver ahora gráficamente el estado de estas áreas de mi vida?

Estas son solamente algunas ideas de reflexiones que puedes hacer alrededor del ejercicio gráfico, pero claramente estoy seguro que hay otras preguntas que también se te pueden ocurrir a ti y te lleven a pensar más en tu mundo interior y en cómo también protegerlo de hundirse en este pantano.

Desarrolla las habilidades necesarias

Está claro que no queremos depender permanentemente de alguien, ni tampoco, incluso nuestros hijos, queremos que siempre sean dependientes de nosotros. Es verdad que la pérdida además del dolor que provoca puede dejarnos en un momento de desventaja donde haya muchas cosas que tenemos por resolver, arreglar y de las cuales hacernos cargo, incluso de ahora en adelante y de forma permanente. Es evidente, la persona que se fue se hacía cargo de muchos aspectos de diferentes cosas, pero ahora ya no está. No digo que tú tengas que hacerte cargo de todo, especialmente si vives en un sistema familiar con más miembros que también pueden hacerlo; lo que digo es, conviene que adquieras conocimiento y desarrolles ciertas competencias y habilidades para ser una persona más capaz e independiente en muchos aspectos de tu vida.

Aprender algo nuevo, o desempeñarnos eficazmente en algo que antes no habíamos intentado, además de ayudarnos a resolver muchos problemas prácticos cotidianos, incrementa nuestro sentido de autoeficacia, lo cual mejora nuestra autopercepción y finalmente nuestra autoestima. Aprende algo que te guste, algo que llame tu atención, algo que necesites o algo que siempre habías querido hacer, pero no te habías dado el tiempo para ello. Aprende a tu ritmo, disfruta el aprendizaje y aléjate de la necesidad de perfección o, por lo menos, no te acerques mucho a ella en este momento. Se trata de ser amable contigo y no que ahora te conviertas en un capataz que te obligue agregando a tu vida nuevos deberes. Inténtalo con alguna cosa y trata de no saturarte demasiado.

CUARTA TAREA:
Establecer una nueva relación con el ausente y seguir viviendo

Recordarás que en este capítulo te ofrecí que llegaría el momento en donde pudieses dar la bienvenida e integrar a la persona que se ha marchado de una forma distinta. Es justo a través de esta cuarta tarea que es posible conseguirlo. El proceso de duelo no es uno que te pida soltar, olvidar o dejar ir, al contrario. Se trata de encontrar la forma de crear un vínculo con la persona que amas, pero no desde el dolor o desde el vacío de la ausencia, sino desde una presencia distinta.

De manera muy directa esta cuarta tarea consiste en transformar la relación que tenías con tu ser amado, desde una que estaba basada en una presencia física a otra que ahora se sustenta en una presencia simbólica, una conexión y presencia del alma o de la memoria, si lo quieres ver así. Es necesario recolocar a la persona ausente en el lugar que va a ocupar en tu vida para que puedas seguir viviendo. Tenerlo en una especie de indefinición o, peor aún, tenerlo alejado por la ausencia se convierte en una especie de lastre que te hunde más en el pantano. Y es que, ¿cómo vas a querer salir de aquí si sientes que estás dejando algo que amas? Por eso mucha gente fracasa en salir del otro lado de la tristeza, porque creen que deben renunciar a lo que han amado tanto para seguir con su vida como antes o como si nada. ¡Eso no es verdad! La idea es que tú y tu ser querido salgan del otro lado transformados. Tú, hacia una nueva realidad como ya hemos dicho. Tu ser amado, en una presencia no física en tu vida.

La forma en que tú puedes seguir viviendo y ocupándote de tu vida es que desarrolles una conexión adecuada, saludable, digna, continua y duradera con tu ser amado como sea posible para ti. Yo sé que no es lo que quieres, porque tú como yo, queremos todo y lo queremos completo. Realmente nos gustaría la reintegración de la persona a su estado original y no tener que "conformarnos" con esta presencia simbólica de la que te hablo, ¿no es así? Pero eso no es posible porque las cosas han cambiado. Negarte a aceptar lo posible por querer lo imposible es muy desafortunado, porque es como mandar el mensaje equivocado a la persona ausente diciéndole de alguna manera:

Busco tu cuerpo porque en lo que hoy te has convertido no me alcanza para ser feliz.

A mí ésto me parece un mensaje poco digno para su memoria. ¿Qué es lo que echamos de menos realmente, al cuerpo o a la persona? Sin embargo, entiendo que muchos digan que habrían querido unos momentos más para decirle lo que faltó. Incluso hay quien dice que le gustaría volver a abrazarlo sólo una vez más y tenerle en sus brazos sólo por 5 minutos. Pero esto no es verdad, es un truco de la mente. Ya parece que si tuvieras realmente 5 minutos ibas a querer dejarlo ir otra vez. Y aunque fuera posible, ¿no sería como una segunda pérdida? ¿Volver para luego irse de nuevo? Por fortuna eso no suele suceder.

A mí me gusta mucho la obra de Remedios Varo y uno de sus cuadros, *La despedida*, de 1958, ejemplifica magistralmente esta idea de que una despedida realmente no lo es si mantenemos una conexión simbólica. Te invito a que busques la imagen y veas con tus propios ojos a que me refiero. Puedes usar este enlace: https://bit.ly/DespedidaRemediosVaro

Aceptar entonces una presencia simbólica y hacerlo con un ritual de bienvenida hace que incorporemos finalmente al ausente en nuestra memoria, en nuestra alma o en el mundo de nuestros ancestros. Ya no estaremos solos porque a donde vaya iremos y no requerimos de objetos o lugares especiales para sentir su presencia. Si se tienen está bien, pero que no se conviertan, como ya vimos, en reemplazo de quien se ha marchado. La forma de mantener este vínculo y esta presencia simbólica es integrándole a nuestra vida cotidiana y no solamente buscando una "reunión" en los aniversarios de su muerte o en la ofrenda del día de muertos, por ejemplo. Integrar y recolocar a nuestros grandes ausentes pasa por recordarles, pensar en ellos, hablar de ellos y hablar con ellos. Sentir su presencia en nuestras vidas en grandes y pequeños momentos. Contarles a veces de nuestro día, de lo pesado que está el tráfico o lo preocupados que estamos por un tema de trabajo o de salud. No tenemos que ir muy lejos para adivinar qué nos responderían en determinadas situaciones, ¿no es así? Una persona en terapia cuyo esposo había muerto algunos meses atrás me decía:

> Mi hermana me critica y se preocupa porque a mí me gusta hablar con mi marido, dice que no lo dejo descansar y otras veces dice que voy a acabar loca, pero pues yo le digo que no tiene nada de malo porque así le cuento mis cosas y lo siento más cercano. A veces le cuento lo caro que están los tomates, otras veces le pido consejo sobre algún asunto económico y cuando estoy muy saturada hasta le reclamo por haberse ido y dejarme todo el paquete de la casa. Luego ya me río y él se ríe conmigo, bueno, eso es lo que siento o me imagino, ya no sé, pero a mí eso me ayuda... ¿Me estaré volviendo loca realmente y mi hermana tiene razón?

Claramente la señora no se estaba volviendo loca y no tiene nada de malo "conversar" con la persona ausente. La idea no es hacerlo de forma angustiosa y repetitiva, como cuando se le hace la misma pregunta una y otra vez: "¿Por qué te fuiste?" "¿Por qué me dejaste?" o que sean sesiones de lamentos y reproches. No estoy sugiriendo que platiques con la persona que se ha ido si no quieres hacerlo, pero si te dan ganas, adelante. Es una forma de mantener un vínculo distinto, especialmente cuando en esas conversaciones integras a la persona a tu vida cotidiana y no te integras tú al mundo de los muertos, ¿me explico?

¿Y si yo no creo en "el más allá"?

Claramente nadie está obligado a creer en lo que no cree y por fortuna no es necesario. Por eso se habla de una conexión simbólica, que puede tener o no tintes religiosos o espirituales, pero también, y no de manera excluyente, involucra al recuerdo, la memoria y a veces hasta la genética, como cuando el que ha muerto es una persona consanguínea. Hay muchas cosas que nos unen a la otra persona y cada uno puede fortalecer esos vínculos de la manera que su mundo de creencias se lo permita mejor. Yo no podría asegurar que hay un más allá, como tampoco tengo pruebas para negarlo. Definitivamente a cada uno de nosotros nos debe ser de ayuda lo que cree y lo que no. Entonces la tarea acá es encontrarle un lugar en nuestra vida. Uno que nos ayude, que dignifique su memoria y lo mantenga en la presencia necesaria para que sigamos viviendo.

No renuncies a lo posible por no tenerlo todo

Quiero insistir en este aspecto fundamental de la cuarta tarea. Hay muchas cosas que se pierden en este pantano, incluso de tu propia identidad, como ya vimos en este mismo capítulo, pero no todo se pierde, a menos que de verdad quieras dejarlo ir. Por ejemplo, está el tiempo de vida compartido con la persona y los recuerdos y hasta los sueños que en ese tiempo se formaron. Eso no se borra de la memoria y queda con nosotros para toda la vida. Por ejemplo, aunque a veces con ciertas enfermedades no sea posible acceder a los recuerdos, ahí están guardados y a las vivencias compartidas ni siquiera la amnesia se las lleva. Y por supuesto no me refiero a recuerdos de esos que se evocan a través de fotografías, esos claro que se agradecen, sino principalmente a los que se llevan con cada uno.

Entonces, más que hablar con una foto, una habitación, una urna o una tumba, creo que la comunicación con nuestro ser amado no requiere de "portales" o puntos de conexión para seguir en una conexión simbólica, ¿no lo crees? Claramente tener fotos o recuerdos de la persona, como ya dije, no es negativo. Tal vez lo que no ayude es reemplazar a la persona por esos objetos y tener la necesidad de poseerlos como una forma de mantener algo tangible a nuestro lado. Puedo pensar que a algunos les sirve de consuelo temporal durante la transición, pero yo me pregunto si realmente será necesario de forma activa y permanente.

Pero yo necesito un lugar donde llorar

Claro y para eso el cementerio, una tumba o una fotografía pueden ser sitios en donde parece uno sentirse más libre para ello. Pero a lo que me refiero es justo a esto, a que no deberías pasarte el resto de la vida llorando permanentemente y sin variación alguna. Eso es a lo que equivale el pantano de la tristeza y tampoco manda un mensaje afortunado que dignifique la vida de tu ser amado. Por supuesto que llorar, si se tienen ganas, es lo que procede, pero tratar de vincularse con quien se ha marchado desde el llanto por equiparar la tristeza con amor, no sé si sea lo más indicado. Es una forma un tanto indirecta de culparle, ¿no te parece?: "Cuando estabas yo era feliz, ahora que te has ido no puedo volver a serlo, por lo tanto, tú eres el responsable de mi infelicidad por haberte marchado; tú te llevaste toda mi alegría y me dejaste tristeza". ¿De verdad alguien estaría tan enojado con quien se ha ido como para mandarle ese mensaje? ¿Es la persona ausente una ladrona de alegría y proveedora de tristeza? ¿Es así como merece ser recordada?

Actividades para ayudarte a alcanzar la cuarta tarea

Esta es la última de las 4, pero recuerda que no necesariamente va al final, sino que la vamos elaborando durante todo el proceso y quizá se hace más tangible, por así decirlo, cuando estamos más cerca de la salida del pantano de la tristeza aguda. Aquí algunas actividades que pueden ayudarte a cimentar este proceso.

Haz un ritual de bienvenida

La ofrenda del día de muertos que suele ponerse en algunas casas en México es un buen ejemplo de un ritual de bienvenida, sólo que está acotado a un día al año y al terminar el día se van de regreso las almas al más allá. No es esa nuestra intención, la de regresarlos, pero como dije, es un buen ejemplo porque se le da la bienvenida a la persona con cierta nostalgia y cierta alegría. Se decora su mesa, se le pone lo que le gusta comer y se incorporan otros elementos rituales que faciliten su llegada y su cómoda estancia. Incluso hay personas que hacen estos rituales en los cementerios como una "visita domiciliaria", por así decirlo.

Pero para nuestros fines este ritual no tiene que ser uno que tenga que repetirse cada año, aunque los que se hacen así no tienen nada de malo si esa es tu costumbre. Me refiero a darle la bienvenida a tu ser amado, a lo mejor después de un año o quizá dos, en donde ha "ido y venido" del dominio de los ausentes para ahora hacer una presencia más amable y cálida en nuestro corazón o recuerdo. Esto lo puedes hacer a través de una carta en donde conmemores, por ejemplo, su primer aniversario y ahora le des la bienvenida de manera definitiva.

Estamos tan acostumbrados a que las despedidas sean el paso final de toda relación, que a veces nos lamentamos tanto de no habernos despedido de alguien que tal vez murió de manera repentina. Pero la realidad es que la despedida no es el último paso, sino el primero de la secuencia de los que siguen. Ya lo dije: al nacer nos despedimos del vientre materno, pasamos por el canal de parto y llegamos a nuestro nacimiento donde nos dan la bienvenida, ¿no es así? Todo comienza con una despedida. Y hay más ejemplos: nos despedimos de la vida de soltería, se hace una "despedida de soltero" y luego nos dan la bienvenida a la vida en pareja. Nos despedimos de la niñez, transitamos por la adolescencia y luego la vida adulta nos da la bienvenida. ¿Soy claro con esta idea? Insisto, con la vida es lo mismo: nos despedimos de esta vida como la conocemos, vamos a una fase intermedia en donde los que nos amaron nos extrañan mucho y nos vamos transformando de una ausencia dolorosa a una presencia más amorosa y luego regresamos a que nos den la bienvenida transformados en lo que seremos de ahí en adelante. Ha sido el etnógrafo francés de origen alemán, Arnold Van Gennep, quien en su publicación *Los ritos de paso* ha clarificado esta estructura en donde está la despedida, una fase intermedia o liminar (de transformación) y una entrada, regreso transformado o bienvenida. Esto es a lo que podemos aspirar en esta cuarta tarea y lo que se espera al salir del otro lado de la tristeza.

Volviendo a la carta que mencioné, podría ir más o menos en este tono:

Ya ha pasado un año desde que te fuiste. Seguro que sabes lo difícil que ha sido para mí adaptarme a tu ausencia y moverme por la vida sintiéndome en un estado emocional tan denso. Pero heme aquí, hasta donde he llegado, y lo he hecho por mí y por ti, porque quería llegar acá para encontrarme contigo, para darte la bienvenida porque ya entendí que tu cuerpo no va a volver, pero tú te quedas aquí conmigo...

Algo como eso y sólo quiero poner un pequeño fragmento para que tú vayas por tu propio camino si decides escribir esa carta cuando sientas que te es posible y que es momento de hacerlo. Con la carta puedes hacer un pequeño ritual personal o en familia para dar esta bienvenida, pero sólo si eso te hace sentido.

Intégralo a tu vida cotidiana

Hace muchos años se consideraba patológico que alguien siguiera manteniendo una relación activa con una persona que había muerto. Era como si se hubiera estancado en su proceso de duelo y se trataba de hacerle ver al doliente que su ser amado había muerto y que ya lo dejara descansar y que dedicara su vida a otros intereses. La evolución del conocimiento acerca de los procesos naturales del duelo nos dice que esto nunca fue así, que se puede seguir viviendo y que es perfectamente normal mantener vínculos activos con nuestros ausentes cuando así ocurre. Que quién sabe de dónde sacamos la idea de que los que se han ido necesitan descansar, que los "dejemos ir" o que no les lloremos para seguir en paz con su tránsito a un mejor lugar. Hoy la historia es muy distinta. La mayoría de las personas quiere seguir manteniendo un recuerdo vivo de los ausentes.

Esta actividad se hace cada día. Como cuando le vas contando a la persona ausente cosas rumbo al trabajo, le pides consejo ante situaciones complicadas o le pides que cuide a tus hijos rumbo a la escuela. Es de alguna manera seguir pidiendo su opinión en temas familiares, celebraciones y festejos. Esa es la integración en lo cotidiano. Yo he tenido pacientes que pueden tomar esto muy literal y me dicen: "Es que Mario, ¿para qué le hablo si no me va a responder?" y yo les digo que si de verdad les respondiera habría que salir corriendo (o no). No es una respuesta que llega de escuchar voces externas (eso ya es síntoma de cosas que poco tienen que ver con el duelo), sino de una conversación interna, aunque a veces tú le puedas externar tus pensamientos en voz alta.

Haz actividades en su memoria y en su honor

En su momento te conté que hay personas que siguen conmemorando la navidad decorando, porque eso le gustaba a la persona ausente y para nada es del desagrado de los que quedan en casa, ¿recuerdas? Bueno, pues éste es un buen ejemplo de hacer actividades en su memoria y en su honor. Quizá no a la entrada del pantano, pero sí cuando esta tarea sea posible, podrías visitar algunos de sus lugares favoritos que solían frecuentar (y que a lo mejor hasta habías estado evitando). Dedicarle un platillo que le gustaba y que lo recuerdes con cosas como, "este fue uno de los platillos favoritos de tu abuelito", también puede ser una buena idea.

Por ejemplo, a mi papá le gustaba comprar billetes de lotería y a mí nunca me hizo mucho sentido (será porque nunca me enteré que se hubiera sacado un premio sustancioso) sin embargo, de vez en vez se me acerca un vendedor de billetes y puedo comprar un cachito o dos. Sé que lo hago en su honor y realmente no me es desagradable porque siento que es algo que nos conecta. Claro, tampoco yo me he sacado ningún premio sustancioso, pero realmente no compro los billetes por eso (aunque todo millón de pesos será bienvenido).

Recuerda, no se trata de hacer cosas que te desagradan o que representen un sacrificio; esa no es la idea, especialmente si lo haces por mantener una conexión o como producto de alguna culpa. Es hacer algo porque eso refuerza su presencia, porque conservas una tradición o simplemente porque así lo has decidido y te trae, además de algo de inevitable nostalgia, mucho de su presencia y consuelo.

Dignifícalo viviendo tu vida

Yo siempre he dicho que uno muere dos veces. La primera, pues cuando uno muere. La segunda, cuando la última persona que nos recuerda también muere. Entonces vivir la propia vida es una manera de vivir por nosotros mismos y vivir para contar su historia, al menos a nuestros descendientes.

Aquí agrega actividades nuevas que puedas hacer por ti y para ti. A lo mejor desarrollas un nuevo interés por algo, te das el tiempo de aprender algo o incluso puedes conocer nuevas personas. Hacer algo nuevo, si eso es algo que sientes que es de tu interés y puedes hacerlo, puede ser también una muy buena manera de marcar los límites del antes y el ahora. Sin olvidar claro, que no es una frontera cerrada, sino un paso continuo entre estos dos momentos de tu vida. El antes y el después de la pérdida, con el pantano de la tristeza como estado intermedio o de transición.

Vivir es una manera no sólo de recordarle, sino que vivir fuera del sufrimiento es el mensaje más afortunado que podemos darle. "Gracias a tu paso por mi vida hoy puedo seguir viviendo a pesar de haberte perdido". Claramente si decimos algo así, se lo estamos diciendo a la persona que se marchó, pero que ahora vuelve para "escuchar y atestiguar" cómo salimos del otro lado de la tristeza.

¿Qué vimos en este capítulo?

O Transitar por el duelo y salir del otro lado de la tristeza puede ser menos traumático si realizamos una serie de tareas que nos permitan avanzar con más seguridad y rumbo. El modelo propuesto aquí es el de las "4 tareas del duelo" del doctor William Worden: Aceptar la realidad de la pérdida, navegar a través de las emociones, adaptarte a una nueva realidad y establecer una nueva relación con el ausente.

O Aceptar la realidad de lo que ha pasado no significa que no importe o no duela. Es en realidad reconocer, por doloroso que resulte, lo que ha pasado es real y duele mucho. Es aceptar aquello que no se quisiera aceptar, pero es inevitable hacerlo.

O Ocultar, negar o enmascarar las emociones de tristeza o enojo, por ejemplo, resulta contraproducente para nuestro proceso personal y en nuestro mundo de relaciones. Cada emoción nos muestra algo y nos mueve a actuar. Sin embargo, a veces la emoción es tan grande que conviene rendirse a ella de manera controlada para seguir avanzando.

O Actividades como dibujar y representar tu pérdida y sentir, o escribir lo que sientes o una carta para quien se ha marchado, ayudan a que tu mente y tus emociones se encuentren en un punto donde ambas puedan comunicarse y ayudarte a seguir avanzando.

O La pérdida, el duelo y la tristeza absorben mucha de nuestra energía. Es necesario que también dediques algo de tiempo para ti en todas las demás áreas de tu vida. Sé que todas, de alguna manera, se han visto afectadas por la pérdida, por eso conviene que les dediques algo de tu tiempo cada día.

O Nadie quiere despedirse de alguien amado, pero podemos decir que simbólicamente esta despedida es temporal. Pasado un tiempo, cuando salgamos del otro lado de la tristeza, habremos de dar la bienvenida a quien se ha marchado y ha vuelto de una forma simbólica y distinta para ya no volvernos a separar.

Ejercicio adicional para este capítulo

Darte cuenta cómo estás oscilando en el duelo puede ser un marcador no sólo de dónde estás, sino para dónde vas. Entonces haz lo siguiente:

Durante una semana, lleva un registro acerca de cómo te sientes durante el día, en diferentes lugares y bajo diferentes circunstancias. Por ejemplo:

- 9:30 AM, en el trabajo. No tengo ganas de que nadie me diga nada y a veces siento que me ven con lástima o curiosidad.
- 11:00 AM, salí al banco. La verdad con la prisa ni noté mucho cómo me sentía, siento que se me fue la mañana pensando cosas y ahora me tengo que apurar.
- 02:00 PM, estoy comiendo. Aquí sí extraño mucho porque, aunque no comíamos juntos, luego nos contábamos qué estábamos comiendo. La verdad no se me antoja nada, pero algo tengo que comer.
- 05:00 PM, camino a la casa. Como que voy pensando en todo lo que tengo que resolver. Antes escuchaba las noticias, pero ahora ya no quiero saber mucho de lo que pasa afuera. Que el mundo se las arregle sin mí. Me ha dado por escuchar audiolibros en los trayectos ahora que lo pienso.
- 08:00 PM antes de cenar. Ya preparé cosas para mañana y me siento cansada. Voy a cenar algo ligero porque quiero dormir de corrido. Hace ya varias noches siento que cualquier cosa me despierta, a ver que tal.

Este es sólo un ejemplo de lo que puedes escribir en un día ordinario. Tú lo puedes hacer más o menos frecuente en horas, pero trata de hacerlo cada día al menos por una semana. Como verás en el ejemplo, hay cosas que esta persona hace que le ayudan y otras que no tanto, pero que pueden ser normales. Por ejemplo, no ayuda que no coma bien, pero se entiende que no tenga tanta hambre. Ayuda que quiere estar mejor y busca ayuda en algún audiolibro; puede que le ayude no estar por ahora al tanto de las noticias. También vemos cómo se ocupa de la vida cotidiana mientras cruza por el pantano de la tristeza; es decir, se hace cargo de ciertas responsabilidades laborales y domésticas. Muestra un poco de sentido del humor cuando dice "que el mundo se las arregle sin mí", eso también es bienvenido si surge.

Pasada la semana deja descansar al menos una o dos semanas este ejercicio y luego puedes volver a él. Trata de identificar en lo que escribes cosas que ayudan y cosas que no. Trata de encontrar en tu narrativa las oscilaciones que te llevan del duelo y la tristeza hacia la vida cotidiana y viceversa.

5

ERES MÁS FUERTE DE LO QUE PIENSAS

Solo las personas fuertes saben cómo organizar su sufrimiento para soportar sólo el dolor más necesario.

EMIL DORIAN, poeta

Hay muchos consejos y frases que se repiten a las personas que están pasando por una adversidad como lo es la pérdida y el duelo. Muchos de ellos van orientados a evocar una supuesta fortaleza que la persona debe tener para salir adelante. Frases como: "No te rindas", "échale ganas" o "tienes que ser fuerte", suelen ser unas de las más socorridas. Evidentemente no dudo de la buena intención de las personas que dan este tipo de instrucciones o consejos, de lo que dudo es de su efectividad o incluso me pregunto si podrían resultar hasta contraproducentes.

Yo francamente no soy de los que comparten la idea de utilizar este tipo de mensajes, ni siquiera con el afán de animar. Y no los comparto porque considero que es verdaderamente estéril decirle a alguien esto, precisamente en el momento que siente que no puede serlo. Ser fuerte o sentirse fuerte no creo que sea una cuestión de mera voluntad, pero además no es únicamente fortaleza lo que se necesita para cruzar el pantano.

Pero quizá lo que más me inquieta de estas frases es la suposición de que la persona no está siendo fuerte y entonces tiene que serlo. ¿Qué es lo que hará pensar a alguien que uno no está siendo fuerte cuando ya se está enfrentando a una de las situaciones más terribles que nos pueden suceder? ¿Son acaso la tristeza, el dolor, la soledad o el llanto sinónimos de debilidad? ¿Cuál sería el parámetro para que otros nos vean "fuertes"? ¿No sentir? ¿No expresar lo que se siente? ¿Ser estoicos?

Estoy seguro de que tu objetivo en todo esto que estás pasando no es convertirte en un héroe, heroína o que todo mundo te diga que eres un sobreviviente de la pérdida, un guerrero o guerrera porque has "superado" lo insuperable. Es más, ni siquiera creo que tu objetivo sea convertirte en alguien más fuerte, aunque así acabe por suceder. Probablemente lo que te gustaría es que lo que pasó no hubiera pasado, que transitar por el duelo fuera menos pesado y que gran parte de este dolor se vaya sin que tengas que renunciar, soltar o dejar ir del todo a tu ser querido. ¿No es verdad? Posiblemente la amnesia pudiera resolver nuestra tristeza, pero no creo que nadie que ha amado mucho quiera olvidar y ya no pensar en quien ya no está y se amó tanto.

Y creo que puedo entender el por qué muchas personas se hacen esta imagen de fortaleza o heroísmo cuando nos ven atravesando el pantano. Es quizá porque se imaginan que íbamos a estar bañados en llanto y en posición fetal las 24 horas del día, secándonos poco a poco hasta la extinción. Y ganas no faltan muchas veces. Entonces, como ven que seguimos yendo a trabajar, llevando a los hijos al colegio, haciendo la comida, tendiendo la cama y regando las plantas, parece que eso es un volver a la vida ya recuperados. Es como si para ellos en cuestión de días o semanas ya hubiéramos salido del pantano y eso sí que parece heroico, ¿no es verdad? No se dan cuenta que la verdadera fuerza la sacamos justo para hacer esas cosas que tenemos que seguir haciendo aunque sea en modo de supervivencia y que el proceso aún va para largo.

Una persona que estuvo en terapia conmigo por un tiempo considerable después de la muerte repentina de su hija adolescente me dijo en una de nuestras últimas sesiones:

Todo mundo me dice que cómo le hecho para haber llegado hasta acá. Me preguntan de dónde saqué la fuerza y la verdad es que ni yo misma lo sé. Si le he de confesar algo, yo no pensé que fuera a poder con ese dolor tan grande. ¿La sigo extrañando?: Sí. ¿Quisiera que volviera?: Sí. ¿Me sigue doliendo?: Sí, pero distinto. ¿Va a volver?: Ya no de la misma manera y ya aprendí que así tengo que aprender a quererla ahora y creo que eso me ha sacado a flote; aunque ya no soy la de antes, sigo siendo yo... ¿Que si me siento más fuerte?: No lo creo, de hecho estoy bastante agotada y ya el tiempo dirá muchas cosas, por ahora no quiero pensar en ninguna fortaleza, sólo quiero respirar como finalmente ya lo hago desde hace un rato, sin tanta opresión en el pecho.

Conviene darnos cuenta que, de alguna manera, venimos equipados para aprender a vivir con nuestras pérdidas. Nadie nos tiene que pedir o sugerir que seamos fuertes porque naturalmente tenemos una fortaleza que nos permite sobrevivir a través de este trance. ¿De qué otra manera lo hemos logrado si no? Pero entiendo que a muchas personas no les guste el término fuerza o fortaleza. Si es tu caso, ¿qué tal si entonces le llamas a esto, "capacidad de supervivencia"?

Yo me inclino a pensar que cuando alguien se interesa en lo que nos pasa suele ser con una genuina intención de acompañarnos y ser empáticos. Por eso no veo nada de malo en las preguntas que alguien puede hacer del tipo: "¿Cómo estás?" "¿Cómo te sientes?" "¿Cómo vas llevando esto?" Y lo digo porque hay algunas corrientes que miran como ofensiva la pregunta del:

"¿Cómo estás?", argumentando que no hay otra manera de estar más que mal en una situación así y que es una pregunta absurda. Algunos hasta sugieren responder agresivamente con: "¿Pues cómo quieres que esté?" Pero yo creo que es una pregunta muy válida cuando hay la confianza para hacerla porque se puede estar de muchas maneras. Triste, cansado, exhausto, confundido, enojado, frustrado, solitario, etcétera. Reconocer lo que se siente no tiene nada que ver con la debilidad, sino con la realidad.

Una fortaleza distinta

Hace algún tiempo leí por ahí, quizá en algún blog o publicación en línea, un texto que hablaba de la resiliencia. El autor decía, palabras más, palabras menos, que ya estaba harto de escuchar a personas, frases y hasta conferencias que dicen que ante la adversidad hay que ser resilientes.

"¿Por qué tenemos que serlo?", se preguntaba el autor. Y continuaba: "¿Por qué no mejor decirles a las personas que en vez de ser resilientes y pasivos, sean fuertes y que luchen por lo que quieren? Que peleen para cambiar las cosas, porque si somos capaces de cambiarlas, no tendríamos que pensar en ser resilientes", decía.

Pues sí, pero ¿cómo cambias lo que no se puede cambiar por mucha fortaleza que tengas? ¿O se trata de derrotar a la muerte? No se trata de ser pasivos, por supuesto, sino de irnos moviendo a la velocidad que nos sea posible, buscando adaptarnos a pesar de lo ocurrido. Pero creo comprender que alguien, cuando está muy cansado, quiera acabar hasta con la resiliencia y liberarse de inmediato para salir por un atajo del otro lado de la tristeza. ¡Ah, si tan sólo eso fuera realmente posible!

La fuerza o fortaleza en el contexto del duelo es muy diferente a la imagen o idea que tenemos del guerrero victorioso que derrota a todos sus enemigos y termina con su espada en una mano y la cabeza de Medusa en la otra. La imagen o identidad de alguien que no teme a nada y que nada le afecta no es lo que buscamos; al menos no en esta circunstancia. La fortaleza de la que quiero hablar entonces es la necesaria para evitar que te hundas en el pantano; la que te ayuda a cumplir con las 3 reglas o la que te impulsa, incluso con suavidad, a moverte un poco cada día a pesar de la dificultad. Sería más simple dejarse arrastrar por el fango e irse hundiendo lentamente; para eso no se necesita mucha inversión de energía ¿no es así? Dentro del pantano de la tristeza, como ya mencioné, las cosas son distintas. Todo es más denso. ¿Cómo habrías de moverte entonces si no con el uso de una inmensa fortaleza?

A veces la sensación de que no te mueves o de que lo haces muy despacio es porque, dentro del pantano, parece que todo pasa como en cámara lenta. De hecho yo siempre he pensado que si no fuera por este terreno fangoso, con la fuerza que ponemos, ya hubiéramos ganado una carrera de velocidad, pero hoy lamentablemente ni vamos avanzando sobre una pista lisa y nivelada ni nos sentimos nada ligeros en el camino. Además de ser arrojados a este pantano, vamos avanzando a tumbos, con oscilaciones y eso vuelve el camino más cansado. Pero seguimos avanzando y aun así, entre todo este esfuerzo descomunal, hay quien se atreve a decirnos desde allá afuera que tenemos que ser fuertes. ¡Como si no estuviéramos dándolo todo para no hundirnos!

En este territorio no se trata de derrotar a nadie sino de avanzar a pesar de lo que nos va saliendo al paso e integrar mucho de lo que va ocurriendo en el camino. Por ejemplo, en vez de decirle a la tristeza "te voy a derrotar", podríamos decirle:

Te veo, te reconozco y entiendo por qué estás aquí en este momento de mi vida. No voy a luchar contigo y tampoco me voy a quedar aquí, sin embargo, ahora una parte de ti forma parte de mí y te llevaré conmigo cuando haya cruzado tu pantano.

Y cuando digo que la tristeza, o lo que surja, puede ser parte nuestra, es precisamente incorporarla como se incorpora, por ejemplo, una gota de pintura roja en un gran balde de pintura azul, en donde ambas terminan irreversiblemente mezcladas. Evidentemente a mayor cantidad de gotas del nuevo color, el color original ya no vuelve a ser el mismo, pero no deja de ser el color base, solo que ahora matizado por lo vivido, por lo incorporado. Incluso podría cambiar de nombre y llamarse ahora violeta, lila o morado, pero aun así sabemos que hay una base azul dentro de ellos. ¿Me explico? El color no desaparece, se transforma al integrarse lo vivido.

Y entiendo que con este ejemplo algunos podrían decir que para ellos no fueron unas gotas, sino litros y litros de pintura gris o negra que ahora los ha ensombrecido para siempre. Y yo entiendo que ahora mismo se sientan así porque no es para menos. La cuestión es que no hemos acabado de avanzar y aún tenemos muchas otras cosas por incorporar e irnos matizando. Para eso tenemos que agregar sensiblemente otras tonalidades más claras en lo que resta del camino.

Aparentar fortaleza, ¿para qué?

Las personas en duelo frecuentemente sienten que tienen que ponerse una máscara para el mundo exterior y entonces dan la impresión de que lo están haciendo "bien", mientras que por dentro están luchando. Lo peor de esto es que a veces se llegan a sentir como falsas o poco auténticas. Una vez una persona en terapia me dijo:

Siento que no voy a poder, que nunca voy a estar bien y que me voy a quedar así para siempre. Y el lunes tengo que ir a trabajar y no quiero que nadie me vea, no quiero que nadie me hable. Yo creo que no voy a ir... pero tengo que hacerlo. Y me da mucho enojo conmigo misma porque la gente me ve y piensa que estoy bien, cuando por dentro me estoy partiendo y me siento tan falsa por querer dar esta cara de supuesta fortaleza cuando realmente no me siento así.

Y yo le dije que tampoco la idea era que le mostrara su corazón a todo el mundo y contara con detalle su sentir. No todo mundo puede o está listo para atestiguar la lucha interior porque los momentos de fuerza en el duelo son personales y suelen ser privados y se comparten, si acaso, entre unos pocos. Y sin embargo ella no se estaba haciendo "la fuerte" ni quería realmente aparentar fortaleza, sino que las mismas oscilaciones pueden presentarse en distintos contextos.

Pero hay otras personas que se sienten tan vulnerables que necesitan usar una especie de armadura externa de supuesta fortaleza, a veces para ocultar su fragilidad y muchas otras veces para protegerla de las miradas, curiosidad y hasta juicios de los demás. Cuando nos encerramos por miedo o por obligación, el resultado no suele ser bueno. Y cuando digo por obligación es como cuando aparentamos fortaleza para inspirar a otros a tenerla.

Una mujer estaba empezando con su proceso de duelo por la muerte de su madre. Ella vivía con su familia compuesta por su esposo y 3 hijos. En las sesiones lloraba mucho y me contaba cómo hacía lo posible para que precisamente sus hijos no la vieran afectada. Me dijo que ella tenía que ser un ejemplo de fortaleza para la familia y por eso no la deberían ver frágil o vulnerable, así que no sólo no se permitía llorar, sino que incluso en su casa casi no se hablaba de la abuela, cuando antes de su muerte era una figura intensamente presente en la vida de todos. Yo le pregunté cuál era su objetivo o finalidad al hacer eso, mantener una imagen, resguardar alguna vulnerabilidad o transmitir una enseñanza. Me respondió que quería preparar a sus hijos para que cuando ella ya no estuviera sufrieran menos.

Nos quedamos en silencio por unos segundos y luego le dije: "No sé verdaderamente cuál pueda ser el efecto real de todo esto que haces. En realidad, parece que los estuvieras fortaleciendo, pero yo pienso que cuando tú mueras ellos van a tener emociones intensas, tal como tú las estás teniendo ahora con la muerte de tu propia madre. La diferencia es que ellos no saben lo que estás haciendo; es decir, estás mostrando fortaleza cuando por dentro no te sientes así y es muy probable que estén pensando que como te ven por fuera, estás por dentro. Entonces como dije, ellos van a tener emociones intensas que se supone no deberían tener, porque eso es lo que tú les has enseñado y si sólo se basan en tus enseñanzas, creo que no solamente no tendrán mucha idea de qué hacer con lo que sienten, sino que además se sentirán raros o inadecuados incluso por sentirse así". Ella me miraba envuelta en sollozos mientras yo le decía esto y cerré diciendo: "Desde mi punto de vista creo que sería de más ayuda que sepan realmente cómo te sientes y que luego vean cómo vas transitando por tu proceso de duelo. Eso no sólo les permitirá también contarte ahora mismo cómo se sienten con la ausencia de la abuela, sino que en el futuro, cuando tú o tu esposo ya no estén, sabrán que es normal sentirse así, pero que también, tal como tú lo harás, es posible salir de esto poco a poco; les estarás ofreciendo un regalo más útil al ser un ejemplo de esperanza para sanar el dolor del alma".

A veces por mantener una imagen de fortaleza incluso llegamos al punto de pretender desterrar a quien se ha marchado de la vida familiar y acabamos por relegarle al reino de los muertos.

Esto pasa como en el ejemplo anterior, cuando casi no se habla de la persona, no se le menciona tanto y eso parecería ayudar a sobrellevar la situación con más entereza. Es muy desafortunado tomar una postura así, especialmente porque no sólo esa actitud dificulta la cuarta tarea del duelo, sino porque además no parece algo muy dignificante para la historia de vida de la persona que se ha marchado.

Entonces, como te darás cuenta, yo no trato de convencerte y mucho menos de empujarte para que seas fuerte. Ni siquiera creo que tengas el deber de serlo o que sea algo que le "debes" a la persona que se ha marchado. Pero tampoco creo que debas negar la fortaleza que has tenido para seguirte moviendo, como te sea posible, dentro de este pantano. Es más, incluso nuestra fortaleza natural nos impide hundirnos aun en los momentos que sentimos que estamos a punto de hacerlo.

Renuncia a la idea de buscar aprobación externa

Si uno mismo cuando está ante una pérdida no tiene mucha cabeza para saber cómo o para dónde ir, ¿cómo es que habrían de saberlo los que nos acompañan o están afuera? Esto es especialmente cierto cuando hay un desconocimiento de los procesos que acompañan a la pérdida y al duelo y cuando somos sujetos a las fuerzas de la sociedad y la cultura que quieren alejar de la vista a la tristeza para reemplazarla con algo más "ligero" o al menos con una resignación callada para no alterar a los demás.

Sin duda siempre habrá una plétora de personas que pretenden decirte quién eres, qué eres y qué debes y no hacer, pensar y sentir; es posible que, aún dentro de este pantano, tengamos que verlos como seres que también luchan con sus propias pérdidas no resueltas, confusión, miedo y la necesidad de alinearse a un consenso social para tratar de calmar su propia ansiedad agitada por nuestro dolor.

Equivocadamente se ha difundido en muchos la creencia de que la fortaleza en el duelo es igual a la capacidad de mantener nuestras emociones enterradas y controladas. Emociones enterradas, pero vivas: ¿Qué cosa buena podríamos esperar de algo así? Lo dije en mi libro *Del otro lado del miedo*: "Valiente no es el que no teme a nada, sino el que teniendo miedo a muchas cosas es capaz de hacerse cargo de ellas". Ahora pensemos en la pérdida y el duelo: ¿Quién tiene más fortaleza? ¿Aquel que se enfrenta a la alegría o quien lo hace a la tristeza? Es fácil levantar los brazos victoriosos cuando se ha ganado una carrera, incluso cuando se ha conquistado la cima de una montaña. Generalmente lo que sigue a estos hitos personales es una celebración. Pero habiendo salido del pantano quizá sólo se puedan alzar los brazos en gratitud por haber sobrevivido, porque ahí no íbamos en competencia con nadie o persiguiendo la gloria. De lo que se trata este trayecto es de salir del otro lado, ¿no es así? No hay celebración posible, sino la posibilidad de seguir con nuestra vida de otra manera. Quizá más adelante nos podamos encontrar con la esperanza.

Pero hay que saber leer la fortaleza en estos espacios; de otra manera ni tú mismo la reconocerás. Muestras fuerza a través de los pequeños y humildes actos de valentía que realizas todos los días; cosas como levantarse de la cama y caminar en un mundo desconocido, oscuro y denso. Fortaleza es entrar a esa habitación que sabes que te hará llorar, decir su nombre en voz alta en una conversación cotidiana o pasar una fecha significativa donde te hace más falta que nunca. No hay territorios conquistados, dragones derrotados o maldiciones rotas. Sólo están tú y tus oscilaciones en donde a ratos tienes momentos para descansar o estar un poco mejor. Al menos hasta la siguiente oleada.

¿Qué hacer entonces con esas voces que tratan de animarte e inyectarte fortaleza para que salgas adelante? ¿Alinearte, rebelarte, dejarlas pasar...? Creo que lo más útil ante estos escenarios es preguntarte: ¿Esto que me dicen que debo o no debo sentir, corresponde con lo que estoy sintiendo? ¿Hace sentido para la experiencia por la que estoy atravesando, el camino que otros dicen que debo seguir? Si no, por buenas que sean las intenciones de quien te quiere guiar no deberías de tomar ese camino, no porque necesariamente sea malo, sino porque quizá es inadecuado para ti o para el momento en el que te encuentras.

Pues yo no me siento fuerte

Claramente no lo sientes probablemente por dos razones. Una, seguramente estás en un estado de mucha saturación y agotamiento. La otra, tú también tienes una representación mental de alguien fuerte como alguien victorioso e incansable y evidentemente no te ves así porque, como lo dije antes, esa no es la fortaleza del duelo, sino quizá la de los estoicos.

Y seguro tampoco te gusta que te lo sugieran, ¿cierto? Y creo entender este sentir. Cuando sientas que no puedes más tienes al menos un par de opciones. La primera, rendirte por un momento y descansar, como ya lo mencioné en el capítulo anterior, ¿recuerdas?: rendirte de manera controlada. Sabemos que este proceso lleva su tiempo y la vida no se detiene a esperar a que estemos listos, pero tampoco deberíamos de sentirnos obligados a continuar moviéndonos cuando estamos agotados y menos para demostrar una supuesta fortaleza. En este tránsito por la tristeza se hace necesario también tener un momento para recobrar la energía más básica y seguir sobreviviendo en lo que cruzamos del otro lado.

La segunda, es buscar acompañamiento y ayuda. Acompañamiento de los tuyos, de personas que sientas que te comprenden o incluso de otros que de alguna manera también estén pasando por la misma pérdida u otra pérdida personal. Como dije, este tránsito por el pantano tiende a ser muy solitario y conviene que nos procuremos compañía, porque a veces necesitamos de una mano que nos ayude a salir del fango. Si el acompañamiento no es posible o no resulta suficiente, también puedes buscar ayuda, preferentemente de tipo profesional. Idealmente esto deberá ser de personas con formación en algún tipo de psicoterapia y evidentemente una especialización en procesos de pérdida y duelo.

Devoradores de fortaleza

Por fortuna la fortaleza natural no es finita, pero tampoco es infinita. A veces, de manera más o menos inconsciente, la vamos gastando en intentos que nos alejan de nuestro propio bienestar o vamos dejando que se drene lentamente. Hay ciertos habitantes de este pantano que de alguna forma parecen devorar nuestra fortaleza. En un ejemplo muy contemporáneo, es como cuando ciertas aplicaciones de nuestro dispositivo móvil drenan la batería.

Agotamiento

Esto en sí mismo no devora nuestra fortaleza o energía, pero es el resultado de haber estado usándola. Por ejemplo, hay personas que dentro de su proceso de duelo declaran que ya no quieren moverse, que ya no quieren seguir o saber nada y se resisten de forma deliberada a seguir avanzando. Puedo entender por qué alguien tendría una postura así. Podría ser porque esa persona se esté sintiendo ya muy agotada y no vea la salida de este cúmulo de sentimientos y emociones tan desgastantes. Pero no debemos olvidar que cruzar este pantano no suele ser sencillo ni mucho menos rápido y, por si fuera poco, recuerda también que la vida y sus exigencias no se detienen; es decir, no sólo vas cruzando el pantano, además hay que pagar la cuenta de la luz, salir a trabajar, hacerte cargo como sea posible de las labores domésticas, tu aseo personal o de otras personas y hasta mascotas que puedan estar a tu cargo, por mencionar sólo una pequeña fracción de lo que hay que seguir haciendo durante el duelo. Entonces no hace falta más exigencia para "estar bien", ¿no es así? Y lo digo porque puede haber en este agotamiento una especie de hartazgo. Si este fuera tu caso, recuerda que puedes rendirte por un momento, tomar un instante para un respiro, para organizar tus ideas, pensamientos y sentimientos. Por supuesto, este momento de pausa también es necesario para recobrar fuerzas. La palabra que se me viene a la mente ahora mismo es amabilidad.

Es precisamente en este momento que más amable necesitas ser contigo y recordar que tu modo de operar en el mundo cotidiano está alterado, lentificado por los lodos de la tristeza y la densidad de su pantano. Puede resultar relativamente simple tratarte bien cuando te sientes bien, pero el verdadero arte está en hacerlo cuando más lo necesitas, como puede ser ahora que estás pasando por todo esto que resulta muy difícil.

Prisa

Lo anterior me lleva a pensar cómo las presiones y exigencias, internas y externas, pueden llevarnos adicionalmente a un estado de estrés o ansiedad. Al duelo conviene tenerle cierta tolerancia y debemos entender los tiempos en que la tristeza se mueve, ya que ella marca el ritmo por el que nos iremos desplazando en su territorio. Querer apresurarse en esto es como tratar de correr cuando se tiene puesta una de esas bandas de goma para hacer ejercicio. Parece que avanzas, haces mucha fuerza, pero básicamente te quedas en el mismo lugar y, por supuesto, resulta muy agotador. Claro, como un ejercicio físico la idea no es mala, pero aquí de lo que hablamos es de tu estado emocional y los efectos agotadores que puedes tener al tratar de moverte con prisa. Por cierto, si lo vemos en el dibujo que está por aquí, claro que podríamos decir que la banda hace resistencia al corredor, pero en nuestro caso realmente sería que el corredor es el que está ocasionando la resistencia al tratar de moverse a una velocidad mayor de lo que conviene en este territorio pantanoso. Incluso si tuvieras que salir de la banda, sería mejor que te detengas para que deje de estirarse a que busques hacer tanta fuerza que la revientes. Podrías salir lastimado, ¿no lo crees?

Resistencia

Y siguiendo la línea de pensamiento anterior, también en aquel dibujo podemos ver a la fuerza que se consume con la resistencia. La fortaleza tiene que ver con la fuerza y la fuerza es lo que usas para irte moviendo a través de todo este proceso del duelo, ¿no es verdad? La cualidad de la resistencia también requiere de fuerza, pero de forma distinta, porque resistir tiene que ver con mantenerse firme, persistir y oponerse reiteradamente sin moverse de un lugar. Digamos que la fortaleza es dinámica y la resistencia es estática. Por eso no te he hablado de resistir nada, porque lo que quiero que hagas es seguirte moviendo, no que te mantengas estoicamente aguantando los embates de las emociones o, peor aún, oponiéndote a la realidad de la pérdida. Usar nuestra fortaleza natural y al mismo tiempo resistirnos, consume mucha energía, por eso resulta ser algo muy agotador; pero la cuestión es que gastar energía en moverte ofrece más posibilidades de adaptación que gastar toda tu energía en resistir, en quedarte aquí esperando una especie de retorno o tratando de hacer que el tiempo detenga su marcha o incluso dé vuelta atrás.

Claramente si gastas tu energía en resistir, esa energía se agotará y corres el riesgo de que las emociones y la realidad, esas que probablemente has estado resistiendo, acaben por aplastarte. ¿Recuerdas que en el capítulo anterior hablé, en la cuarta tarea del duelo, de cómo nuestro ser querido se "marcha" para transformarse en una presencia no física y así después integrarlo a nuestras vidas como una presencia distinta? Bueno, pues creo que sería por lo menos paradójico, si no es que algo realmente triste, que cuando esa transformación ocurra y llegue el momento de esa integración, no haya nadie esperando a nuestro ser amado para darle aquella bienvenida de la que te hablé, ¿lo recuerdas? Y no habría nadie porque tú estarías perdido en el pantano de la tristeza esperando no sé qué cosa.

Resistes cuando evades, cuando evitas, cuando te distraes continuamente para no sentir o no pensar, cuando no oscilas y te quedas como en estancamiento, ya sea del lado del "no pasa nada" o del lado del "ya todo se acabó". Evadimos lugares, espacios, pensamientos y hasta sentimientos, pero eso a la larga no nos conduce a ninguna parte y se vuelve sumamente agotador. Por ejemplo, una persona me hablaba del duelo de su madre:

> Mi mamá no está viviendo bien todo esto, ya lleva más de un año que se la pasa distrayéndose con todas sus cosas y de aquí para allá; no para porque no quiere estar en la casa. Me dijo ayer llorando: "Es que si me quedo aquí hija, me pongo a llorar". Y yo le digo: "Llora mamá... llora". Y ella me respondió: "Es que no puedo estar aquí porque pienso en tu papá y ya no está y él cuando menos ya me hubiera hecho reír..."

Y es que, por evitar llorar, uno de todos modos acaba llorando, sólo que de forma más desconsolada por haber contenido tanto y además con mucha fatiga. En ocasiones también hay como una especie de desfase, como cuando se ha dejado pasar mucho tiempo tratando de contener, evadir, evitar o resistir y los demás van ya muy adelante en este trayecto del duelo. Es como si nos hubiéramos quedado rezagados en el camino.

También nuestra energía se puede drenar haciendo resistencia a la realidad o al hecho de adaptarnos, como cuando uno siente que traiciona a su ser amado si se aleja de la tristeza y el dolor. Podría ser porque inconscientemente se esté "esperando" a alguien que ya no va a llegar, al menos no de la misma manera en que se fue.

Desesperanza

Este habitante del pantano es uno con el que no te quieres topar. Es capaz de quitarte la fuerza aun sin que hagas nada y justamente eso es lo que acabas haciendo: nada. Con la desesperanza dejas de creer que hay para ti una salida y entonces ya no la buscas. ¿Para qué moverse si no tiene caso?, diría la desesperanza y si obedecemos ciegamente sus mensajes, acabaremos siendo víctimas de sus dos sirvientes: resignación y resentimiento.

La resignación es renunciar a cambiar las cosas y como lo que pasó no puede ser cambiado, la desesperanza te vende la idea de que ya nada se puede hacer. Pero lo que no te dice es que hay cosas que pueden cambiar, como tu proceso de adaptación y tu capacidad de aprender a vivir a pesar de la ausencia. La resignación es como una aceptación pasiva y nos agota sin luchar, pues usa al pesimismo y al cansancio psicológico como armas.

Una vez que la resignación te ha quitado la fuerza, entra en acción el resentimiento, que es una forma de amargura mezclada con enojo. El resentimiento te hace buscar culpables, errores y renunciar a todo porque no puedes tener lo único que quieres; que tu ser amado vuelva como antes. El resentimiento empieza por hacerte creer que estar en el pantano es un buen lugar para ti, que desde ahí puedes fraguar tu venganza o encontrar más razones para justificar tu estado emocional. Claro, como lo que te pasó no es para menos, ese es el fragmento de realidad que utiliza el resentimiento para distorsionarlo y decirte que todo ha sido una injusticia y que ni tú ni tu ser amado merecían lo que pasó. Y claro que no, pero creo que ya sabemos que la muerte no es un castigo, ¿no es así? El resentimiento mezcla enojo y desesperación, pero ya sin fuerza todo se va para adentro.

Así, no tener energía para movernos quiere decir que realmente nos quedamos estáticos. La cuestión es si ese movimiento dentro del pantano lo hacemos con intención, es decir buscando la salida del otro lado de la tristeza, o lo hacemos de forma errática y sin rumbo, agotados y con desesperanza. Entonces tenemos que asumir que después de la pérdida y durante el tránsito por el pantano de la tristeza, estamos siendo cambiados por esta nueva realidad. No nos "recuperamos" ni vamos a "superarlo" porque me parece que ya tienes claro que de eso no se trata todo esto. No regresamos a aquella "normalidad" por mucho que esperemos o nos resistamos. Seremos de muchas maneras otros. Es una causa perdida buscar que el tiempo dé marcha atrás, pero como dije, a veces el resentimiento se devora nuestra fortaleza para rehusarse a avanzar como una forma de castigo para el que se ha ido o incluso como autocastigo, probablemente por alguna culpa que se sienta con claridad o de manera soterrada. Una vez tuve una conversación en terapia con un señor que había perdido a su esposa, era la primera sesión. Le llamaremos Luis:

Luis: Yo vengo porque mi hija me dice que tengo que venir, porque se murió su mamá y que dizque me ve mal. Pero yo le digo que estoy bien y que no necesito nada, pero ella insiste y pues para que ya se quede tranquila estoy aquí, pero yo no le quiero hacer perder su tiempo, no voy a volver, nomás viene para que mi hija vea que estoy bien y que no necesito nada.

Yo: Entiendo, pero ya que está aquí, dígame qué cree que ve su hija en usted que le hace pensar que necesita ayuda.

Luis: Mi esposa murió hace poco más de un año.

Yo: Entiendo, pero qué ve su hija en usted que le hace pensar que necesita ayuda con eso.

Luis: Es lo que no sé, yo estoy bien.

Yo: Bien, entonces si usted está bien y su hija está preocupada por usted, ¿diría que la que no está bien es su hija?

Luis: Exactamente, ha dado en el clavo, la que no está bien es ella y ella es la que debería de venir para acá, porque nada más se la pasa llorando por su mamá, pero yo le digo que no llore, que tenemos que ser fuertes y que pues ya su mamá estaba muy enferma y que fue mejor así.

Yo: Dijo, "tenemos que ser fuertes", ¿Usted también necesita serlo?

Luis: No, yo no, es una expresión. Yo ya me juré que no voy a derramar ni una lágrima por mi esposa.

Yo: ¿Por qué no?

Luis: Porque no lo necesito, porque pasó lo que tenía que pasar, porque yo estoy bien...

Yo: Y porque ella...

(Antes de que yo siguiera Luis hizo una pausa, sus ojos se llenaron de lágrimas; tenía un rictus de dolor contenido.)

Luis: Porque ella nos dejó y eso nunca se lo voy a perdonar, le dije que se aliviara, que no me hiciera esto, pero no me escuchó y al final se dio por vencida. Yo quería que le dieran más quimioterapia, pero ella se dio por vencida y dijo que ya no quería nada porque el doctor ya le había dicho que de todos modos ya no había nada que hacer, pero yo le dije que no se rindiera, que aceptara más medicina, pero no quiso. No le importamos su hija y yo. Entonces yo no le voy a llorar nada.

Yo: Pero ya está llorando.

Luis: Sí, de rabia...

Yo: De rabia, porque usted...

Luis: Porque yo... la extraño y si le lloro es como si yo también me diera por vencido, como si tuviera que aceptar lo que nos ha pasado y no quiero, no quiero, yo no me voy a dar por vencido... (llanto desconsolado).

Luis volvió a más sesiones de terapia. Después de casi un año de la muerte de su esposa por fin empezó a moverse y a dejar de hacer resistencia. El enojo se puede volver una forma de evadir a la tristeza, aunque como ya vimos, es tan agotador que acaba por ceder y la tristeza suele ser pausada y paciente. Sin embargo, si ha estado contenida, de pronto libera todo lo acumulado en un breve espacio de tiempo. Algo abrumador, pero al final puede ser el inicio del movimiento.

Lo que te ayude a cruzar el pantano

Pero la fortaleza, aunque natural, no viene del aire, sino de tu interior y a veces del exterior también. ¿Pero cómo vendrán la fortaleza y la ayuda si no reconoces que las necesitas? La vulnerabilidad no niega la fuerza, al contrario, la invoca para que se haga presente. Ya vimos en las tareas del duelo cómo el primer paso es aceptar y reconocer que algo muy importante ha ocurrido y que nosotros estamos afectados de muchas formas; al menos no estamos bien o como si nada hubiera pasado. Entonces, debemos reconocer que esto puede ser complicado para ti, pero que no es imposible que la fuerza interior y la ayuda puedan acudir a tu encuentro. La primera, como ya he dicho, reconociendo. La segunda, pidiéndola a las personas cercanas o al menos dejando de rechazar la que quizá, ya te han ofrecido.

¿Cuáles fortalezas podríamos invocar en un momento así?

Como ya sabemos que cada duelo es individual, a distintas personas les pueden hacer falta distintos recursos para fortalecerse. Sin embargo, podemos pensar que hay algunos que pueden serte de ayuda si permites que naturalmente vengan a ti a hacer lo que saben hacer muy bien, especialmente bajo estas circunstancias:

Perseverancia: para que a pesar de la aparente lentitud que tenemos, de que a veces nos podemos rendir un momento por el agotamiento, seamos capaces de volver a levantarnos y seguir por el camino.

Gratitud: para no estancarnos y enfocarnos sólo en el momento de la pérdida y ser capaces de reconocer también, en la memoria del corazón, los momentos compartidos que, aunque hoy parece que están entintados por la nostalgia, son vivencias de las que debemos reconocer su valor y no habrán de borrarse al paso del tiempo.

Esperanza: precisamente para no caer en las garras de la desesperanza y sus sirvientes: el resentimiento y la resignación. Pero recuerda que la esperanza hay que ponerla en el lugar adecuado; no es la esperanza del regreso a la vida como solía ser, sino en un futuro con una vida como sea posible cuando aprendamos a vivir con esa ausencia.

Generosidad: la que evitará que persigas fantasmas, o te persigan a ti, como cuando te resistes a perdonar y a perdonarte. Cuando eres generoso no tienes necesidad de cobrar o de hacerte pagar viejas deudas. Sabes que en la frontera que divide la vida y la muerte hay una aduana que no deja que muchas cosas innecesarias pasen entre un dominio y otro, por así decirlo. Nunca vas a cobrar aquí lo que pasó allá, pero tampoco tendrías que castigarte en el presente por algo que tú no hiciste y que probablemente fue una omisión o descuido de un tú del pasado. El corazón generoso regala y se regala libertad, ligereza y amor.

Humildad: que contrarreste el resentimiento y la arrogancia que te hace pensar que no necesitas ayuda con tal de que nadie se acerque a verte vulnerable. La humildad de reconocer que eres humano, que probablemente cometiste errores en aquella relación que hoy parece que se ha perdido, pero que sólo está en proceso de transformación. La humildad que te susurra al oído que no eres omnipotente ni omnisciente; que lo que pasó fue producto de muchas variables y que ni tú, ni nadie, ni siquiera la ciencia con todos sus avances y progreso, pueden controlar, mucho menos revertir.

Amabilidad: etimológicamente es la cualidad de inspirar o merecer amor. ¿No es ahora lo que más te hace falta y cuando más lo necesitas? Y tal vez me digas que de qué sirve el amor, si ya no hay nadie quien te lo dé o a quien puedas dárselo. Y yo te diría que eso no es verdad, pero si tú te resistes a recibir el amor de quien ya no está, de la forma que pueda dártelo, entonces estás siendo presa del resentimiento que te aconseja "todo o nada". Vamos a pensar que no tienes ninguna creencia espiritual o religiosa, ¿aun así de verdad crees que el amor que había entre ustedes ha muerto con la muerte? Si fuera el caso, entonces ¿por qué estás así? Entiendo perfecto que no es lo mismo, pero es lo que es y es lo posible.

Entonces, proveerte un trato amable, amoroso me atrevería a decir, es una fortaleza necesaria. Si sientes que la persona que se ha ido ya no puede quererte, ¿no deberías tú quererte en su nombre como el legado que pudo haberte dejado sin testamento? Ser amable contigo puede ser un homenaje muy importante hacia la persona que se ha marchado, ¿no lo crees?

Amor: podemos ver al amor como una fortaleza, porque al final es lo que sale del otro lado de la tristeza y no cambia en su esencia, ¿no es verdad? No dejas de querer a quien ya no está, sólo que ahora tu forma de demostrar ese amor será distinta, porque la relación es diferente; todo lo cercano es diferente, aunque el resto del mundo cotidiano siga su rutina. Claramente es un amor entintado con los residuos de la tristeza, como pueden ser la melancolía y la nostalgia, pero son las cicatrices de la pérdida encarnadas en él. Y, sin embargo, ahí está y quizá es lo único que pueda pedirte: que le dejes quedarse a tu lado.

¿Qué vimos en este capítulo?

O La recomendación "tienes que ser fuerte" es una que supone que se es débil o no se está teniendo la fortaleza necesaria. A veces parece que los otros están más necesitados de que crucemos este pantano que nosotros mismos. Es comprensible, sus propios miedos y duelos no resueltos se les vuelven a presentar con cada pérdida a la que se acercan.

O No se necesita mayor fortaleza para transitar por este camino que la que ya tenemos. A veces parece que no es suficiente, porque hay días en que apenas nos alcanza para sobrevivir y llegar al siguiente. Esto es normal, especialmente al inicio del camino.

O Aparentar fortaleza para que "no te van débil" no permite que los demás comprendan cómo te sientes realmente y entonces no te puedan ofrecer compañía o el apoyo que puedes necesitar. Serías un mejor ejemplo para otros, si es lo que estás buscando, si ven que te adaptas a lo más terrible que te ha pasado en vez de aparentar que nunca te afectó.

O Habrá muchas voces que te quieran ayudar o hasta evitar que cruces el pantano. Puedes agradecer sus intenciones, pero tú eres quién decide el camino. Sólo recuerda que aquello que puede parecer un atajo para sacarte rápidamente del sufrimiento, podría ser una forma de evitación.

O Cuando no te sientas con fortaleza, descansa un momento en las emociones, como quien flota unos instantes en el agua antes de volver a nadar, y luego sigue avanzando en este camino. Eso también forma parte de las oscilaciones.

O La prisa, la resistencia y la desesperanza son grandes devoradores de nuestra energía y fortaleza. Cuida que no inviertas demasiado en ellos, no tiene sentido. La desesperanza puede ser de lo peor que te pase porque te hace creer que ya no tiene caso seguir avanzado y entonces te empiezas a hundir en este pantano.

Ejercicio para este capítulo

Identificar las fortalezas durante el duelo cuesta porque, como ya he dicho, uno espera que sean superpoderes los que se desarrollen, pero no es así. Las fortalezas en el duelo son más cotidianas de lo que se piensa, pero no por eso menos importantes. Salir de la cama puede costar mucho trabajo al inicio, especialmente cuando la pérdida pesa tanto. Ahí está la primera fortaleza.

A continuación, te voy a dejar una lista de fortalezas para que identifiques a qué me refiero, pero recuerda que son sólo ejemplos y tú puedes identificar algunas que yo no haya listado o no sentir que tienes las de los ejemplos que te doy. Eso es normal.

Lista de fortalezas:

Creatividad	Curiosidad	Perspectiva
Valentía	Perseverancia	Honestidad
Ánimo	Amabilidad	Justicia
Perdón	Humildad	Prudencia
Autorregulación	Gratitud	Esperanza
Humor	Espiritualidad	Amor
Serenidad	Generosidad	Sabiduría

Ahora escribe una lista de cómo has utilizado estas fortalezas en un día ordinario. Por ejemplo:

- Valentía: hoy por fin pude abrir los mensajes que dejaron los que asistieron al funeral.

- Amabilidad: hoy por fin tuve un rato para mí después de estar haciéndome cargo de todo y de todos. Creo que me hacía falta.

- Humildad: creo que estoy empezando a reconocer que no soy la culpable de que mi papá haya muerto. No soy tan poderosa y él no se cuidaba; de hecho, por muchos años descuidó su salud y no hay forma que yo sea responsable de eso.

- Gratitud: sí estoy enojado con mi mamá por haberme robado la oportunidad de reconciliarme y disfrutarnos más. Siento que si no se hubiera muerto habríamos terminado siendo mejores amigas, pero eso ya no es posible. Hoy pude agradecerle todo lo que permitió que nos acercáramos hacia el final de su vida y también me agradezco por haberme permitido también estar cerca de ella a pesar de lo complicado de nuestra relación.

Si lo deseas, también puedes escribir de qué manera sientes que puedes desarrollar otras fortalezas de tu lista. Por ejemplo:

- Honestidad: aquí siento que no he hecho mucho porque ante los demás aparento que estoy bien y no pasa nada y eso no es verdad. Creo que debería apoyarme más en mi familia dejándolos saber cómo me siento, pero también es normal que me sienta así.

- Prudencia y autorregulación: ya sé que no es saludable que me esté desvelando así y bebiendo y fumando tanto. Sé que lo hago porque como no puedo conciliar el sueño me quedo trabajando hasta que el cansancio me vence. Necesito cuidarme más porque tampoco me quiero enfermar y acabar siendo una carga para nadie.

Estos son sólo algunos ejemplos y como ves aquí, las fortalezas no son actos heroicos a la vista del mundo, sino cosas que vas haciendo o dejando de hacer para seguir avanzando en el camino. Nada es pequeño, nada carece de importancia o es insignificante. A veces mover un dedo cuesta y eso también debe reconocerse.

Este ejercicio, si decides hacerlo, no tiene que ser diario, pero quizá una vez a la semana o cada dos, pueda darte una radiografía muy efectiva de dónde están tus fortalezas y cuáles necesitas o te gustaría desarrollar.

6

LO QUE TE PUEDE
COMPLICAR

El camino tenía desvíos, señales de alto, giros perdidos,
colinas y valles, bosques profundos, profundos y enredados,
surcos y baches, parches helados y giros a todo lo largo.
JAZZ FEYLYNN, escritora

El tránsito hacia el otro lado de la tristeza ya vimos que es denso, lleva su tiempo y además invertimos en ello toda nuestra energía y fortaleza para no estancarnos. Tal parece que no podríamos estar peor en cierto momento, pero la verdad es que sí. Hay conductas, actitudes o situaciones que pueden hacer de todo esto algo más enredado, más confuso y hasta más abrumador.

En este capítulo te mostraré algunas de las cosas que podrían complicar más tu proceso para que, con las que dependan de ti, puedas hacer algo para evitarlas o corregirlas. Con las que no dependan de ti, para que estés alerta si se presentan y puedas reconocerlas antes de que causen daños permanentes o te acaben por hundir. Aun así, es evidente que a cada uno le afectan de forma diferente distintas cosas, pero en general podemos decir que lo que en este capítulo vamos a ver suelen ser los elementos más comunes que pueden complicar tu proceso de duelo.

El duelo prolongado

Ya el capítulo 4 quedó dedicado enteramente a hablar del duelo, pero también ahí dije que una de las preguntas más comunes que me hacen es cuánto suele durar normalmente este proceso, ¿lo recuerdas? Por eso ahora en esta sección quiero hablar de cuando el duelo ya no está siendo un proceso que nos lleve por buen camino. Esto ocurre cuando en lugar de ayudarnos a sólo desacelerar, para asimilar y adaptarnos a la ausencia para seguir viviendo, nos estanca y hunde en una forma de arenas movedizas emocionales.

Inevitablemente la palabra "prolongado" nos remite a la idea de que entonces sí hay un período de tiempo en el que el duelo se considera normal y que más allá de ese tiempo se consideraría prolongado, ¿no es cierto? También se le llama "Duelo persistente" con más o menos la misma intencionalidad de dar a entender que hay una forma duelo que nos estanca y no nos deja avanzar.

En las últimas décadas se ha puesto con mayor énfasis la mirada en el duelo por parte de la medicina y la psicología. Incluso ha sido hasta el 2022 en que se han emitido los últimos parámetros definidos acerca de cuándo calificar a un duelo como prolongado desde el punto de vista médico. El manual de referencia para la salud mental (DSM-V-TR) dice que un año es el momento donde se puede evaluar hacia dónde está yendo el proceso y el manual de la OMS, el ICD-11, habla de que esto es posible a partir de los seis meses. A pesar de estas publicaciones, que en teoría deberían clarificar todo, hay en distintas esferas de profesionales todo un debate sobre si se deberían poner marcadores de tiempo antes de declarar al duelo como dañino, por el temor a que muchas personas empezaran a calificar a sus síntomas normales como si no lo fueran. Existe un gran temor a la medicalización del duelo (que todo lo quieran resolver con una pastilla o tratamiento, como si fuera una enfermedad) y a lo que algunos llaman "la patologización del amor" (como pensar que haber querido a alguien y extrañarlo mucho no es algo sano). Otros dicen que debemos dejar al duelo fluir y que, si lleva 1 o 10 años, es un proceso normal. Luego, para colmo, recordarán la cita de John Bowlby que dice que el duelo nunca acaba, lo que parecería hacer de esto algo muy confuso hasta para algunos profesionales que no encuentran el modelo a seguir. Pero voy a tratar de explicarlo de manera simple, partiendo de que considero que todos tienen algo de razón en sus argumentos. Por supuesto que, en caso de duda, siempre un profesional adecuadamente calificado en procesos de pérdida sería el indicado para determinar si necesitamos ayuda adicional.

He dicho ya en repetidas ocasiones que transitar por el pantano de la tristeza no es un camino sin fin, justo por eso buscamos salir del otro lado de la tristeza. También he dicho que al salir del otro lado la tristeza ésta no se va del todo, la vamos a llevar con nosotros en la forma de nostalgia, que ésta podrá ser más o menos permanente y suele hacerse más evidente en fechas, espacios y lugares que nos recuerden a la ausencia. Pero aun sabiendo que después de la pérdida no vamos a ser los mismos, tampoco se trata de resultar ser tan diferentes que acabemos siendo irreconocibles y para mal. Lo deseable es que, por distintos que seamos, sigamos viviendo funcional y satisfactoriamente a pesar de nuestras pérdidas.

Luego, también he dicho que el tránsito por este camino pantanoso no es una línea recta, que vamos en oscilaciones que nos llevan de un lado a otro entre la pérdida y sus implicaciones y la vida cotidiana que no se detiene. Inicialmente pasamos más tiempo oscilando con inclinación hacia el lado de la pérdida, pero eventualmente, conforme avanzamos, vamos también oscilando con más frecuencia hacia el lado de la restauración o la adaptación.

¿Cómo se "vería" el duelo prolongado?

Entonces podríamos decir que el duelo prolongado sucede cuando pasa el tiempo y no avanzamos; es decir, entramos en la tristeza y nos quedamos estancados en un punto del camino. A continuación, te presento nuevamente el esquema que representa al duelo normal para que lo recuerdes:

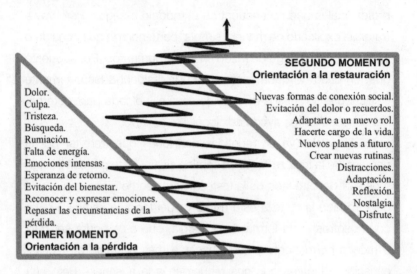

Vamos a contrastar el esquema anterior con este ejemplo que te doy ahora, el del estancamiento:

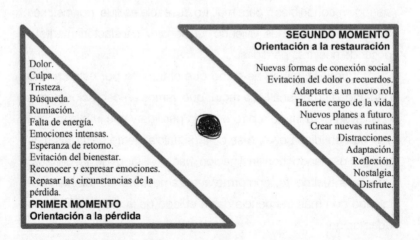

El estancamiento es parecido a esa maraña, donde realmente no avanzas porque te mueves en un espacio muy pequeño, dando vueltas sobre los mismos pensamientos, ideas y sentimiento y donde te quedas atrapado dentro del duelo prolongado. Da lo mismo si pasan 6 meses o 6 años. Ni avanzas hacia la salida, ni oscilas hacia la restauración. Te quedas como esperando el retorno de quien ya no va a volver y te desentiendes en mayor medida del mundo exterior.

Otra forma como el duelo se prolonga es cuando nos movemos, pero en la dirección incorrecta; es decir, no es que se vaya hacia atrás, porque en este caso eso ya no es posible, sino que se avanza cada vez más adentro del pantano y entonces la persona va empeorando. Veamos cómo se vería esto gráficamente:

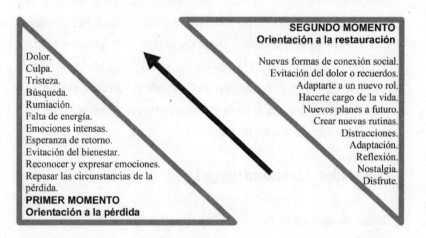

SEGUNDO MOMENTO
Orientación a la restauración

Nuevas formas de conexión social.
Evitación del dolor o recuerdos.
Adaptarte a un nuevo rol.
Hacerte cargo de la vida.
Nuevos planes a futuro.
Crear nuevas rutinas.
Distracciones.
Adaptación.
Reflexión.
Nostalgia.
Disfrute.

Dolor.
Culpa.
Tristeza.
Búsqueda.
Rumiación.
Falta de energía.
Emociones intensas.
Esperanza de retorno.
Evitación del bienestar.
Reconocer y expresar emociones.
Repasar las circunstancias de la pérdida.
PRIMER MOMENTO
Orientación a la pérdida

Como habrás visto hay movimiento, pero en una sola dirección y no es la que te conduce hacia lo que te hace bien. Se va agudizando tu tristeza, el dolor, la culpa y el resentimiento. Te rehúsas a estar bien y aunque parezca que sí avanzas hacia otra salida, la realidad es que así te diriges hacia la parte más oscura de este territorio. No sales, entras en la oscuridad del duelo prolongado o persistente y te vas alejando del momento de la adaptación y la restauración. Para algunos esto habrá de volverse un trastorno. La idea, como ya lo tenemos claro, es moverte a través de la tristeza, en vez de quedarte a habitar en ella. Es focalizar tu fortaleza en lo posible y aceptar lo incambiable para luego adaptarte a la realidad. La tristeza tiene una gran fuerza y si no buscas salir de ella, puede absorberte de manera permanente.

Con el estancamiento, o yendo por el camino equivocado, incluso lo más preciado que nos queda de quien se ha marchado se ve retorcido por el duelo prolongado. Tanto su presencia simbólica como sus recuerdos, en vez de brindar nostalgia y confort, ofrecen un dolor muy profundo. Los sueños, cuando se presentan, no son de encuentro y consuelo, sino persecutores, de recreación o construcciones imaginadas y terroríficas acerca de la pérdida. Sólo son pesadillas. Entonces, por así decirlo, ya ni siquiera la persona ausente con su presencia simbólica nos puede consolar. Y no puede hacerlo porque en esta oscuridad total que representa el duelo prolongado incluso nos olvidamos de nuestro ser amado para empezar a vincularnos con su "fantasma". Uno que nunca se dejará atrapar, pero que pasa constantemente frente a nosotros para recordarnos que ya no está.

¿Pero todos estamos en riesgo?

Se estima que entre 7% y 15% de los adultos en duelo van a desarrollar un duelo prolongado. Entre los niños y adolescentes que han perdido a un ser querido, aproximadamente entre 5% y 10% experimentará depresión, trastorno de estrés postraumático y/o un proceso de duelo prolongado después de la pérdida. Algunas personas pueden correr un mayor riesgo, como los adultos mayores y las personas con antecedentes de depresión o trastorno bipolar. Los cuidadores de las personas que murieron tras una larga enfermedad, especialmente si estaban cuidando a una pareja o habían experimentado depresión antes de la pérdida, también corren un riesgo alto. El riesgo de duelo prolongado también es mayor cuando la muerte del ser querido ocurre de forma repentina o en circunstancias traumáticas, como después veremos.

Síntomas del duelo prolongado

Además de lo que ya dije, una persona con un duelo prolongado puede experimentar un intenso anhelo por la persona que ha muerto o estar pensando obsesivamente sobre la persona ausente, especialmente muy centrada en las circunstancias que rodearon a la muerte. Además, la persona puede experimentar un alto grado de angustia, inquietud y desasosiego o problemas para realizar las actividades diarias en el hogar, el trabajo u otras áreas importantes. El duelo persistente es incapacitante y afecta el funcionamiento diario de una manera que no lo hace el duelo normal.

Pero volviendo al tema del tiempo, aunque uno de los manuales diagnósticos que mencioné, el DSM-V-TR dice que, para un diagnóstico de trastorno por duelo prolongado, la pérdida de un ser querido tiene que haber ocurrido hace al menos un año para adultos y al menos 6 meses para niños y adolescentes. El manual ICD-11 de la OMS en este sentido señala que un parámetro para diagnosticar el duelo prolongado sería:

La respuesta de duelo generalizado ha persistido durante un período atípicamente largo después de la pérdida, superando notablemente las normas sociales, culturales o religiosas esperadas para la cultura y el contexto del individuo. Las respuestas de duelo que duran menos de 6 meses, y por períodos más largos en algunos contextos culturales, no deben considerarse que cumplen con este requisito.

Aunque pueda parecer ambiguo el término de "atípicamente largo", sin duda cada uno sabe en su entorno social y cultural cuánto tiempo, por ejemplo, uno puede estar sin bañarse, aislado, sin ir a trabajar, sin hacerse cargo de sus actividades cotidianas, sin que eso resulte preocupante para la mayoría. Sin embargo, el ICD-11 nos señala de alguna manera lo que desde hace mucho tiempo hemos sabido, que a partir de los 6 meses después de la pérdida deberíamos ver que las personas en duelo empiezan francamente a tener oscilaciones importantes en su proceso personal. Sin embargo, como bien señala también este mismo manual diagnóstico, todo dependerá mucho del entorno sociocultural.

Hace tiempo, al finalizar el primer día de trabajo de un curso que estaba impartiendo, una persona de la concurrencia se me acercó para externar su preocupación acerca de un comportamiento que su esposa estaba teniendo a raíz de la muerte de su madre y que le inquietaba mucho. Me dijo que desde que su madre había muerto ella vestía de negro y él pensaba que eso la iba a deprimir. Yo le pregunté cuánto hacía de la muerte de su madre y cómo pensaba que vestir de negro la iba a deprimir; es decir, si veía en ella algún comportamiento o actitud (además de portar el luto), que le hiciera pensar que ella estaba mal. Me dijo que ya tenía poco más de 6 meses que había ocurrido la muerte. Que sentía que su esposa aún "lloraba mucho" y que él creía que vestir de negro le agravaba esta condición. Le pregunté si antes habían experimentado alguna otra pérdida en la familia, para contrastar conductas pasadas con las presentes, pero me respondió que no, que realmente era la primera pérdida importante que su esposa había tenido. Le sugerí entonces externar con su esposa su inquietud y sobre todo preguntarle por cuánto tiempo más ella creía que iba a seguir vistiendo de negro.

El curso continuó y en la siguiente sesión el mismo hombre se me acercó visiblemente más tranquilo y me dijo: "Le pregunté a mi esposa tal como me lo sugirió y me dijo que en su familia acostumbraban llevar el luto (vestir de negro) por un año. Que pasado ese año volvería a vestir como solía hacerlo antes de la pérdida. Acerca del llanto pues me dijo que lloraba porque la extrañaba, pero que a ella no le parecía extraño. De hecho, hablé con mi hermana y me dijo que yo estaba exagerando, porque tampoco se la pasaba todo el día llorando y además, pues era su mamá y no podía nadie esperar otra cosa".

Ni la mujer parecía estancada o sin oscilar y tenía una razón para vestir de luto: una costumbre familiar.

Entonces todo comienza a cuadrar; es decir, volviendo a citar a Bowlby, es cierto: el duelo nunca acaba, pero dentro del primer año ya deberíamos haber pasado la parte más aguda, esa que llega a ser un tanto incapacitante, y deberíamos estar orientados más hacia la adaptación, a pesar de que sigamos extrañando mucho. Dicho de otra manera, la tristeza continúa, pero ya no es incapacitante ni tan densa, porque se ha convertido en una forma de nostalgia.

Pero si buscas una lista de síntomas más claros que te den una pauta para identificar que tu proceso de duelo no está yendo por buen camino, la Asociación Psiquiátrica Americana nos dice que algunos de los síntomas del trastorno de duelo prolongado, pasado un año de la pérdida son:

- Alteración de la identidad (por ejemplo, sentir que parte de uno mismo ha muerto).
- Marcado sentido de incredulidad acerca de la muerte.
- Evitar los recordatorios de que la persona está muerta.

- Dolor emocional intenso (por ejemplo, ira, amargura, pena) relacionado con la muerte.
- Dificultad para seguir adelante con la vida (por ejemplo, problemas para relacionarse con amigos, perseguir intereses, planificar para el futuro).
- Entumecimiento emocional (una sensación de estar vacío donde nada importa).
- Sentir que la vida no tiene sentido.
- Soledad intensa (es decir, sentirse solo o separado de los demás).

En el caso del trastorno por duelo prolongado, la duración del duelo de la persona excede las normas sociales, culturales o religiosas esperadas y los síntomas no se explican mejor por otro trastorno mental.

Al respecto, en el duelo normal, tiende a ser común sentir que una parte nuestra se ha ido con el ausente, pero también sentimos que mucho de aquella persona se ha quedado con nosotros. Eso marca también una diferencia, ¿no es así?

Otros factores que complican el proceso de duelo

Sin ser necesariamente parte de los parámetros diagnósticos ya mencionados, hay otras variables que pueden en algunas personas hacer más difícil la aceptación de que la pérdida es real, o la adaptación a aprender a vivir a pesar de la ausencia. Veamos.

A quién perdiste

En general la pérdida de cualquier relación importante y significativa es dolorosa y nos puede afectar intensamente, más allá del tipo de parentesco o nomenclatura que hayamos dado a quien se ha ausentado, pero para muchas personas resulta más complicado aceptar la muerte de un hijo o hija, la muerte de la pareja o la de uno de los padres, por ejemplo. Por supuesto, debo insistir, para muchos la pérdida de un hermano, un amigo o una mascota puede ser un evento devastador porque depende en gran medida de qué tan dependientes éramos de aquella relación y lo que para nosotros representaba. En general que muera un niño o niña pequeño es algo que cuesta mucho asimilar porque de entrada percibimos a la muerte como impropia para ellos. Lo mismo ocurre con los niños pequeños cuando mueren sus padres; han perdido su fuente primaria de afecto y de seguridad. Sin embargo, también podemos entender lo doloroso que representa para una madre o un padre perder a un hijo a cualquier edad.

Como he dicho, no es el nombre del vínculo necesariamente, sino la forma en que nos vinculamos lo que estrecha los lazos y hace más doloroso aceptar que van a cambiar a raíz de la ausencia. Evidentemente esto es más complicado con los vínculos importantes y profundos.

Distintas pérdidas muy cercanas en el tiempo

Hace tiempo tuve a una persona en terapia cuya madre había muerto como resultado de una enfermedad. A la semana siguiente de eso, su única hermana y toda la familia de ella murieron en un terrible accidente de tránsito. Aquella paciente me decía: "Un día estaba viendo un ataúd y a la semana siguiente estaba viendo muchos más".

Cuando una persona muere, otros miembros de la familia pueden ser fuentes de apoyo, empatía y acompañamiento para cruzar el pantano. Pero cuando ellos también mueren, el sentimiento de soledad puede ser mucho más grande porque parte de nuestro apoyo emocional también se ha marchado.

Múltiples pérdidas concurrentes o simultáneas afectan la salud, las relaciones, la fe, las finanzas, el trabajo, las emociones y hasta la personalidad de quien las padece. Sin embargo, un estudio llamado "El impacto de las pérdidas múltiples en el proceso de duelo", publicado en el *Journal of loss and trauma*, encuentra una variable interesante; parece ser que las pérdidas muy cercanas en el tiempo tienden a ser más complicadas de elaborar que las pérdidas simultáneas; las que ocurren, por así decirlo, como resultado de un mismo evento, como un accidente. Esto muy probablemente se debe a que, aunque la pérdida puede ser múltiple, cargamos con ellas juntas a lo largo del pantano. "Por lo general, la gente llora una pérdida a la vez, incluso por pérdidas simultáneas", dice la doctora Dorothy Mercer, una de las autoras del estudio. No obstante, cuando las pérdidas no son simultáneas, pero son relativamente cercanas, pensemos por ejemplo que ocurren con menos de un año de diferencia entre sí, como dice el estudio, pueden ser más complejas de sobrellevar. Esto probablemente se debe al hecho de que con la primera pérdida ya llevas cierto avance; por ejemplo, a medio pantano o ya casi al final del recorrido y de pronto se presenta otra pérdida importante. En un mundo ideal, tienes la oportunidad de recuperarte de una pérdida antes de enfrentarte a otra, pero aquí digamos que no acabas de salir, cuando debes volver al inicio con lo que acaba de ocurrir. Derivado de esto, para muchas personas surge un nuevo temor que se ve reflejado en la interrogante: "¿Y ahora quién sigue?", refiriéndose a que estas pérdidas vienen juntas como si se tratara de una "racha macabra".

Cosas como esta ocurrieron durante la pandemia de COVID; varios miembros de una misma familia murieron de forma casi simultánea, sin contar que también otros pudieron al mismo tiempo estar contagiados u hospitalizados, con el temor agregado al mismo desenlace.

La dependencia de la persona ausente

Las relaciones humanas tienden a ser interdependientes, especialmente entre adultos bajo condiciones normales. Pero a veces los vínculos amorosos se transforman en otra cosa y alguien puede volverse emocionalmente dependiente de otro, no sólo desde un punto de vista práctico, sino principalmente de forma emocional. Podemos describir a una persona emocionalmente dependiente como un tanto sumisa, muy apegada (a veces un tanto "pegajosa") y con terror ante la posibilidad de separación de la persona a la que han convertido en una necesidad vital.

La dependencia puede significar muchas cosas y tener diferentes aristas. Se puede depender de los cuidados del otro, de la compañía, incluso del estatus que da al estar con una persona, como cuando se es la pareja de alguien y sin ese alguien, uno puede sentir que ha perdido todo. Su identidad dependía de la del otro para existir, por ejemplo. De hecho, un alto nivel de dependencia es uno de los mayores predictores del duelo prolongado y de sufrimiento en el proceso. El alto grado de dependencia hace que te quedes como en congelamiento; no puedes avanzar y no puedes retroceder el tiempo.

Si tu dependencia de la persona ausente era tal que ahora ni siquiera puedes tomar decisiones básicas para la vida, pues ha llegado la hora de aprender, de madurar emocionalmente de forma acelerada antes de que todo empeore. Es hasta cierto punto natural creer y hasta verbalizar que uno no podrá vivir a partir de la ausencia: es el sentir de ese momento. Pero otra cosa muy distinta es realmente no poder hacerlo y abandonarse como una forma de castigo hacia el otro que nos ha dejado. Es como decirle simbólicamente a quien ha muerto, "mira cómo estoy por haberte ido; ahora vuelves y me rescatas o aquí me voy a quedar". Y aunque la persona ausente quisiera, pues no puede volver. La dependencia emocional hace que la pérdida nos quite la esperanza y nos inunde con angustia y desesperación.

Claramente hay también otras formas de dependencia que no pueden ser subsanadas con un cambio de actitud; me refiero, por ejemplo a la dependencia económica que se tenía de la persona ausente. Este tipo de dependencia puede darse cuando quien se ha marchado era el proveedor único o principal de recursos dentro del sistema de relación, pero también si es quien manejaba o controlaba esos recursos. En un aspecto más desafortunado, también ocurre cuando una persona ejercía poder a través de dotar o restringir de recursos a los otros. Y finalmente hay otra forma, como cuando la dependencia era más bien autoasumida. Me refiero a los casos donde la persona se siente incapaz de sustentarse sin el otro, no porque realmente lo sea, sino porque, digamos, ha estado tan acostumbrada a depender que muchas de sus capacidades se han atrofiado. Esto, aunado a una baja autoestima, puede ser realmente una complicación muy severa no sólo porque la persona no pueda sustentarse, sino porque además es muy probable que se sienta incapaz en muchas otras áreas de la vida como la social, por ejemplo, lo que le incapacitará también para pedir ayuda. Otro riesgo con esto es que se desarrolle o agudice una indefensión aprendida y la persona se sienta absolutamente ineficaz y hasta enojada y avergonzada consigo misma.

Duelos anteriores que abandonaste

Hay personas que toman atajos para cruzar el pantano de la tristeza y se escapan por la ruta de la evitación. Son aquellas personas que se fugaron, incluso a veces sin proponérselo, a través del trabajo o atendiendo otras responsabilidades que absorben su tiempo y energía. Vamos a decirlo así, no tuvieron o no se dieron el tiempo y las condiciones para transitar normalmente por un proceso de duelo. Sin embargo, el duelo tiene cierta nobleza y él no nos abandona, pues sabe que lo necesitamos para una adaptación auténtica. Entonces a veces se presenta pasado un tiempo, como cuando estás con menos actividades, pero a veces llega a través de otra pérdida. Cuando abandonamos al duelo él nos encuentra, como si hubiera sido atraído por una nueva pérdida y entonces podríamos decir que tenemos que hacer frente al duelo actual y al rezagado de alguna forma. Reprimir los sentimientos y tratar de ocultarlos lo único que consigue es que salgan a la superficie meses o años después.

Incluso a veces, especialmente si has evadido el cruzar por la tristeza para no sufrir, algún otro evento aparentemente intras-cendente, como un accidente doméstico, un mal día en el trabajo o hasta una discusión familiar, pueden abrir sin querer las compuer-tas y la tristeza acumulada se libera como el agua de una presa y te inunda. Por supuesto esto puede ser muy confuso porque lo que se siente ya no se asocia tan fácilmente con la pérdida y la persona puede creer que vienen de la nada muchos sentimientos agolpándose intensamente; queriendo salir, diría yo. Si ya hemos hablado de cómo en un proceso normal de duelo los recuerdos se presentan intensamente ante lugares, eventos o fechas significa-tivas, suele ser terrible tener que hacer malabares mentales para transitar por ellos varias veces al año y evadir la realidad de lo que ha pasado. Tarde o temprano las defensas colapsan.

Crisis adicionales o concurrentes

Ya también he dicho que la vida no se detiene a esperar a que aca-bes de cruzar el pantano. Mientras tú estás en duelo, hay cosas que suceden en el "exterior" y algunas tampoco son agradables, por así decirlo, aunque se hace necesario hacerles frente. Atrave-sar por una pérdida mientras adicionalmente pasas por una crisis laboral, financiera, de salud o hasta de una relación, te mete y saca del pantano. Uno podría pensar que eso es parte de las oscilaciones que ya conoces, pero no hablo aquí de la vida cotidiana, sino de crisis de otro tipo que demandan mucha de nuestra atención y energía, la cual no tenemos totalmente disponible si estamos cursando por un proceso de duelo y además, ahora sí, hay que hacerse cargo de lo cotidiano, en sí, de la vida.

Aunque cualquier crisis simultánea puede complicarlo todo, las que tienen que ver con temas económicos resultan de las más estresantes. La incertidumbre sobre de qué vamos a vivir en el futuro inmediato, si podremos hacernos cargo de la manutención de los hijos o hasta de los cuidados de otro familiar enfermo es algo que de por sí agobia a quien está en esa situación. Deudas pasadas, insuficiencia presente y gastos futuros que no tenemos la certeza de cubrir tienden a ser factores que de alguna forma te desplazan del duelo y lo "posponen" o francamente lo complican. Todo esto se torna más complicado si la persona que ha muerto es quien proveía la mayor parte del ingreso familiar.

La forma de la pérdida

No es lo mismo el impacto que causa la muerte accidental o repentina de un niño pequeño al impacto que puede causar la muerte de una persona anciana por causas naturales. No es que objetivamente importe una más que la otra, sino que son las circunstancias que envuelven al hecho lo que derivan en más o menos resistencia para aceptar y dificultades para elaborar cada tipo de pérdida. Y no sólo son las circunstancias, sino lo que nos decimos de esas circunstancias lo que nos puede ofrecer consuelo o ser fuente de más inquietud. Nos consuela pensar o saber que una persona murió después de una vida larga, plena y que haya tenido una muerte tranquila y libre de sufrimiento. De hecho, si lo preguntamos y eso se pudiera elegir, la mayoría de las personas quisieran morir en su cama, dormidos y sin sentir; lo que hoy se llama una "buena muerte". Claramente una persona muy joven, de la que se dice que tenía toda la vida por delante y que ha sufrido un accidente, fue atropellada por una persona ebria, por ejemplo, provoca imágenes mentales y sentimientos muy distintos, especialmente si pensamos o sabemos que sufrió cosas terribles en sus últimos momentos o murió sin la compañía de los que le amaban.

Se puede morir por causas naturales, accidentales, suicidas u homicidas. No es que por definición una sea más fácil de aceptar que la otra o que ninguna duela menos; sólo que si además se percibe una injusticia, el enojo se hace presente y muchas veces, si no se tiene cuidado, retuerce al duelo y se convierte en un zombi del pantano, de esos que te comen la cabeza y te esclavizan como cuando buscas justicia o, francamente dicho, castigo o venganza para quien percibes como el agresor, causante o negligente ante el hecho doloroso de la muerte.

Ya comenté que durante la pandemia de COVID, el equipo de salud inicialmente fue visto como una entidad heroica, pues arriesgaban sus vidas para salvar las de otros, particularmente en los momentos en donde no había tratamientos conocidos y eficaces para evitar o tratar la enfermedad. Luego, en muchos sentidos, todo fue cambiando; en algunos lugares o ante algunas familias el lugar de héroes cambió al de villanos, como cuando tenían que dar la mala noticia de la muerte de alguien, lo que despertaba la ira de las familias que aguardaban noticias desde la calle, ante la imposibilidad de ingresar y acompañar a su ser amado durante los últimos momentos. La sinrazón de estas primeras muertes no sólo provenía de la ignorancia de todos nosotros acerca de la enfermedad y sus alcances, sino de la creencia que las ciencias médicas lo pueden todo y no es así. Si la ciencia lo puede todo y mi familiar murió, entonces la única explicación razonable (irracional, mejor dicho) es que hubo negligencia o alguien deliberadamente quería acabar con la vida de muchas personas, como si se tratara de un exterminio masivo, y entonces se llegó a fantasear hasta con la idea de muertes provocadas. Lo repentino de la muerte hace ver como potenciales asesinos a los que realmente querían y les hubiera gustado salvar una vida.

En general el tipo de muerte que se considera como "causada por el ser humano" (por ejemplo, asesinatos, suicidios, accidentes, negligencia, guerras, etcétera), tienen un impacto distinto a las que ocurren como resultado de catástrofes naturales como una erupción volcánica o un tsunami, por ejemplo.

La incertidumbre de la pérdida o la ausencia del cuerpo

Y hablando de lo anterior, especialmente cuando no hay evidencia concreta de la muerte por la ausencia del cuerpo, esa pérdida se convierte en una muy difícil de aceptar, precisamente porque no hay certeza. Esto sucede con los desastres naturales, accidentes masivos o hasta actos delictivos donde las personas no son encontradas o, sabiendo que el tipo de evento hace imposible la sobrevivencia, el cuerpo no se puede recuperar. Con la incertidumbre de la pérdida existe la creencia de que la persona puede andar por ahí o de que en cualquier momento va a aparecer. Hemos conocido personas que abandonan su vida para emprender una cruzada en la búsqueda de alguien "perdido". Algunas veces logran recuperar el cuerpo o partes de él, la mayoría de las veces nada y muy pocas veces se encuentran con que la persona estaba viva, pero en otra parte. Pero hay personas que hicieron, o se hicieron, la promesa de no descansar hasta no encontrar o recuperar de alguna manera al ser amado. Son promesas que para cumplirlas pueden llevarse la vida entera.

Hace años estuvo conmigo en terapia una mujer que me contó cómo su padre se borró de la familia por emprender la búsqueda de un hijo desaparecido. "Al principio todos nos unimos a la búsqueda de muchas maneras", me contaba, "pero pasaron los años y era claro que mi hermano no iba a volver. Cuando dejamos de saber de él, no andaba en muy buenos pasos y además tenía la costumbre de ir y venir sin previo aviso. Un día no volvió y mi padre juró no descansar hasta encontrarlo y hacerlo volver. Como dije, todos nos unimos a la búsqueda, pero poco a poco, entre nosotros fuimos hablando de que ya no había sentido en invertir más tiempo y recursos en algo que claramente no estaba dando frutos. Mi padre nos acusó a todos de abandonar a mi hermano, incluso llegó a decirle a mi madre que era una desnaturalizada y que no amaba a su hijo por darse por vencida... ¡pero es que ya habían pasado 20 años! Al final mi padre ya no volvió a ser el mismo, decía que no tenía tiempo de llorar porque él iba a encontrar a su hijo. Nosotros le lloramos a mi hermano, como quien dice, hicimos su duelo. Hasta misas le hicimos y mi papá no fue porque decía que las misas eran para los muertos. La verdad es que nunca supimos si estaba muerto, porque nunca volvió, pero era lo más probable y eso para todos era mejor que vivir con la zozobra de su paradero. Total, si un día aparecía nos íbamos a alegrar, pero nunca lo hizo. Lo que más me entristece es cómo mi papá acabó con su vida y de paso con la familia. Yo amaba mucho a mi hermano, pero no podíamos perder la vida para recuperar la de él, sabiendo que eso muy probablemente nada iba a cambiar. A veces pienso que la esperanza mal usada hace estas cosas. Lo de mi papá ya más que amor parecía obsesión. Al final mi papá se murió y mi hermano nunca apareció; perdimos a los dos, pero a mi papá muchos años antes de que muriera".

Cuesta mucho dar por perdido lo perdido cuando no existe la certeza. Entonces a veces conviene elaborar una versión de la historia que, siendo imperfecta, haga bien a las personas que viven con una pérdida incierta. Lo complicado de esto es que hay que aprender a vivir con muchas preguntas sin respuesta.

Las promesas que hiciste

En el momento de la pérdida, la desesperación nos puede hacer prometer cosas como una forma de tratar de que la persona no se marche o de que al menos sepa que le seguiremos amando y teniendo lealtad aun después de la muerte. Cosas como: "Te prometo que nunca me volveré a casar", "te prometo que nunca volveré a ser feliz o reír sin ti" u ofrecer otro tipo de conductas un tanto extremas o de sacrificio como una forma de mantener el vínculo, pueden acabar siendo un gran peso para la persona que las ha hecho. A veces incluso la persona que se marcha es la que pide que el otro le prometa algo, como para irse "en paz", como cuando un padre agonizante le dice a un niño pequeño, "prométeme que siempre vas a cuidar a tu madre y a tu hermanita". Yo siempre he pensado que es mejor resolver los asuntos de los que somos responsables en vida y no heredar a otros aquello que no supimos o no pudimos resolver.

En estos términos, si se insiste en el cumplimiento de la promesa sin importar el costo, éste realmente podría resultar muy alto, como cuando se deja de vivir la vida propia para encauzarse hacia lo prometido y no pocas veces resultan sacrificados otros miembros de la familia, como los hijos, por ejemplo.

Pero a veces las más corrosivas son las promesas autoasumidas; esto es, aquellas que no fueron explícitas, porque nadie pidió hacerlas y nadie realmente las hizo, y que una persona puede adjudicarse como si hubieran existido. Esto pasa como cuando un hijo o hija adulta se hace cargo del rol del padre o la madre y quiere prodigar cuidados o guiar al resto de la familia sin que nadie le haya asignado ese papel. Los hay también que se hicieron el compromiso de, por ejemplo, ayudar a un hermano que el padre siempre protegió y que quizá hasta se llamaba como él, pero que resultó ser una persona autocentrada, narcisista y abusiva. Ante una situación así nadie se explica por qué aquel hermano le aguanta tanto y hace que otros también le aguanten abuso tras abuso. Claro, todo se hace más explicable si pensamos en estas promesas implícitas que obligan al que las asumió, pero que arruinan a la mayoría en favor de uno solo.

Pero no nos engañemos, no resulta tan sencillo romper la promesa que se le ha hecho a alguien en su lecho de muerte; el precio a pagar puede ser un sentimiento de haber fallado y sentirse traicionero y culpable. Por eso habría que tener cuidado con lo que se promete, especialmente en momentos de intenso dolor, y si ya se prometió, siempre existe la posibilidad de renegociar simbólicamente con el ausente el alcance de lo prometido, si el costo resulta ser alto.

Quedarte atrapado en preguntas infinitas y dudas eternas

Cuando estamos lejos de la persona que ha muerto, o al menos no estuvimos a su lado, tendemos a especular qué pasó, cómo pasó o qué sintió. Vienen a la mente preguntas como: "¿Se dio cuenta?" "¿Sintió algo?" "¿Sufrió?" "¿Tuvo dolor?" "¿Tuvo miedo?" "¿Pensó en nosotros?", etcétera. Hay respuestas que nunca vamos a conocer y entonces vamos llenando los vacíos de información con suposiciones que malignizan la realidad. No digo que idealicemos toda muerte como dulce, lo que digo es que bien podríamos asumir no saber.

Hace algunos años vez estuve colaborando en un centro hospitalario donde atendían a niños y jóvenes con cáncer. En una ocasión me pidieron visitar a un joven, al que llamaré Carlos, con varias recaídas de leucemia y muy mal pronóstico. Su madre estaba con él y como ya era tarde y no había salido a comer, le dije que si quería salir un momento yo podía quedarme a conversar con él. La señora accedió y se marchó. El rato que estuvimos conversando juntos hablamos de varios temas. Digamos que su estado anímico general era bueno y pudimos establecer una conversación fluida. Era la primera vez que lo veía, así que nos estábamos conociendo. Al poco rato su madre regresó y yo me despedí de ambos, ofreciendo pasar a verlo a la mañana siguiente. Cuando llegué al otro día, su madre ya me esperaba en la puerta del hospital. Me dijo que su hijo se había agravado durante la noche y que estaba en cuidados intensivos. Entré a verlo y me informaron que tenía muerte cerebral, por lo que el desenlace fatal se daría en poco tiempo. En ese lapso el padre llegó también al hospital. Carlos murió esa tarde.

Pasaron algunas semanas y un día acudió a buscarme la madre de Carlos. Me dijo algo como esto: "Estoy aquí contra la voluntad de mi marido; no somos de la ciudad y literalmente me he *escapado* toda la mañana sólo para venir a hablar con usted, porque necesito que me diga algo. Usted fue la última persona que realmente conversó con Carlos y yo necesito saber si él sabía que se iba a morir y si tenía miedo; necesito saberlo". Pude ver en sus ojos la desesperación, pero no sólo por saber lo que quería, sino por la misma pérdida de su hijo. Aunque en su dicho yo fui la última persona que conversó con él, ella fue la última que lo vio antes de agravarse, pero aun así necesitaba una especie de confirmación. Así que le dije: "Señora, en ningún momento su hijo me dijo que tuviera miedo de morir". "¿Pero él sabía lo grave que estaba?", me preguntó. A lo que yo le dije: "Era su tercera recaída de leucemia... ¿Usted qué piensa?". "Yo creo que sí", me dijo. Su semblante cambió, lanzó un suspiro y me dijo: "Gracias, era todo lo que necesitaba saber". Nunca volví a verla, pero su estado ansioso cambió a uno de mayor tranquilidad en aquel momento.

¿Lo que yo le dije facilitó su tránsito por el duelo y le alivió la tristeza? No lo sé, pero el tener una certeza que necesitaba probablemente evitó mayores complicaciones. Al menos tenía algo menos con lo qué lidiar.

Y probablemente en este punto se preguntarán qué habría pasado si no hubiera alguien que le diera la respuesta que ella buscaba. Bueno, es probable que la pregunta haya surgido porque había una persona que podía dar la respuesta, pero aun siendo que no, cada uno debe encontrar las propias. A veces el dolor de la pérdida nos hace, de manera inconsciente, colocar a quien se ha marchado bajo una forma de sufrimiento imaginado porque es la proyección del dolor que sentimos. Es como si al imaginar o pensar que nuestro ser amado pudo sufrir, fuera una forma de ver lo que ahora estamos sufriendo, sólo que es una visión que no nos ofrece paz.

Desde un punto de vista clínico aún resulta complicado tener certeza de cómo es la experiencia de una persona que está muriendo, especialmente si esto ocurre de manera muy rápida, como con un accidente, o muy lenta, como con una enfermedad terminal. Si bien no hay certezas, como he dicho, algo empezamos a saber de los procesos al final de la vida. Seguramente en los años por venir sabremos más, pero al parecer muchas de las cosas que nos pueden parecer terribles, la persona que está muriendo no las padece igual. Distintos estudios e investigadores que trabajan alrededor de los cuidados paliativos, escriben artículos y reportes donde ofrecen alguna explicación que en general nos puede resultar tranquilizante. Tratando de resumir los hallazgos, estos sugieren que:

- Para muchos que mueren gradualmente, hay un deslizamiento final rápido que ocurre aproximadamente en los últimos días de vida. Las personas tienden a perder los sentidos y los deseos en un cierto orden. Primero se pierde el hambre, luego la sed. A continuación, se pierde el habla, seguida de la visión. Los últimos sentidos en desaparecer suelen ser el oído y el tacto.

- La preocupación sobre el dolor es comprensible y la realidad es que hay algunos tipos de padecimientos en los que el dolor es inevitable, pero con medicamentos adecuados, generalmente el dolor se puede paliar.

- Cuando las personas se vuelven demasiado débiles para toser o tragar, algunas comienzan a hacer un ruido en la parte posterior de la garganta conocido como estertor. El sonido puede hacernos pensar que la persona está sufriendo. Pero parece ser que esta visión, así como las de algunos procesos convulsivos, es más impactante para el que la atestigua que para quien la padece. Hasta donde los médicos pueden decir, el proceso de morir probablemente en general no tiende a ser físicamente doloroso.

- En muchos casos la percepción está significativamente disminuida y la persona puede o no estar al tanto de lo que está sucediendo. Esto parece ser porque el cerebro hace lo mismo que el cuerpo: comienza a "desconectarse"; es decir, a sacrificar áreas que son menos críticas para la supervivencia y la conciencia.

- La liberación repentina de neuroquímicos podría ayudar a mitigar el sufrimiento si es que lo hubiera en los momentos finales. Esto podría asociarse con las muertes repentinas o por accidente. Por ejemplo, muchos sobrevivientes de un paro cardíaco describen que durante su período de "desconexión", tuvieron una experiencia increíble en su cerebro.

- Los momentos previos a la muerte no son precisamente un estado de inconsciencia, sino algo más parecido a quedarse dormido.

Como he dicho, estos son atisbos que la ciencia nos empieza a ofrecer y sin embargo apuntan a mejores noticias que los sufrimientos que a veces podemos imaginar que tienen. Al menos no hay estudios que digan que la angustia aumenta al momento de la muerte en la mayoría de las personas, al contrario. Probablemente la ciencia nos pueda ofrecer certezas acerca de esto en un futuro indeterminado. Por ahora convendría quedarnos con un franco e insatisfactorio "no lo sé" o con la franca pregunta de: "¿Y por qué necesariamente tendría que haber sufrido como yo lo imagino?"

Sentir que algo te faltó

Con las muertes por COVID, y con muchas otras, las personas sienten que muchas cosas les faltaron. Desde acompañar, despedirse o cerrar algo con la persona que se ha marchado. Es verdad que el acompañamiento a los seres queridos es algo que en muchas culturas se siente como imprescindible, así como dar el último adiós u organizar rituales funerarios. Sin duda la sensación de una despedida incompleta, o la ausencia total de ésta, ha dejado a muchas personas con gran pesar y angustia. Por ejemplo, durante el período más crítico de la pandemia de COVID, las visitas estuvieron prohibidas o muy limitadas, hubo retrasos en la entrega de los cuerpos, así como tiempos de espera increíbles para realizar los rituales funerarios, además de restricciones en los funerales y otros rituales, restricciones en el número y la relación de los dolientes y la prohibición del contacto cercano con el cuerpo. Quienes siguieron los protocolos sanitarios se vieron impedidos de realizar los rituales que generalmente se realizan después de la muerte y, además, no contaron con la compañía de familia extensa y amigos que les ayudaran a sobrellevar el dolor que les produjo la pérdida.

Pero de alguna manera despedirse de alguien, de manera simbólica, puede hacerse aun cuando el momento de la muerte haya pasado y los rituales funerarios pueden adaptarse a lo posible o incluso realizarse de forma más adecuada en fechas posteriores. Esto incluso aun después de la disposición del cuerpo en su sitio de reposo final. Claro, esto siempre que los dolientes deseen hacerlo, aunque sin duda está lejos de ser lo ideal o lo que se hubiera deseado, pero al final es lo posible y siempre es de más ayuda hacer algo que negarse a ello por no ser lo correcto o adecuado.

Muchas personas se quedan con la culpa de no haberse despedido, no haber llegado a tiempo para ver por última vez a la persona o no haber estado en el momento final. Esto puede volverse un pensamiento obsesivo que interfiere nuestro tránsito a través del duelo.

Si es tu caso organiza con familia y amigos un ritual de despedida. Se puede elegir una fecha especial en donde varios visiten el cementerio o lleven la urna con las cenizas a su lugar de reposo final. Se pueden organizar ceremonias religiosas, cuando existan estas creencias o hasta rituales de integración, gratitud o reconocimiento para la persona que se ha ausentado. Pienso que estamos muy acostumbrados, al menos en buena parte del mundo urbano, a que los rituales de despedida deben ser solemnes, fúnebres y cargados de tristeza. Si el centro de atención de esos rituales somos nosotros, se entiende que así sea, pero si lo hacemos con la intención de honrar la vida y la memoria de quien se ha marchado, tal vez tendrían un carácter distinto, ¿no lo crees? Por cierto, aquí me pregunto: "¿Por quién lloramos realmente cuando un ser amado muere?" "¿Es por él o ella o es por nosotros que nos quedamos con su ausencia?"

Negarte a aceptar la realidad

No es lo mismo la incredulidad natural que puede darse con un "no puede ser" tras la noticia de una tragedia repentina, que vivir en un constante "no lo acepto". Y es que la incredulidad suele rendirse ante la realidad, pero la negación se puede mantener de principio a fin. Se puede negar de muchas maneras; se niega cuando te resistes a volver a la vida por estar esperando un retorno que no ocurrirá; se niega cuando tratas de hacer como que no ha pasado nada; se niega cuando mantienes la casa o habitación estática como un museo para que cuando "vuelva" lo encuentre todo como estaba. Se niega evitando lugares, personas y conversaciones que te recuerdan que la pérdida es real.

No voy a centrarme más aquí en esto de la negación, porque ya hablé de ella en el capítulo 4, dentro de las tareas del duelo, pero no quería dejar de mencionarla porque es un factor que puede demorar mucho o incluso detener tu avance a través de la tristeza. La realidad, por dolorosa que sea, no deja de ser la realidad.

El enojo intenso, persistente y el resentimiento

Este es un gran lastre para el avance. El enojo persistente, el resentimiento, la búsqueda incesante de justicia o hasta los deseos de venganza pueden hacer que dejemos en segundo término no sólo a la tristeza, sino incluso al recuerdo y la conexión con la persona que se ha marchado. El dolor se transforma en furia y ésta puede alcanzar niveles muy agresivos o hasta violentos.

El enojo puede dirigirse hacia prácticamente quien sea; hacia el ausente, por habernos dejado; hacia el equipo de salud, por no haberlo sanado; a los equipos de urgencia, por no haberle rescatado a tiempo; hacia Dios, por no haberle cuidado o no haber evitado lo ocurrido; y hacia uno mismo, porque no supimos evitarlo, prevenirlo o estar presente. Claramente si hay otros involucrados en la forma de la muerte, como en un accidente, ellos serán en gran medida los destinatarios del enojo y el resentimiento. Incluso este enojo puede desplazarse hacia otras personas, como cuando reclamamos a alguien por no haber sabido, por no haber avisado o incluso sin motivo aparente. Esto pasa muy comúnmente cuando estamos muy enojados con quien se ha ido, pero por alguna razón no podemos reconocer ese enojo o no podemos expresarlo contra la persona ausente. Entonces dirigirlo hacia otras personas o incluso objetos es una forma poco funcional de canalizarlo. El razonamiento detrás del enojo muchas veces viene de la idea de que, si alguien hubiera hecho algo diferente, la pérdida no hubiera ocurrido. A veces esto es claro, pero otras veces definitivamente no lo es tanto.

En ocasiones el resentimiento no viene solo y se hace acompañar de la envidia, como cuando nos preguntamos por qué otras personas malas no son castigadas y mi ser querido que no hacía mal a nadie tuvo que morir. A lo largo de mi vida profesional alrededor de las pérdidas he escuchado a muchas mujeres que han perdido niños pequeños contarme historias muy similares entre sí. Recuerdo una de ellas y es como si las escuchara todas juntas a la vez:

"Me siento la peor mujer del mundo", me dijo una vez una mujer al inicio de una sesión de terapia. "Cuando venía de camino hacia acá, me detuve en un semáforo. En lo que cambiaba la luz para avanzar, me di cuenta que sobre el camellón de la avenida estaba una mujer que vendía dulces para ganarse la vida. En lo que ella iba de auto en auto ofreciendo sus productos, había tres niños pequeños que estaban en el piso jugando, comiendo y sumamente sucios. De inmediato deduje que eran sus hijos y me abrazó un enojo inmenso y me da mucha vergüenza contar lo que sentí, pero siento que necesito contárselo a alguien que no me juzgue, porque yo misma me siento terrible". La mujer hizo una breve pausa para llorar y prosiguió: "Pensé, cómo era posible que esa mujer que tenía a sus hijos en la calle, que no los cuidaba, que los dejaba en la intemperie, con mala alimentación y poca higiene, pudiera tener hijos y yo no. Cómo era posible que esos niños estuvieran ahí jugando y mi hijo ya no esté. Yo que lo amaba tanto, que me cuidé tanto durante el embarazo e hice todo lo que los médicos me dijeron, perdí a mi hijo y esos niños abandonados con su madre negligente seguían ahí... me dio mucha envidia, rabia y enojo con Dios y con la vida porque yo ya no entiendo cómo funciona todo esto."

Claramente esta confesión realizada fuera del contexto terapéutico podría ser juzgada como inadecuada, por decir lo menos. Pero son cosas que suelen pasar por la cabeza y cuando se hacen conscientes, nos repugnan y aterran. Sin embargo, no es maldad, sino un intento de entender por qué pasó lo que pasó y por qué no a todos les pasa lo mismo.

Estos sentimientos y emociones suelen ser transitorios, incluso normales y esperados, especialmente al inicio del proceso pero que no deberían persistir de forma aguda por mucho tiempo. Cuando lo hacen, muy frecuentemente se debe a que de muchas maneras los estamos alimentando; digamos que le prestamos al enojo nuestra maquinaria mental y entonces empieza a agregar componentes cada vez más intensos a las historias que nos contamos y a lo que nos decimos alrededor de ellas. Si el enojo y el resentimiento se prolongan se transforman en amargura y rencor. De hecho, el rencor es como un resentimiento que se ha hecho rancio; la misma palabra, rencor, etimológicamente proviene de "ranciedad".

Como ya mencioné, este enojo o resentimiento nos puede arrastrar a la búsqueda infinita de justicia o venganza. Incluso deseos de agresión a quien percibimos como responsable por lo que nos ha sucedido. De ahí la importancia de las 3 reglas de las que te hablé en el capítulo uno. Y finalmente, cuando el enojo es contra uno mismo, puede hacer su aparición la perniciosa culpa.

La culpa

La culpa es el sentimiento o la creencia de haber causado un daño o no haber sido capaz de evitarlo. A veces surge por haber fallado en una responsabilidad, como cuando muere un hijo y se siente que no se le protegió de forma suficiente. La culpa en el contexto del duelo ha sido definida en un estudio realizado por la doctora Stroebe como "una reacción emocional de remordimiento en el duelo, con el reconocimiento de no haber estado a la altura de los propios estándares internos y expectativas en relación con el difunto y/o la muerte".

Por mucho que la gente nos quiera ayudar y se apresure a decir que no fue culpa nuestra o no deberíamos sentirnos culpables, la verdad es que cuando se siente resulta muy complicado librarse de ella. No podemos dejar de sentirnos culpables sólo porque alguien nos lo dice. Ojalá fuera así. Claramente todos nos equivocamos y cometemos errores. En ocasiones esos errores tienen consecuencias significativas y otras no. A veces fallamos en cosas que nos hubiera gustado evitar o que realmente debimos hacer y por alguna razón no ocurrió así. Esto puede ser algo tan grande como un grave error de juicio o hasta un error que condujo a la muerte. Puede ser algo tan pequeño como algo hiriente que le dijimos a la persona esa mañana antes de que muriera o algo significativo que no dijimos, como cuando hablé de no haberte despedido adecuadamente.

La culpa se puede experimentar como una sensación muy pesada y puede sentirse por cosas que no se hicieron o se piensa que fueron mal hechas alrededor de la pérdida, como la selección de un tratamiento, el hospital o hasta si se buscó ayuda a tiempo o se esperó demasiado para ello. Hace años una persona en terapia se sentía muy culpable por la muerte de su madre y me contaba lo siguiente:

Era un domingo por la mañana, como siempre, me alisté para preparar el desayuno. Mi madre entró en la cocina, nos dimos los buenos días y se sentó a la mesa. Yo estaba en la estufa y le pregunté cómo quería que le preparara sus huevos. No me respondió, así que me di la vuelta para preguntarle nuevamente, cuando la vi reclinada sobre la mesa. Me acerqué llamándola pero no me respondió, estaba como inconsciente. Me asusté mucho y pensé qué iba a hacer. Como vivíamos en un pequeño pueblo a una hora de camino de la ciudad más cercana, en ese momento pensé que tenía tres opciones. Una, ir corriendo a buscar a la doctora del pueblo para que viniera a atenderla. Dos, subirla al auto y llevarla a la ciudad, lo que tardaría una hora en llegar. Tres, llamar a la ambulancia más cercana que estaba como a 30 minutos de camino y luego llevarla a la ciudad; eso era 1:30 de tiempo. Decidí ir a buscar a la doctora. Corrí las dos calles hasta su casa y llamé y llamé a la puerta, pero nadie respondió. Una vecina salió y me dijo que la doctora no estaba, que esa mañana había salido muy temprano para la ciudad y que regresaría hasta el mediodía. Regresé entonces corriendo a la casa, mi mamá seguía inconsciente reclinada sobre la mesa de la cocina. ¿Qué haría ahora? Subirla al auto o llamar a la ambulancia. Ya había perdido mucho tiempo en ir y venir de buscar a la doctora y no quise tardar más. Unos vecinos de mi casa que se dieron cuenta de mi estado alterado se ofrecieron a ayudarme a subir a mi mamá al auto para llevarla al hospital de la ciudad. Así lo hice y creo que hasta hice 45 minutos de lo rápido que iba. Llegué a urgencias del hospital y grité como una loca que necesitaba ayuda. Salieron unos doctores o enfermeros, no sé. El caso es que la subieron a una camilla y se la llevaron. A los pocos minutos salió una doctora a decirme que mi mamá estaba muerta. Que al parecer tuvo un infarto fulminante o algo así y que seguramente había muerto muy rápido. Yo me sentí muy mal porque perdí tiempo en ir a buscar a la doctora y estarle tocando. Si hubiera llamado a la ambulancia desde el principio o la hubiera llevado al hospital en mi carro de inmediato, a lo mejor mi mamacita seguiría viva. Tomé las peores decisiones.

Claramente sabemos lo que pasó y jamás sabremos qué hubiera pasado si ella hubiera hecho otra cosa, ¿no es así? Sin embargo, ninguna de las tres opciones era mala; de hecho, al inicio optó por la que consideró la forma más rápida de atención, pero las cosas no resultaron bien por la ausencia de la doctora del pueblo. Además, de todos modos, le dijeron que había muerto casi de inmediato. Incluso en otra sesión me contó que les dijo en el hospital lo de que fue a buscar a la doctora y le dijeron que muy probablemente si la hubiera encontrado, nada hubiera podido hacer por ella debido a lo extenso del daño. ¿Podríamos decir que esta mujer tomó una mala decisión con relación a la atención de su madre? Parece ser que no. Una mala decisión habría sido ponerse a desayunar en lo que esperaba a ver si su madre reaccionaba por sí sola o no hacer nada.

La culpa es algo muy particular porque se puede tener sin sentirla y se puede sentir sin tenerla. A veces realmente hicimos algo mal y a veces sólo sentimos que hicimos algo mal. Esto último parece ser lo que sentía la mujer del ejemplo anterior. Pero la culpa también puede sentirse no sólo por lo que pasó en los momentos finales, sino por la forma en que nos relacionamos en vida con la persona que se ha marchado. Haber tenido una relación conflictiva o que se quedaran asuntos por resolver entre ambos, puede generar mucha culpa en algunas personas.

Diferentes estudios llegan a la misma conclusión: una mayor culpabilidad por la muerte se asoció con reacciones de duelo más severas y una mayor angustia psicológica. De hecho, la culpa puede llegar a ser muy persistente; otros estudios encuentran que no hay una disminución significativa en los niveles promedio de autoculpabilidad o arrepentimiento durante el período de dos años posteriores a la pérdida. Esto puede ser un factor de riesgo para el desarrollo de un duelo persistente o prolongado.

En un contexto más general, la culpa ha evolucionado como un sentimiento porque evidentemente debe tener un propósito y, cuando lo pierde, ya no hace bien, incluso puede dañarnos.

La culpa que sólo busca castigarte

Voy a empezar hablando aquí de la culpa que no hace bien. Esa que se siente sin haber realmente causado un mal, faltar objetivamente a un deber y que entonces carece de sustento. También puede ser una forma de culpa exagerada; es decir, efectivamente cometemos errores, omisiones o hasta actuamos por ignorancia o incompetencia, pero no con la intención de hacer el mal; pero la culpa, cuando está malignizada, puede hacer ver todo más grande, más terrible o más imperdonable.

La culpa que busca castigarte podríamos llamarla culpa tóxica. Es una a la que no le importa lo que hagas para buscar reparar un supuesto daño o para mitigar un error. De hecho, no te permite ningún tipo de reparación, ni real ni simbólica, porque te hace sentir una persona indigna de cualquier forma de perdón o redención. No le importan las circunstancias, explicaciones o las atenuantes porque ella es radical, extrema y totalitaria. Es el fiscal que te acusa, el jurado que te condena y el duro juez que ya no te somete a juicio porque la sentencia está dictada: ¡Culpable!

Busca destruirte como una forma de erradicar el mal que para ella representas; obliterar lo infeccioso de tus actos.

Este tipo de culpa no sólo te hace sentir culpable, además revela algo mucho más dramático en tu interior; algo que quizá no se había mostrado antes con tanta claridad, pero ahora ya no finge más: un profundo sentimiento de inadecuación y defectos estructurales de la personalidad autoasumidos. Esto podría resumirlo en una palabra: vergüenza. Vergüenza de ser tú, vergüenza de haberte vuelto a equivocar, de no hacer nada bien, de haber fallado en lo único y lo último que la vida te había confiado. No hay manera de que obtengas el perdón porque no sólo se te está condenando por los actos cometidos alrededor de la pérdida, sino que esta voz tirana está aprovechando la oportunidad para también condenarte por ser tú. La vergüenza te aleja incluso de lo amado porque te dice que eres alguien indigno de estar cerca o incluso de su perdón. Esto puede provocar también mucho enojo, principalmente con uno mismo, pero que suele proyectarse hacia el exterior en otras personas, como ya lo vimos en su momento. Una persona en terapia me contó lo siguiente:

Yo era la única que estaba con mi madre la noche que se puso grave en el hospital. De pronto vi como el monitor cardiaco empezó a moverse más rápido. Su respiración estaba alterada. Fui a buscar a la enfermera y ella llamó a los médicos. Me sacaron de la habitación; yo no sabía qué estaba pasando. Todos sabíamos que mi madre ya estaba muy mal, pero uno siempre tiene la esperanza de un milagro, ¿me entiendes? Entonces salió un doctor y me dijo que mi mamá había caído en paro cardíaco, pero que la habían podido rescatar. Sin embargo, me dijo que muy probablemente esto se iba a repetir y que, por su condición, esto ya era parte de sus momentos finales. En mi cabeza pasó el día que mi mamá me dijo que ella no quería vivir conectada a máquinas o que le hicieran cosas para mantenerla viva si ya no tenía remedio. "Yo sólo quiero que llegado el momento me dejen morir en paz", me dijo. Llamé a mi hermana, pero como tiene el sueño muy pesado no me contestó; eran las 3 de la mañana. Mi mamá parecía estable, pero a los pocos minutos de nuevo lo mismo. Se acercó entonces el doctor y me dijo que si quería que de nuevo la sacaran. Te juro que yo no quería que se muriera, pero ya no quería verla sufrir. Ya tenía muchos días que no hablaba, que estaba como inconsciente; se la pasaba dormida o algo así. Pero también sabía que mi hermana no quería dejar de hacer todo lo necesario para mantenerla con vida. Al final los doctores ya no la sacaron del paro, finalmente contacté a mi hermana y le conté. Corrió al hospital y cuando llegó me dijo: "¿Qué hiciste, por qué dejaste que mi mamá se muriera si yo te la encargué?" Le dijo todo lo que había pasado, pero como que no escuchaba. O no sé si la que no sabía expresarse era yo. Le dije que mi mamá ya estaba sufriendo mucho y lo que me dijo me dejó impactada: "¡Y a mí qué me importa que sufra! ¡Yo la necesito viva para que me perdone, yo la necesito conmigo, no muerta, así ya no la quiero!"

Mi hermana me culpaba a mí y de momento sí sentí mucha culpa, pero siento que hice lo que se tenía que hacer. Mi hermana siempre tuvo una relación de mucho conflicto con mi mamá y me da la impresión de que toda la culpa que sentía ella la quería vaciar en mí. Realmente ninguna de las dos supo llevarse bien, mi mamá le exigía mucho y mi hermana nunca sintió que estuviera a la altura. Una vez otra terapeuta me dijo que ya desde que mi hermana tenía el mismo nombre que mi mamá se veía un poco del enredo. A mí, por mi parte, siento que mi mamá nunca me tuvo mucha fe, porque según yo era muy parecida a mi papá, pero no me fue tan mal. Al menos no acabé tan ansiosa como mi hermana.

Esta culpa tóxica es una culpa ansiosa resultado de haber recibido mensajes constantes, implícitos o explícitos, acerca de tu inadecuación. De que ser como eras no era bienvenido y eso te encerró en una trampa. ¿Culpable de qué? ¿De ser tú? ¿De no haber estado o actuado en el momento preciso? ¿De no haber adivinado lo que iba a pasar? ¿De no haber tomado lo que otros llaman la decisión correcta cuando no estuvieron ahí para tomarla? ¿O de haberla tomado cuando ninguna alternativa era la que hubiera prevenido la catástrofe?

Entonces tienes que hacerte una pregunta: "¿Lo que he hecho o dejado de hacer realmente causó un daño a alguien o es esa voz tan familiar que una vez más me dice que todo lo he hecho mal?" Lo primero te mueve a la culpa reparatoria; lo segundo te somete, te flagela y te esclaviza como castigo. Es una culpa incapacitante que no sirve a nadie, ni a ti, ni a quien pudo haber sido lastimado.

La culpa que reconoce y repara

Pero no todas las formas de culpa son destructivas, al contrario. Como dije, la culpa ha evolucionado con nosotros por alguna razón y debemos movernos hacia el reconocimiento de nuestros errores para buscar reparar, el perdón o la redención. La culpa que reconoce y repara busca justamente eso: reparar el tejido social, los lazos afectivos y nuestra imagen para seguir siendo aceptados como personas que son capaces de tomar conciencia y no lastimar deliberadamente. Cuando es posible, se busca restaurar o resarcir al otro por un daño causado, pero esto no siempre puede lograrse y entonces pedimos perdón, que no es otra cosa que la petición de una segunda oportunidad a través de exponer nuestra vulnerabilidad al otro cuando hemos lastimado. Con esta culpa se reconoce con humildad nuestra condición humana, nuestro ser imperfecto, pero en la constante búsqueda de crecimiento y mejora.

Reparar pasa por ejecutar actos compensatorios, reales o simbólicos, que sirvan a la redención y la reparación, y no para tratar de acallar a la vergüenza y la ansiedad, como lo es con la culpa. Digamos que esta culpa que reconoce y repara nos permite seguir transitando por los pantanos de la tristeza porque no es tan penetrante con la otra. Esta culpa te mueve hacia la reparación. Pero, ¿cómo reparar un daño que sentimos que se ha hecho con una persona que ha muerto?, algunos probablemente se pregunten ¿Cómo reparar lo que es irreversible como la muerte? A veces sentimos que ya no es posible hacer nada, pero afortunadamente eso no es verdad.

Lo dije antes, no siempre se puede restaurar o resarcir, pero siempre se puede tratar de reparar la relación o el vínculo simbólico entre ambos. Y es precisamente lo que nos queda con la muerte de un ser querido: una presencia no física, simbólica y es a través de perdonar o pedir perdón que esto puede alcanzarse. No hablo por supuesto del perdón arrogante que se da desde una postura de superioridad o sólo para librarse de la culpa; sino desde el perdón genuino que se da y se pide porque se quiere reparar el vínculo con la otra persona.

A veces puede ser conveniente el ejercicio de usar un poco la imaginación y pensar con los papeles invertidos; es decir, si yo fuera quien hubiera muerto y pudiera mirar lo que ha pasado desde un más allá ¿perdonaría a la otra persona?, ¿tendría algo que perdonarle? O podrías simbólicamente pedirle perdón a la persona ausente e imaginar lo que te contestaría. Una vez más yo sé que no es lo mismo, pero es lo posible. Sin embargo, debo decir algo, si haces el ejercicio de pedir perdón, o incluso sin hacerlo, y sientes que la persona ausente no te perdona y hasta te guarda rencor, ese es un indicador para buscar ayuda profesional cuanto antes. No obstante, hablaré ampliamente del perdón en el siguiente capítulo.

Finalmente, otra forma de culpa que llega a sentirse con la pérdida es cuando se deseó que la persona ya dejara de sufrir, como lo que ocurre con una enfermedad larga y dolorosa o como cuando se siente alivio porque la persona ya no sufre al morir. De inmediato se retuerce el deseo genuino de que quien sufría se liberara y se piensa que lo que se deseó fue la muerte. La gran mayoría de las veces no se desea que alguien amado muera, sino que ya no viva con tanto sufrimiento. ¿No es verdad?

Aislarte o quedarte sin ayuda

En realidad, la mayoría de las personas que están pasando por un proceso de duelo no van a requerir ayuda para transitar a través de la tristeza, porque hacerlo es natural. Pero el duelo, si bien se vive de forma muy personal y ninguna reacción es exactamente igual a la de otro, ancestralmente lo hemos desarrollado al lado de otras personas de la familia, la comunidad o nuestra tribu. La muerte y el morir eran entendidos como un hecho natural de la vida, doloroso, sin duda, pero natural. Eso no ha cambiado, lo que ya no es igual es la aceptación de la pérdida, la tolerancia social hacia las manifestaciones abiertas de la tristeza y el acompañamiento adecuado de amigos y familia en el duelo. Precisamente por la falta de empatía y la presión para salir deprisa muchas personas buscan transitar por la tristeza en soledad; sin que nadie se dé cuenta para hacerlo a su ritmo. Pero esto puede ser un error porque entonces quién nos hace conscientes si nos estamos estancando, hemos dejado de oscilar o francamente ya nos perdimos.

Claramente podemos hacer una distinción entre la soledad emocional y la soledad social. La soledad emocional se interpreta como la ausencia y el deseo de tener un lazo afectivo, emocional o íntimo, con otra persona. La soledad social representa la ausencia y el deseo de tener una red social o familiar que esté presente y disponible.

Es la emocional la que más puede complicar el tránsito por el duelo. Poco se habla de esto porque la mayoría de las personas en lo que piensa es en la forma de soledad social; incluso es posible que muchos traten de animar al doliente a salir precisamente por eso, para que esté rodeado de personas, pero esto no siempre surte el efecto deseado. No digo que la compañía de otros no sea de ayuda, pero debería ser realmente una presencia empática, que te acompañe en el proceso sin apresurarte para estar bien, pero que tampoco deje que detengas del todo tu avance por el camino.

La soledad emocional puede afectar a cualquiera, pero al parecer tiene un impacto negativo mayor en personas que han perdido a una pareja y esto es comprensible porque lo que se extraña es el vínculo que se había formado con la persona ausente; de ahí la importancia de vincularse con una presencia simbólica. En un estudio, la mayoría de las personas viudas mencionaron la soledad como el mayor desafío para afrontar el día a día. De hecho, la soledad se asocia con una mala salud mental.

Entonces deberíamos tratar de mitigar en primera instancia la soledad emocional sin descuidar la social. Sin embargo, a veces no resulta sencillo esto, particularmente si no estamos rodeados de personas empáticas, no encontramos la forma de aprender a vivir con la ausencia o no somos capaces de formar un nuevo vínculo simbólico con quien se ha marchado; esto es como cuando se extraña más el cuerpo o la presencia física que a la persona. Si el sentimiento de soledad es intenso y prolongado, independientemente del número de contactos sociales que se tengan, es conveniente buscar ayuda profesional. De hecho, esto vale no sólo para la soledad, sino para cualquier emoción, sentimiento o dificultad para avanzar en el proceso. Lo ideal es buscar a un profesional de la salud mental que esté adecuadamente formado y actualizado en procesos de pérdida y duelo.

¿Qué vimos en este capítulo?

O Si bien ya vimos que el duelo en realidad no termina, sabemos también que su parte más incapacitante, por así decirlo, no debería ir más allá de los 6 meses y su parte aguda no durar más de 1 año. Si te sientes peor que el primer día, realmente no avanzas en ese lapso o no puedes retomar tus actividades, relaciones y responsabilidades cotidianas de manera razonable, existe el riesgo de que estés cursando por un posible Duelo prolongado, lo que conviene que sea evaluado por un especialista.

O Distintas pérdidas muy cercanas en el tiempo pueden complicar porque aún no ocurre la adaptación de una pérdida anterior cuando aparece una nueva.

O La dependencia de la persona ausente, la relación que se tenía con ella y la forma de la muerte pueden ser factores que hagan más difícil el tránsito por el proceso de duelo.

O La culpa puede ser un factor que nos estanque en el proceso de duelo. Es necesario reparar de forma simbólica los errores o fallos, reales o percibidos, y otros asuntos pendientes que hubiera con la persona ausente. Perdonar o pedir perdón puede ser una manera para lograrlo.

O Aislarte o quedarte sin ayuda cuando la necesitas suele ser un factor que juega en contra del proceso de duelo. Es verdad que las pérdidas pueden ser personales, pero los seres humanos las hemos elaborado y transitado por el duelo con el apoyo de nuestros grupos familiares y nuestra comunidad.

Ejercicio sugerido para este capítulo

Aquí hay un ejercicio que te va a parecer un poco extraño y a algunos que no entienden mucho de esto les puede poner los pelos de punta, pero confía en que tiene un valor terapéutico para ti.

Ya hemos visto cómo hay muchas cosas que puedes hacer para ayudarte en cada una de las tareas del duelo, pero a veces también es importante tener claro qué cosas no deberías hacer, así que veamos:

En una hoja de papel o libreta escribe todas las cosas que podrías hacer o dejar de hacer, pensar o dejar de pensar, decirte o dejar de decirte, si quisieras voluntaria y deliberadamente empeorar tu situación actual.

Por ejemplo, podrías escribir algo como esto:

- No salir de la cama para ir a trabajar.
- Dejar de asearme o lavarme los dientes.
- Vivir en el cementerio.
- Creer que ya no hay esperanza para mí.
- Seguirme culpando porque no estuve presente en el momento de la muerte.
- Dejar que mi resentimiento crezca.
- Aislarme y ya no ver nunca a nadie.

Trata de encontrar tantas cosas como te sea posible y pienses que te podrían hacer sentir peor en tu situación actual. Una vez que tengas completa esta lista, ponla en un lugar visible y/o lleva contigo una copia. La idea es que tengas presente los elementos de esta lista para evitar caer en ellos o salir rápidamente si te das cuenta que estás actuando alguna de las cosas de la lista.

Dije al inicio que este es un ejercicio polémico, pero la realidad es que muchas personas queriendo estar bien, no se dan cuenta de todo lo que hacen o dejan de hacer que los empeora. Esto te hará consciente de ello para evitarlo.

7

Un espacio para la esperanza, el amor y el recuerdo

El pasado no muere nunca. Ni siquiera ha pasado.
WILLIAM FAULKNER, Réquiem por una monja

Cuando se pierde algo material muchas personas dicen que eso es lo de menos porque al final lo material se recupera. Pero la realidad es que no es así, sino que se reconstruye, se rescata lo posible o se genera más de aquello que se había perdido. ¿Cómo se va a recuperar la casa que quedó destruida por un terremoto o devorada por la lava de una erupción volcánica? Se puede entonces construir otra casa; más bonita incluso si se quiere ver así, pero ya no es la misma. Lo mismo puede pasar cuando se pierden los ahorros de una vida; ya no se recuperan, se pueden generar nuevos recursos haciendo cosas extraordinarias para ello. Y sabemos además que la casa, un cuadro o el dinero representan mucho más que una serie de ladrillos, pigmentos y el valor monetario que tienen, ¿no es así? Algo más hemos depositado en aquello que nos costó tanto obtener o que obtuvimos como herencia de alguien más. Si todo esto es cierto, incluso con lo material, se torna más palpable con la pérdida de alguien amado.

Entonces la esperanza a veces no consiste en recuperar, sino en reconstruir un vínculo, rescatar un recuerdo y generar una nueva forma de vida y de relación con quien se ha marchado.

Claro que duele perder, pero a pesar de eso la mayoría de las personas, aquellas que miran esto más como un desafío que como una maldición, se abren paso a través del camino de la tristeza hacia la vida. Pero, ¿qué nos puede ofrecer ya la vida cuando tanto se ha perdido?, algunos se preguntarán. La esperanza, el amor y la presencia del recuerdo, diría yo.

La esperanza

La esperanza se define como el estado de ánimo que ocurre cuando se considera que aquello que se desea es alcanzable. Es tener razones para creer que algo que deseamos puede suceder. Entonces la cuestión es en dónde estamos poniendo la esperanza. Por ejemplo, ante una enfermedad grave y terminal, la esperanza se pone primero en que el diagnóstico inicial sea erróneo; luego, en que habrá un tratamiento eficaz; después, en que ocurrirá un milagro. Finalmente, en que no haya sufrimiento para el que la padece y luego en que alcance la paz final.

Por ahora, para los que nos quedamos "de este lado", la esperanza entonces no debería estar en que quien se ha marchado regrese de la misma manera o en que el tiempo dé marcha atrás, lo cual no implica que tenemos la esperanza perdida. Como se sufre perdiendo, eso nos mueve a pensar en cómo salir del otro lado y aprender a vivir con la pérdida. Esto no significa necesariamente terminar nuestra relación con quien físicamente está ausente; en muchos casos seguimos relacionándonos con quien se ha ido en la medida en que continúa influyendo en nuestros gustos, decisiones y valores; es así que la relación que tenemos con quien se ha ido continúa en la memoria y en lo simbólico. Por supuesto, ninguna relación después de la muerte puede continuar exactamente en los mismos términos que antes, de eso no deberíamos tener esperanza, sino de establecer una nueva forma de relacionarnos.

Ya sabemos que inmediatamente después de la pérdida, algunas personas podrían declarar que ya no hay esperanza, que ya nada importa y que lo han perdido todo. Es comprensible en algunos este sentir si fueron arrojados al pantano de la tristeza aparentemente sin esperanza alguna. Sin embargo, conforme nos vamos moviendo a través del camino, vamos encontrando razones para seguir. La esperanza entonces se vuelca a querer que este dolor termine y salir del otro lado de la tristeza, a reencontrarte con la esencia o alma que no sabías que perdiste y a que la memoria acerca del ausente perdure mientras tú vivas. Alguien en terapia me decía: "Voy a salir adelante por mi madre, porque ella así lo hubiera querido. Ella será mi motor". Yo validé totalmente este sentir, porque eso era lo que ella necesitaba sentir y decir en ese momento. Eventualmente se fue dando cuenta que, además de cumplir eso que en su momento había dicho, también estaba saliendo adelante por sí misma, porque había muchas cosas que quería hacer y tenía una vida por vivir a pesar de la ausencia. Algunos escuchan como algo egoísta o sienten culpa al decir, "esto lo quiero hacer por mí", "quiero estar bien por mí" o "tengo que seguir adelante". Esto quizá porque para ellos eso representa decir implícitamente que quien se ha ido no era tan importante y no hace tanta falta. De ninguna manera; claro que es importante y claro que sigue haciendo falta, pero a pesar de eso, a pesar de la fortaleza que se necesita, necesitamos seguir avanzando. Por nosotros, por quien se ha marchado y por otros que se han quedado.

Si sientes que la pérdida se ha llevado también a la esperanza es comprensible que creas eso. Es verdad que la esperanza de que lo ocurrido no hubiera pasado ya no está y eso hace parecer que toda forma de ella se ha marchado para siempre y ya no volverá. Pero como dije, la esperanza se va depositando en distintos lugares conforme la realidad se desenvuelve. Otras personas no sienten que se haya perdido, sino que ahora no la encuentran y es precisamente cuando más la necesitan. Pero no siempre es cuestión de encontrarla, sino de crearla a través de aceptar tanto lo incambiable como lo posible. Lo incambiable de la pérdida no es la resignación pasiva donde uno dice, "pues ya no se puede hacer nada", sino la serenidad rodeada de nostalgia de dar por perdido aquello que se fue, pero sin tener que perderlo todo. Ahí es donde lo incambiable y lo posible se encuentran como el río se encuentra con el mar, que durante un momento es claro dónde terminan las aguas de uno y empiezan las del otro, pero poco a poco se empiezan a integrar en una sola.

Aceptar lo posible es darle la bienvenida no sólo a lo que nos ha quedado, sino a lo que a partir de la pérdida hemos creado y permitido que se cree. La esperanza del recuerdo, de la memoria del corazón y, para muchos, del encuentro en algún momento cuando sea nuestro turno de marcharnos. La esperanza de mantener una forma de relación, de sentir que la otra persona sigue siendo importante para nosotros y, por qué no decirlo, a veces también sentir que de alguna manera seguimos siendo importantes para ella. Tanto que hay quien siente que por ahí está, cuidándonos, acompañándonos o guiándonos por el camino. Si quieres verlo de otra manera, la esperanza es que su recuerdo y muchos de sus actos y palabras vivirán con nosotros por el resto de nuestra vida.

La esperanza de nuestra propia inmortalidad

Uno de nuestros grandes miedos existenciales es el miedo a la muerte. Por supuesto no todas las personas reconocen que lo tienen, pero por ahí anda. La conciencia de nuestra vulnerabilidad, fragilidad y mortalidad nos provoca una especie de angustia que se revive cuando alguien cercano, conocido o contemporáneo muere. También aparece con la enfermedad o la vejez. Luego están los conocimientos que la ciencia nos ha dado, nos revelan todas las formas que tenemos de morir y nos arrebatan la posibilidad de apaciguar a los espíritus, volcanes o dioses con ofrendas para conjurar a la muerte y el sufrimiento. Para hacer frente a esta angustia solemos recurrir a la negación, a la idea de que alguien que viva sea nuestro legado y nos recuerde, o que llegaremos a un lugar mejor. La esperanza entonces es poner un orden al caos, no morir del todo y hacer lo correcto para que, llegado el momento, alguien también lo haga para nosotros. Claramente nuestra trascendencia es limitada; es decir, salvo que por alguna razón logremos los alcances de Gilgamesh, Ramsés II o la "Eva mitocondrial", en unas cuantas generaciones no mucho de nuestro legado genótico sobrevivirá en nuestra descendencia y nuestros logros y nombre serán olvidados. Por ejemplo, al parecer la especie humana tiene unos 300,000 años de habitar en la Tierra, pero ni siquiera conocemos el nombre de nadie antes del 3,200 de nuestra era. Algunos puede que conozcan algo de su árbol genealógico, pero la mayoría no tenemos mucha idea de dónde venimos hace 5 o 6 generaciones; es decir, quién era la madre, de la madre, de la madre, de la madre de mi madre. Y somos de su familia.

Pero no se trata de vivir con esta angustia a flor de piel; no es posible, así que por eso tenemos la esperanza de que nosotros también encontraremos en los que se quedan una forma de seguir viviendo por más tiempo del que nuestro cuerpo lo hace. Pero supongamos que tú no estás interesado en esa inmortalidad transitoria, ¿no querrías otorgársela a quien hoy se ha marchado manteniendo su recuerdo y su vida a través de tu memoria?

El amor

> *Pasará. Verás. Siempre pasa cuando hay amor.*
> *He tenido mucho dolor en mi vida, y míranos ahora.*
> *Nada puede cambiar lo que ha sucedido,*
> *pero podemos avanzar.*
> SUE WHITING, El libro de la casualidad.

No sufrimos las muertes de todos, ni siquiera la de todos nuestros ancestros, probablemente no podríamos. Lloramos las muertes sólo de aquellos con quienes tenemos un vínculo amoroso, una relación que es central para nuestra comprensión de nosotros mismos y de lo que es más importante para nuestras vidas. La muerte de alguien que es esencial para nuestro pasado y nuestro futuro naturalmente causará las emociones dolorosas asociadas con el duelo.

Entonces podríamos decir que el dolor de la pérdida y el tránsito a través de la tristeza es en realidad un profundo deseo de reconexión. Estamos tristes, lloramos y nos lamentamos no porque tengamos la certeza de que quien ha muerto está en un mal lugar, sino porque añoramos la presencia y llamamos de esa manera al ausente para que regrese. Pero no puede hacerlo. La conexión anterior ya no existe, como aquella casa que mencioné en el ejemplo al inicio de este capítulo, entonces tenemos que rescatar lo posible y construir otra nueva, diferente, pero posible. ¿Qué es el amor sino la conexión con alguien, el vínculo que hemos formado con esa persona? La muerte parece que lo rompe, lo elimina, pero no es del todo así. Donde parece que nada se puede recuperar está el recuerdo de lo que fue, las mejoras que podríamos hacerle a lo que será y la presencia simbólica de quien físicamente se ha marchado. ¿Recuerdas la cuarta tarea del duelo del capítulo 4? Reconociendo lo doloroso de la pérdida tenemos que encontrar la forma de amar, valorar y hacer nuestros los aspectos que del otro hemos internalizado, que forma parte ya de nuestra vida. Como dije en su momento, quien se va se lleva parte de nosotros, pero también nos deja mucho más que dolor y tristeza ¿estás de acuerdo?

Una vez leí un breve artículo en internet que decía que el duelo es el amor sin lugar a donde ir; que cuando pierdes a alguien, tienes todos estos sentimientos que ya no tienen destino. Yo no estoy de acuerdo con eso. Por supuesto que hay destino para el amor y es la misma persona a la que se sigue amando. Claro, si se ama sólo al cuerpo o a la persona tal y como era, es posible que ya no la encontremos y eso nos da la sensación de que no hay a quien amar, pero creo que ahora podemos abrazar la perspectiva de una presencia distinta, ¿no es así? Hace ya muchos años una mujer que sufrió la pérdida de su hija pequeña me decía: "Amor para qué, si ya no se lo puedo dar a nadie". Pero yo considero que hay una forma de amor que va más allá del cuerpo físico y de la vida biológica. Hay una forma de amor que es más expansiva, más amplia y más trascendental; es la que no requiere de objetos ni de cuerpos para manifestarse o sentirse, sino que es, por así decirlo, un amor más infinito. Es cuando se ama lo posible y se deja de anhelar lo que ya no se puede ser. Se acepta la no existencia física y se le da la bienvenida al recuerdo, al alma y al hecho de que nunca dejaremos de pertenecernos y formar parte de un gran linaje que trasciende el tiempo. Entiendo perfecto que esto para algunos, en este momento, no les parezca suficiente, pero es lo posible.

Si la única manifestación del amor que sostenemos como cierta es aquella que depende de vínculos físicos, de besos, caricias y presencia, entonces incluso desde antes de la pérdida estábamos muy limitados. Y no digo que todo lo anterior no sea importante, pero esa es solamente una manera posible de manifestar el amor, no la única. ¿No se puede seguir amando a quien se ha marchado? De hecho, por eso duele, porque el amor no acaba, sino que pasa por una especie de metamorfosis dolorosa donde tenemos que aprender a querer a la persona así como es. Se ha convertido ahora en recuerdo, símbolo, alma o presencia no física en nuestra vida. El amor se manifiesta cuando se sigue amando a pesar de los cambios. ¿No muchos le preguntan a un ser querido si les seguirán amando cuando se hagan viejos? ¿No cabría entonces la pregunta de si me seguirás amando cuando haya muerto, cuando ya no tenga cuerpo, cuando ya no puedas abrazarme o tocarme ni escuchar mi voz? Quizá muchos responderían a este último cuestionamiento con un, "no digas esas cosas" o "no pienses en eso". Pero, y si sí lo piensas, ¿qué responderías?

Luego hasta se dice comúnmente "no somos nada", somos polvo y al polvo hemos de volver y que una vez muertos, nada queda de nosotros. Si se quiere ver así, podríamos decir que sí, somos polvo, materia orgánica o átomos, pero no somos sólo eso. Somos también seres que tenemos una vida afectiva, una vida de relación y una vida consciente, por así decirlo. A veces decimos que somos seres espirituales y muchas otras definiciones simbólicas según nuestra manera de representarnos. Somos hijos, hermanos, amigos y a veces padre o madre. ¿Cómo podemos entonces realmente tragarnos el cuento de que no somos nada? De que todo se ha perdido. Por eso sostengo que es el amor, los vínculos y las relaciones que forjamos lo que la muerte no puede destruir mientras haya alguien que nos recuerde y siga viviendo para llevar ese recuerdo, legado y herencia humana más allá de nuestra partida. Por eso no considero digno abandonarse a la tristeza porque es una forma de abandonar a quien se ha marchado. Pasar por su pantano es inevitable pero no quedarse a vivir en él. Y menos digno todavía decir que lo que nos ha dejado no nos alcanza para seguir adelante en el camino de la vida. Es decirle al ausente: "No es que no te necesite y que no te haya querido, es que necesitándote como te necesito y queriéndote como te quiero, tu presencia simbólica, en mi mente y mi corazón, son parte de mi fortaleza personal para seguir adelante".

Entonces no necesitamos ADN, árboles genealógicos, flores o tumbas para mantener y sentir la presencia permanente de nuestro ser amado en nuestras vidas. Todo eso existe y está bien, por supuesto, pero es el amor el que permanece, el vínculo amoroso es lo que nos mantiene unidos. Y no hablo, evidentemente, del amor que reclama la presencia o los objetos y fechas significativas para manifestarse. Hablo de ese amor que, como dije, se da y se recibe sin la necesidad de nada más que saber que hemos estado y seguiremos estando conectados como sea posible. Es el amor que no es derrotado por la muerte y al que el olvido no lo puede alcanzar. No es el amor que se arma de enojo para buscar justicia, el que se viste de negro para ser reconocido o el que toma sustancia a través de las lágrimas. Es un amor más sereno, menos arrebatado; el que busca la paz y estar en paz, aunque haya deudas entre nosotros no saldadas. Es un amor humilde y generoso a la vez. Por ejemplo, ¿de qué sirve una ofrenda de día de muertos si no se hace con la intención de manifestar nuestro amor por quien se ha marchado y en ese día "vuelve" para visitarnos? Y no estoy en contra del folclore y los concursos de ofrendas, pero pienso que algo más digno y amoroso es hacer cosas que verdaderamente tengan un sentido ritual, al menos para nosotros y para el que se ha marchado; que vayan mucho más allá de lo vistoso.

Es el amor de todos los días, el que se incorpora a la vida cotidiana y no precisa de un día especial o lugar para manifestarse. Es el que nos permite darle la bienvenida al ausente a nuestra vida, así como es, porque es lo posible. Por amor se puede sublimar la pérdida y hay quien le da sentido constituyendo una fundación de ayuda, haciendo donaciones, incluso de órganos, u ofreciéndose como voluntario para ayudar a otros que lo necesitan. Todo en el nombre del amor y para hacer que ese amor tenga sentido y se haga expansivo.

Pero no soy ciego al hecho de que en el transcurso de una relación suele haber claroscuros entre dos personas. Acuerdos, desacuerdos, similitudes y diferencias. Quizá en algunos momentos enojo, resentimiento, remordimiento o culpa. No voy a sugerir que la muerte todo lo limpia y el amor todo lo salva, porque no siempre a cada instante y momento todo fue "miel sobre hojuelas". Pero sí creo que se precisa del amor para renunciar al cobro y pago de cuentas pendientes, cuando las hubo. Como ya he mencionado, a veces estamos muy enojados con el ausente por haberse marchado, por habernos dejado. Es quizá entonces momento de recurrir al perdón.

El perdón

Recordar eventos dolorosos puede ser difícil,
pero para seguir adelante debes reflexionar sobre el dolor,
aceptar que sucedió, no poner excusas por el comportamiento
o el daño causado, perdonarte a ti y a los demás involucrados,
romper el ciclo, mantener la fe y encontrar una manera de
reconstruir tu espíritu quebrantado.
GERMANY KENT, periodista y escritora.

Hablar aquí del perdón es hacer referencia a aquello que pudo pasar entre dos personas que tenían alguna relación y no con personas que de forma dolosa o imprudente pudieron causar un daño. No porque a esas no se les pueda perdonar, sino porque quien debería hacerlo o no, ya no está para ello. Yo sé que algunos se asumen con el derecho de decidir si perdonan o no en el nombre de otro, pero quien sufrió el mayor daño es quien pierde la vida y pierde todo lo que eso conlleva. Ya en el capítulo anterior dije que el resentimiento y el rencor pueden crear complicaciones en el proceso de duelo y en el capítulo siguiente de preguntas y respuestas toco algo al respecto. Por eso hablar del perdón aquí tiene que ver con lo ocurrido entre tú y tu ser amado que se ha marchado.

La palabra perdón significa regalar totalmente algo que alguien nos debe. Es la cancelación de una deuda, la renuncia voluntaria del supuesto derecho que tenemos a cobrar porque alguien nos hizo algo. "Me la vas a pagar", dicen algunos como amenaza a quien los ha lastimado, ¿no es así? Pero ante la pérdida, ¿qué deuda debe cobrarse o pagarse? ¿Para qué? ¿Quién se beneficia del "cobro"? No es que lo que pasó se olvide o que sea el famoso "borrón y cuenta nueva", porque nada importante se borra realmente. Claro, uno podría empeñarse en esto de "me la debes" o "te la debo" y vivir entonces con el resentimiento o con la culpa. Por cierto, resentimiento y culpa son dos sentimientos que no siempre van ligados con hechos objetivos de lo que ha ocurrido; pero, aunque sí lo fueran, no dejan de ser sentimientos y son subjetivos. Podemos decir que un sentimiento se compone de una emoción y un pensamiento. Si sabemos que las emociones cesan, por así decirlo, cuando han cumplido su función, ¿por qué parece que el resentimiento y la culpa pueden durar incluso años? Es el pensamiento el que alimenta a ambos sentimientos. Lo que nos decimos, lo que nos permitimos decir, mejor dicho, y lo que permitimos que nuestra mente nos diga de aquello que pasó. Las historias e historietas que nos contamos, rumiar es la palabra; la rumiación mental es el proceso en el que se produce una cadena de pensamientos excesivos, negativos y repetitivos sobre un tema. En suma, el darle vueltas y vueltas al asunto, hace como un surco en la mente y luego ya no podemos salir de ahí.

Perdonar no es olvidar, pero a veces sin perdonar, o sin pedir perdón, como que falta que algo acabe de acomodarse para seguir con menos peso a lo largo del camino, pero principalmente para hacer el tránsito más armonioso. Por ejemplo, se puede perdonar o pedir perdón para liberarse de forma personal de la culpa o el resentimiento, pero eso podría ser visto como una forma egoísta de hacerlo, ¿no es así? Es como decirle al que se ha ido: "Te pido perdón o te perdono para ya librarme de esta culpa o este resentimiento que me carcome". Pero si liberarse personalmente de ese malestar es la única motivación, ¿cómo se beneficia la relación de que sólo uno de los dos se sirva del perdón? Por eso el perdón tiene como objeto central la intención de reparar un vínculo dañado; es como una declaración de intención que marca el inicio de un camino hacia la posibilidad de ya no tener que llevar el pasado hacia el futuro. Liberarse de la culpa o resentimiento entonces es resultado de la reparación y no al revés.

¿Cómo perdonar a quien nunca me pidió perdón o cómo pedir perdón a alguien que se ha ido?

Cuando alguien ha muerto, obviamente no puedes confrontarlo por sus errores o hacer que te perdone por los tuyos. Tampoco se hace necesaria una especie de "confrontación directa", como cuando se le escribe una carta a quien se quiere perdonar o pedir perdón. No digo que no sea útil algo así, pero no es el único camino y ni siquiera sé si realmente sea el mejor, por más que muchos utilicen técnicas así. De lo que hablo es de un perdón simbólico e indirecto, por así decirlo.

Por principio de cuentas es muy complicado sentir el perdón del otro cuando tú mismo no te has perdonado. Lo mismo pasa cuando tratas de perdonar a quien se ha marchado, todo se complica cuando no reconoces la parte que te toca de responsabilidad en lo que ocurrió o, si verdaderamente no la hubo porque en aquel momento eras un niño o niña, y sigues alimentando el resentimiento con pensamientos revictimizantes hacia ti. Entonces, por mucho que parezca que pedir u otorgar un perdón siempre es hacia otro distinto a nosotros, deberíamos empezar por hacerlo con nosotros. Perdonar a nuestro "yo del pasado" por los errores u omisiones cometidas. Reconocer que quizá no pudimos o supimos poner límites a tiempo no sólo para no salir lastimados, sino para evitar que la otra persona, si es el caso, lo hiciera. No hay forma de sentir el perdón de nadie, presente o ausente, si tú insistes en castigarte erigiéndote en fiscal, jurado, juez y verdugo. Tampoco es de ayuda si haces esto con quien se ha marchado y ya no puede explicar qué le llevó a actuar de la manera que lo hizo. Incluso aunque estuviera es probable que tampoco lo supiera explicar porque mucho de lo que hacemos que lastima proviene del inconsciente en gran medida.

El perdón que necesitamos aquí es más simbólico; no se trata de perdonar una por una cada falta, sino de albergar un sentimiento de amor hacia el otro o hacia ti mismo, según sea el caso, y con generosidad, compasión y fortaleza declarar que lo que buscas es la paz interior verdadera y la armonía dentro de la relación que ahora puedes estar construyendo con quien se ha marchado.

No es que no puedas reconocer tu sentimiento de culpa o enojo hacia quien se ha ido, al contrario. Se trata de reconocer lo que te duele, lo que sientes y lo que ha pasado, pero no quedarse rumiando en ese espacio. Esa es otra forma de quedarte estancado en el duelo; la culpa y el resentimiento se vuelven un distractor más en el avance por el camino, ya lo vimos en el capítulo anterior. La ira puede ser útil, pero se convierte en un problema cuando no se resuelve y comienza a inhibir tu capacidad de aprender a vivir en un mundo donde la ausencia se ha hecho presente.

Perdonar no es eliminar el mal que alguien hizo, ni significa que justifiquemos o excusemos a alguien por lo que ha hecho. Incluso recuerda que ese "alguien" a quien me estoy refiriendo puede ser quien se ha ido, pero también podría ser aquel tú del pasado que lastimó, si es el caso. Pero considera lo siguiente si te es de ayuda:

Puedes decidir no perdonar lo que ha pasado, pero sí perdonar a quien cometió aquel acto.

Puede sonar extraño, ¿no es así? Y suena así porque estamos acostumbrados a empaquetarlo todo; es decir, si alguien hizo el mal, entonces es malo. Si alguien es malo, no puede hacer otra cosa que el mal. Pero esto no siempre es verdad; hay quien lastima sin la intención de hacerlo y hay quien, queriendo hacer un mal, no le resultan los planes como pensaba. Entonces, no se perdona el hecho de un error médico, pero se perdona al ser humano que lo cometió. No se perdona un atropellamiento, pero se puede perdonar al que atropelló. No se perdona el hecho de no estar presente para despedirse, pero se perdona a aquel que no pudo hacerlo no por falta de voluntad, sino por las circunstancias del momento. No se perdona la mentira, se perdona al que ha mentido producto del miedo o de su manera distorsionada de obtener lo que deseaba. Es complicada esta perspectiva, incluso podría ser hasta imperfecta, por supuesto. Tampoco espero que sea aplicable en todos los casos, pero al final es un camino posible si te es de ayuda. Piénsalo.

Al menos si en este momento tu pérdida es reciente y te sientes envuelto en una densa capa de culpa o resentimiento, deja pasar un tiempo antes de seguir alimentando lo que mantiene vivos esos sentimientos y demora un poco el actuar, en este caso movido por ese tipo de dolor. El perdón no es obligatorio, por supuesto, ni para ti mismo ni para el que se ha marchado. Como suelo decir en mi Taller del perdón: "No hay orgullo en perdonar, como tampoco hay vergüenza en decidir no hacerlo si se siente que no se tiene la fortaleza necesaria para ello". Entonces, lo repito, no es obligatorio, pero puede ser conveniente. Y lo digo porque no estamos hablando de la posibilidad de un perdón ordinario, sino de aquel que se da entre una persona que ha muerto y otra que sigue viva. Es un perdón que puede abrir el camino de la reparación entre ambos o su ausencia puede hacer que la culpa y el resentimiento te acompañen con fuerza el resto de tu vida. Lo que quiero decir aquí es que a veces conviene que despojemos al perdón de su revestimiento de moralidad, lo que es bueno y lo que es malo, y mantengámoslo, al menos para nuestros fines, en el dominio de lo que hace bien.

Entonces, bajo esta perspectiva perdonas porque quieres, en toda la extensión de la palabra. Quieres, es decir tienes el deseo y quieres, es decir amas o te amas. Y en este momento quizá estés pensando que quieres, pero que no sabes cómo lograrlo y esto es por pensar en aquello de las vetustas fases del duelo, que hay una forma "correcta" de hacerlo. Algunos dicen que hay una forma "correcta" de rezar u orar, por ejemplo, y si no se hace de tal o cual manera, pues entonces las oraciones no valen o no son escuchadas. Entonces quien siente que no lo está haciendo de manera correcta, puede optar por no hacerlo del todo. Lo mismo puede pasar con el perdón, a veces por creer que no sabemos cómo hacerlo entonces ya no perseveramos o pensamos que no tiene caso. Todo se empeora cuando además piensas que nadie te escucha "del otro lado".

Por eso insisto en un perdón simbólico y amplio, no en uno que reúna en un catálogo todas las faltas y ofensas cometidas y recibidas. Y cuando digo amplio no estoy diciendo que digamos en voz alta "te perdono por todo lo que me hiciste o perdóname por todo lo que te pude haber hecho", no es así. Un perdón amplio es ir más allá de los actos cometidos, ¿lo recuerdas? "Puedes no perdonar lo que ha pasado, pero perdonas a la persona". Entonces vas más allá de lo que ocurrió, traspasas esa cortina y miras a la persona y te miras a ti junto a ella. Te das cuenta de que la mayoría de nosotros actuamos desde nuestras limitaciones y no desde la maldad pura. No digo que no haya quien lo haga, digo que es muy poco común realmente toparse con alguien así. Y aun detrás de esa maldad y esa locura que pudiera existir, está alguien que actuó desde su distorsionado pensamiento. Pensar así no quita el dolor de lo ocurrido, pero te ofrece la posibilidad de considerar al perdón como un camino.

Te sugiero hacer un breve ejercicio para el perdón. No como tradicionalmente se concibe porque, como he dicho, en este caso se trata de algo que se siente y te hace expandirte cuando lo alcanzas. No creo que se pueda hacer en una sola sesión, más bien es algo que se hace gradualmente.

Breve ejercicio de visualización para el perdón

Para este breve ejercicio, puedes leer antes el texto que está a continuación para que a tu ritmo y a tu manera vayas visualizando según recuerdes lo que has leído, pero también puedes visualizar mientras lees.

Colócate en un lugar tranquilo donde dispongas de algunos minutos para ti. Si es necesario avisa a otros que estén en casa que vas a hacer algo privado y si necesitas apoyo los llamarás expresamente. No me gustaría que hicieras este ejercicio en posición acostada, mejor en una silla donde puedas tener la espalda recta. Asegúrate también que tu teléfono móvil se encuentre en modo avión o al menos en silencio total. Ahora toma una respiración profunda y vamos a leer:

Visualiza que vas por un camino; puede ser un camino que conoces o un camino que no conoces, eso no es tan importante. Te pido que pienses cómo ese camino te va a llevar al encuentro con aquella persona ausente con la que pudiste haber tenido un conflicto, que te lastimó o que sientes que le fallaste o le trataste injustamente. Andando ese camino puede ser que veas algunas cosas a los lados, pero eso no es lo que estás buscando, porque aquello para lo que has venido es para encontrarte con alguien y pensar en el perdón, ¿no es verdad?

El camino sigue, pero de pronto miras algo justo en medio del camino. Es como imaginar que topas con el acto que provoca culpa o resentimiento. Como si al cerrar los ojos te imaginas que llegas frente a una entidad terrible, quizá una monstruosa pared que tiene sobre ella garabatos con mensajes tan aterradores como repugnantes. Es una pared verdaderamente grande y terrible y no ves manera de cruzarla porque no hay puertas o ventanas hacia el otro lado. Pero imaginando eso, sabes que más allá de ella, del otro lado, está lo que estás buscando, el encuentro con esa persona. Esa persona que ahora está libre de todas las limitaciones que en vida le aquejaron y que tú, si te encuentras con ella del otro lado, también habrás dejado en esa pared las tuyas. Imagina ahora mismo lo que parece imposible: empiezas a sentir tu cuerpo muy ligero, tan ligero que es muy liviano y por lo tanto fluido. En esta condición tu cuerpo no se vuelve un peso sino un vehículo que te transporta. Entonces, te mueves hacia la pared y empiezas a cruzarla como quien cruza sin ninguna dificultad una barrera etérea. Al cruzarla, sin darte cuenta, vas dejando sobre la pared todo lo que te limitaba, todo lo que te hacía actuar de maneras muy distintas a lo que te habría gustado o considerabas bueno. Entonces dejas en ese muro todo lo que ya no necesitas llevar contigo y no te quedas dentro del muro, sino que llegas del otro lado. ¿Lo ves? Al muro no hay que perdonarlo porque no necesita ser perdonado, pero al cruzarlo te encuentras con aquella persona que, como tú ahora, se ha liberado de ciertas limitaciones y ataduras. También las dejó en esa pared al cruzar. Pensando en esto y pensando en que ahora ambos son más ligeros, mucho más livianos, piensa: ¿Qué les impediría ahora perdonarse cuando se miran más allá de todo aquello?

Entonces recuerdas que uno no perdona actos, uno perdona personas, y eso es lo que has venido a hacer de este lado, por eso te despojaste al cruzar de ataduras y prejuicios, de culpa y resentimiento, al menos durante el momento de este encuentro, pero yo me pregunto por qué querrías recuperar todo eso tan desagradable después. Has cruzado y te encuentras con aquella persona y puede ser un encuentro muy emotivo o un encuentro distinto a eso, no lo sé. Lo que sí sé, es que es un encuentro importante y libre de todo aquello que provocaba conflicto. Incluso ninguno podría lastimar al otro porque ni hay posibilidad ni hay intención de hacerlo. Ahora sus corazones también son más ligeros. ¿Lo sientes?

Pero ya estando del otro lado surge una pregunta, ¿es necesario todavía perdonar o basta con mirarse luego de haber dejado sus limitaciones para alcanzar la armonía y la libertad? Efectivamente no perdonas lo que pasó, perdonas a la persona. Perdonas y te perdonas de ser el caso. Perdonan y se liberan, fluyen antes de ir cada uno a un lugar distinto, el lugar desde donde cada uno va a estar de ahora en adelante y cada uno en presencia simbólica para el otro. Siempre pueden volver, cruzar la pared, dejar aquello residual que se haya quedado y volverse a encontrar, porque ahora ya no te detienes en esa horrenda pared llena de garabatos y cosas desagradables; ahora vas más allá, al territorio de las posibilidades para ambos, ¿no es así? Si está bien para ti, quédate en este momento con esta nueva sensación de poder, de cruzar y llegar a donde necesitas; cruzando como quien cruza sin ninguna dificultad una barrera etérea. Y cuando sientas que es adecuado, toma una respiración profunda y sigamos adelante, aunque recuerda que siempre que sientas que lo necesitas puedes volver a este camino; ahora ya sabes cómo hacerlo y lo que debes hacer.

¿El perdón nos lleva a una especie de reconciliación?

Suena bien, pero no necesariamente es la idea. Se puede perdonar y no tener que reconciliarse con la otra persona, pero eso suele hacerse en algunas circunstancias con alguien que no ha muerto, como quien insiste en seguirnos lastimando o quien no asume su parte de responsabilidad en un problema. Pero aquí es distinto porque la persona que se ha marchado ya no puede lastimarnos activamente.

Entonces podría decir que no se trata simplemente de hacer las paces con quien se ha ido porque si bien hacerlo tiene un cierto valor, podemos decir que no resulta sencillo alcanzar la reconciliación si antes no hemos reconciliado, dentro de nosotros, aquello que pudo pasar. Pero si te es de ayuda, claro que puedes buscar una reconciliación con la persona ausente a tu manera. Es algo que no hace falta así de puntual y personal, pero tampoco es que sobre, si se decide hacerlo.

Recordemos, lo que se busca con el perdón es crear un espacio de paz, serenidad y más armonioso para ambos. Eso puede ser visto como el resultado de haber hecho las paces, pero permitirse alcanzar este estado de serenidad interior da como resultado no necesitar ya hacerlas porque ocurren de manera natural, pues el conflicto interior desaparece. Es como si en ese nuevo espacio fueran a sentar las bases para la forma de relacionarse el resto de tu vida. ¿Si te fueras a mudar a una casa te gustaría que estuviera sucia o limpia? Bueno, algo así sucede acá. Su relación ha cambiado y la nueva convendría que estuviera lo más libre posible de residuos de la mudanza. Entonces no te concentras en averiguar quién la ha ensuciado o en reclamar al que lo ha hecho, sino te enfocas en la limpieza. Cuando vamos de una casa a otra llevamos cosas que nos son valiosas, pero no solemos llevar en la mudanza la basura de la casa anterior, ¿no es verdad? Para finalizar con el tema del perdón lo podría decir así: no se trata de perdonar o ser perdonado formalmente como tradicionalmente se concibe, sino de crear un espacio entre ambos donde no haya necesidad de mantener o cobrar deudas porque el capital que se ha acumulado entre ambos rebasa cualquier potencial ganancia, cobrada o no, que puede generarse a través de mantener, regalar o liquidar una deuda. Es como renunciar al derecho de cobro no solamente porque seas generoso, sino porque decides invertir tu vida en generar más cosas buenas que en intentar cobrar deudas de aquello que no lo fue.

La gratitud

El mayor tributo a los muertos
no es el dolor sino la gratitud.
THORNTON WILDER, dramaturgo

Por supuesto que la gratitud no cancela el dolor ni acelera el paso por el pantano de la tristeza, en realidad nada lo hace desde su propio lado. Sin embargo, pienso que la gratitud es una gran oportunidad para rendir un homenaje a quien se ha marchado. No me voy a referir al sentimiento de estar agradecidos por lo que ha pasado porque, por más que muchos aseguren que todo hay que agradecerlo, sabemos que a veces cuesta ver las cosas así, especialmente cuando estás pasando por la parte aguda del dolor o incluso más allá de éste. Lo que quiero decir es que no necesariamente tenemos que estar agradecidos por nuestra pérdida o el dolor asociado con ella. Tampoco voy a hablar de estar agradecidos por lo que queda, porque ese tampoco es el objetivo de este libro. A lo que me voy a referir es a la gratitud hacia aquella persona por lo que te pudo dejar en su paso por tu vida. No es agradecer las cosas, ni a las cosas, sino agradecer a la persona.

Y digo que es una estupenda forma de homenaje, pero también algo sanador porque, para agradecer, tienes que mirar aquello que aprecias y valoras de la persona ausente. Eso hace que tu mirada también oscile, por así decirlo. Te quedas un tiempo mirando el camino de la tristeza porque es inevitable, pero al menos una vez al día dedicas unos minutos para la gratitud. No se trata de que encuentres grandes hazañas o cosas memorables como lo único que podrías agradecer, sino recapitular sobre lo cotidiano que, aunque nostálgico para ti en este momento, es una forma de reconocimiento a lo que sí estuvo y a lo que el otro te dejó. Lo que debes evitar es que se arraigue la idea de que nada te ha quedado, que el otro todo se lo ha llevado y te has quedado solo con un vacío.

Después de experimentar una pérdida, tendemos a concentrarnos en lo que ya no tenemos, incluso casi como si nunca lo hubiéramos tenido. Creo que para estas alturas ya nos ha quedado muy claro que mucho ya no está con nosotros, pero cuando queremos lo que no tenemos, desperdiciamos lo que sí; o al menos dejamos de verlo. Por eso pienso en la gratitud como una actitud que forme parte del tránsito por este camino sinuoso. Ya sé que suena extraño hablar de la gratitud cuando se habla de la pérdida y el duelo; es decir, pareciera que nos tenemos que concentrar en lo que estamos sintiendo que puede ser una profunda tristeza o una rabia infinita y efectivamente podría ser así, pero no tendría que serlo del todo si hacemos estos breves espacios para agradecer.

Yo no podría saber lo que tú crees que tienes o quieres agradecer, porque cada uno aprecia distintas cosas de diferente manera. Pueden ser pequeños gestos cotidianos de bondad, amor y apoyo. Cosas que te hacían reír, enseñanzas que te dejó y hasta observaciones de tu forma de ser que hoy puedes revisitar y ver si hay algo en lo que quieras mejorar. Y aunque inevitablemente al buscar no sólo vamos a encontrar recuerdos gratos, también pueden aparecer unos que no lo son tanto, eso sucede porque los recuerdos no son naturalmente selectivos; es decir, recordar cosas que nos dieron alegría y otras que no, es sólo un reflejo de la vida. Pero a pesar de que estamos hablando de la gratitud, no es que hagamos ojos ciegos al hecho de que también hubo tal vez recuerdos desagradables o que nos duele recordar, pero la idea tampoco es que nos quedemos estancados en ellos.

Entonces, para cumplir ese doble propósito de rendir homenaje y oscilar, podemos hacer un breve ejercicio de gratitud. Es un ejercicio que yo le llamo "Te agradezco por". A veces lo que cuesta es empezar a escribir, así que si tenemos un inicio establecido, fluir puede ser más sencillo o al menos nos podemos concentrar en lo importante. Por ejemplo, ahora mismo piensa en tu ser amado y completa entonces la frase. Te agradezco por...

_____.

Si yo tuviera que hacer este ejercicio con mi abuelita que murió a mis 11 años diría: "Te agradezco por todo lo que me has querido", si lo hiciera con uno de mis hermanos que murió en un accidente le diría: "Te agradezco por dejarme en la memoria el sonido de tu voz", si lo hiciera con mi padre le diría: "Te agradezco por contarme tantas historias". Este breve ejercicio lo puedes hacer diario, cada 2 días o una vez a la semana. También cuando sientas que te estás inclinando más hacia el lado de la tristeza o cuando sientas que quieres recordar de una manera diferente a quien se ha marchado. Puedes ir anotando lo que agradezcas en una libreta o simplemente decírselo y sirve que empiezas a conversar así con su presencia simbólica. A veces encontrarás varias cosas juntas y otros días te costará recordar algo; eso es normal cuando estamos tristes. No te esfuerces demasiado, poco a poco otro tipo de recuerdos vendrán si no los evitas. Podrías agradecerle llevando flores a su tumba y eso está bien, pero además de eso, ayuda hacerle saber lo que más le agradeces de manera muy explícita y cotidiana.

Si el perdón puede ser resultado de la serenidad, la gratitud abre la puerta a la alegría. Y entiendo perfecto que alguien piense en este momento que cómo me atrevo a hablar de alegría cuando estamos pasando en medio de algo tan triste. ¿No es eso una falta de respeto al dolor y sufrimiento de quien ha perdido? Pienso que no; de ser así no lo habría mencionado, porque no estoy hablando de la alegría de las carcajadas, sino de la alegría que da hacerse consciente que mucho se ha quedado con nosotros, que nuestro ser querido no muere del todo y que forma parte del amor y la dignidad no abandonar a las arenas del tiempo aquello que fue bueno y compartido entre ambos, ¿no te parece? Con la pérdida de un ser querido, acciones como escribir una carta de agradecimiento, reconocer todas las cosas que amabas y aprecias de la persona, también lo que aprendiste y cómo te cambiaron, pueden ser una herramienta poderosa para la curación y la transformación de la relación hacia una más simbólica pero permanente.

La gratitud une el pasado, el presente y el futuro porque nos permite recuperar lo positivo del pasado, nos conecta con el presente y pone la semilla de un futuro donde haya además recuerdos más gratos y otras historias para que, quien se ha marchado, siga viviendo en ellas, incluso más allá de nuestra partida.

La presencia del recuerdo

Todo lo que tenemos entre nosotros ahora
es una parte llena de recuerdos inolvidables.
GARIMA SONI, Mundo de las palabras

"No quiero recordar ni lo bueno ni lo malo porque duele", me decía una vez alguien en terapia. Y claro que duele al inicio y luego, como ya he dicho, el recuerdo se transforma en nostalgia. Pero duele más cuando aún hay resistencia; es tu manera de recordar lo que hace más doloroso al recuerdo. Incluso si ese recuerdo o presencia simbólica te parece insuficiente es una forma de resistirte, de rechazar lo posible por seguir buscando lo inalcanzable.

Y claramente muchas cosas, lugares, fechas y situaciones abren la compuerta de los recuerdos. Incluso algunos se presentan en tu cabeza sin ningún esfuerzo o voluntad de tu parte. Puede parecer que llegan de la nada mientras caminas por la calle, estás mirando la televisión, leyendo un libro o comiendo la sopa. Pero tú y yo sabemos que no vienen del vacío, sino de haber compartido tiempo de tu vida al lado de quien hoy se ha marchado. Muchos de estos recuerdos son muy transitorios e incidentales, pero otros despiertan en ti emociones y sentimientos verdaderamente intensos. Eso es normal. No podemos apelar a la amnesia porque, de lograrla, se borraría todo vestigio de nuestro ser amado de la memoria y del corazón. Tampoco queremos eso, ¿no es así?

Rechazar los estímulos que te traen el recuerdo que es como agridulce y hasta doloroso nos puede llevar a evitarlos, pero no podemos hacer esto para siempre. Habrá momentos inevitables en donde vengan a ti y luego parezca que se vuelven a guardar, como cuando estamos muy ocupados en otras cosas. Las noches suelen ser muy propicias para la aparición de tales memorias, como si la oscuridad y silencio de los momentos previos al sueño fueran una especie de escenario donde aparecen no sólo recuerdos, sino hasta fantasías de lo que no fue y pudo ser. Eso es normal, pero lo que no ayuda es cuando malignizamos esos recuerdos y pensamientos y le damos demasiado protagonismo a la voz de la culpa, a los "hubiera" o a los "por qué". Aunque es más fácil decirlo que hacerlo, no deberíamos permitir que los recuerdos se conviertan en fantasmas que nos persigan y sí en la oportunidad de mantener un vínculo con quien hemos amado. Claro que me dirás que tú no provocas eso, que simplemente llega a ti y tienes razón, pero lo que digo es que cuando sientas que llega la culpa, el resentimiento o el remordimiento, no los alimentes con especulaciones o detalles macabros y desesperanzadores de lo sucedido. No los sigas como una polilla atraída por la luz que intenta a toda costa alcanzarla sin saber que está malgastando su vida en una tarea imposible. Tan importante es para nuestro estado emocional lo que pasó como lo que nos decimos acerca de lo que pasó; rumiar sin restricción acerca de lo que ha ocurrido no te deja tiempo para recordar a tu ser amado.

Pero recordar no sólo es pensar y dejar que el pensamiento se marche hasta la siguiente vez. Ya sabemos que es pensar y sentir, pero los recuerdos también pueden organizarse, por así decirlo. Las sociedades hemos creado ritos y rituales alrededor de nuestras transiciones más importantes y la muerte es una de las más importantes transiciones de la vida.

Ritos y rituales

Cuando usamos el término "rito", nos referimos frecuentemente a una ceremonia establecida, que se realiza de manera precisa, siguiendo normas, orden y repeticiones. Cuando describimos la manera detallada en que se lleva a cabo el rito, comúnmente nos referimos a los "rituales". Entonces el rito es un acto ceremonial establecido; mientras que los rituales son las acciones que se realizan durante un rito y tienen valores simbólicos.

Normalmente los ritos y rituales tienen una función social que se enseña y se aprende en una cultura, en un tiempo determinado. Es decir, con ellos establecidos sabemos qué hacer en los momentos de transición. Hace años en un funeral se acercó a mí uno de los dolientes principales y me preguntó:

"¿Qué es lo que se reza en estos casos?"

"¿Qué suelen rezar en su familia cuando han sufrido una pérdida?", le pregunté.

"En realidad, hace mucho que no teníamos una pérdida en la familia y por el momento no tengo cabeza para pensar", me respondió.

Yo cerré diciéndole que seguramente alguien en breve comenzaría algún rezo adecuado. No acababa de decir aquello cuando una mujer, que luego me enteré que era una vecina de la familia, comenzó a hacer algunos rezos que más o menos la mayoría fue siguiendo.

Podemos hacer rituales por tradición o porque nos hacen sentido, porque transmiten algo o comunican algo. En general los rituales tienden a ser colectivos, esto es que son llevados a cabo por más de uno en la familia, comunidad o sociedad determinada, pero podríamos tener rituales personales, como cuando durante la pandemia no pudieron hacerse de forma grupal o tradicional y hubo que adaptarse a lo posible. Los rituales no necesariamente son religiosos; también pueden tener un carácter social o, como he dicho, personal. Los rituales grupales o colectivos en el duelo tienen un propósito claro: ayudan a los dolientes a fortalecer sus lazos y reingresar al mundo social después de una pérdida importante. Pero los rituales personales o individuales no hacen tal cosa. ¿Entonces no cumplen ninguna función? ¿Son inútiles? Por supuesto que no; en lo individual un ritual hecho alrededor de la pérdida puede tener el sentido de recordar, rendir homenaje, poner orden, hacer "limpieza", expresar emociones, despedir o incluso mantener la conexión simbólica con la persona ausente o integrarla a una nueva forma de vida.

Cuando pensamos en los rituales que acompañan a la muerte y la pérdida, solemos pensar en funerales, velas, vestirse de negro o hacer algunos rezos o ceremonias religiosas. Aunque la esencia de estos rituales puede variar, en casi todas las culturas existen expresiones de este tipo, pero si no se conocen, no quieren ser seguidos o se necesita algo distinto, podemos crear o seguir otros rituales que nos permitan transmitir el mensaje que se quiere mientras nos ayudan a integrar la pérdida y nos acompañan en el avance a través del camino de la tristeza. Los rituales son muy variados y especialmente útiles cuando te sientes impotente, frustrado o no logras comunicar o incluso entender qué sientes o qué está pasando. Digamos que de alguna manera dan sentido a la pérdida. No te hablaré ahora de ritos o rituales sociales porque estos varían dependiendo tu cultura o lugar de origen, pero voy a darte algunos ejemplos de rituales personales y puede ser que de aquí algo te inspire para elaborar alguno si sientes que lo necesitas:

Algunos rituales que puedes llevar a cabo

- Escribir una carta.
- Encender una vela o veladora frente a su foto.
- Acomodar o seleccionar algunas de sus pertenencias para luego disponer de ellas.
- Escuchar una canción que te recuerde al ausente.
- Ir a ciertos lugares que le gustaban o visitaban juntos.
- Mantener ciertos hábitos o costumbres compartidos.
- Mostrar algunas fotos a otros cuando les cuentas acerca de tu pérdida.
- Cocinar su plato favorito.
- Dedicarle un pensamiento cada mañana mientras bebes un té.
- Dejar una "silla vacía" en su honor durante una reunión familiar.
- Colocar un adorno al árbol de navidad en su nombre.
- Escribir mensajes de agradecimiento a algunos asistentes al funeral.
- Aprende y/o realiza alguna manualidad conmemorativa; quizá algo con su nombre que puedas poner en la casa.

Seguramente pensarás que hacer algunas cosas "te van a poner triste", como lo de escuchar la canción; la realidad es que sólo hacen consciente tu tristeza, pero te permiten tener una forma adicional de canalizarla, si sientes que lo necesitas o las emociones se te "atragantan". No digo por supuesto que hay que escuchar 24/7 la misma canción una y otra vez, sino que se haga en ciertos momentos y con la intención de recordar (aunque ya sabemos que realmente nunca olvidamos).

Pero los rituales, especialmente los colectivos, religiosos o sociales deben ser voluntarios y seguidos de la manera que sea posible. Hay perspectivas y hasta mandatos muy rígidos en cuanto a esto y, por ejemplo, si a alguien le dicen que está haciendo mal el ritual, pues hasta se le quitan las ganas de hacerlo o algo peor.

Una vez llegó al consultorio una mujer que estaba muy mal por la reciente muerte de su madre. Evidentemente se estaba adaptando a la ausencia física y ya sabemos que ese camino es doloroso. Pero una de las cosas que más la atormentaba es algo que pasó a los pocos días del funeral. Resulta que una tía, hermana de su mamá, vivía en otra ciudad y no había podido llegar a tiempo al velorio y entierro. Cuando finalmente llegó, fue a visitar la tumba y le pidió a mi paciente que le contara cómo habían sido los servicios fúnebres. Le preguntó si hubo flores, si habían rezado tal o cual responso y si el sacerdote había dicho algunas palabras. Le preguntó si habían encendido el cirio y si habían hecho algunas guardias de honor. Todo fue respondido afirmativamente por mi paciente, excepto una cosa: "Cuando mi tía me preguntó si habíamos puesto la cruz de cal bajo el ataúd, yo me quedé muy sorprendida porque nunca había escuchado algo así y pues le dije que no, que eso no lo habíamos hecho. Entonces mi tía se llevó las manos a la cabeza y en un gran lamento y con voz entrecortada me dijo: '¡Ay hija, ya mandaste a tu mamá al infierno!'. Yo la verdad desde ese día siento mucha culpa".

Claramente es muy poco probable que la ausencia de la cruz de cal fuera algo tan determinante, pero al final era algo que a la tía le hacía sentido, aunque a mi paciente no, pero sí le generó por un tiempo un gran remordimiento. No porque tuviera la certeza de que lo dicho por su tía fuera una verdad incontrovertible, sino porque le metió la duda y luego eso es peor.

En otra ocasión alguien me contó una conversación entre su hija y otro familiar con relación a la muerte de un tío muy querido que había ocurrido de forma trágica años antes:

"...por cierto tú tampoco has ido a ver a mi tío al panteón, no le has llevado ni una flor y él nos dio mucho; no te quita nada llevarle, aunque sea una flor; él lo hacía cuando falleció mi abuela, así que creo le hubiera gustado que nosotros lo hiciéramos así".

Aun dentro de una misma familia los rituales pueden ir variando dependiendo de la necesidad y de cómo haga sentido hacerlos o dejarlos pasar. No necesariamente se quiere menos si no se visita o se llevan flores, como tampoco necesariamente se quiere más si se inunda la tumba con ellas, por ejemplo.

Hay quienes tapan espejos, quitan cuadros y remueven todo vestigio de vida de la casa porque dicen que así la casa también estará triste por la ausencia. Cuando hablas con estas personas en un ambiente de confianza la gran mayoría acaba por revelar que hacen cosas así porque se supone que ante la pérdida no debería de haber nada que evoque alegría o sería una falta de respeto. Uno puede pensar que lo es, sin que necesariamente lo sea. La cuestión es que deberíamos preguntarnos si es conveniente "echarle más lodo al pantano" o tratar de buscar algo de luz en el camino. Los rituales también deben hacer eso, una parte orientada hacia la pérdida y otra marcando el camino de la vida y el amor que perdura entre ambos. Si tú acostumbras seguir rituales tradicionales en tu familia o comunidad, sin duda hazlos porque son parte de lo que ofrece una forma de acompañamiento e integración social. Sólo cuida que todo ritual que hagas sea bueno y haga bien.

Con la ausencia aprendemos algo que no podíamos saber mientras no había llegado a nuestras vidas. Aprendemos cuán profundamente somos capaces de extrañar a quien se ha marchado; a veces se dice que el dolor es el nivel del amor que se tenía, pero el amor sigue existiendo y el dolor es parte de la pérdida. Aprendemos entonces cuánto dolor podría causar su ausencia en nuestras vidas, pero también aprendemos cuán dispuestos estamos a salir del otro lado de la tristeza a pesar de ese dolor sin convertirlo en el centro de nuestra vida. Aprendemos a mantenernos cerca de aquellos a quienes seguimos amando de muchas formas y así no tenemos que perderlo todo.

¿Qué vimos en este capítulo?

○ La esperanza va variando conforme los acontecimientos se desenvuelven y el tiempo pasa. A veces tenemos la esperanza de un milagro y finalmente nos queda la esperanza de no olvidar a quien tanto hemos amado. Para algunas personas puede ser la esperanza de un eventual reencuentro.

○ El amor no muere con la muerte; no se ama menos porque la persona se haya ausentado. Se ama distinto porque todo ha cambiado, pero se sigue amando. Renunciar al amor por la falta de la presencia física nos deja con gran frustración y una profunda sensación de vacío en nuestras vidas.

○ El perdón puede ayudar a cerrar heridas, pero también a crear un espacio de serenidad, y no porque las supuestas deudas se hayan pagado o caducado. Pedir u otorgar perdón es posible aun con una persona ausente cuando se hace de manera simbólica o ritual, pero también cuando se alcanza de una forma cotidiana porque descubrimos que, si así lo decidimos, realmente no hay nada que perdonar.

○ La gratitud es el reconocimiento de lo que la persona nos ha dejado después de su paso por nuestra vida. No se agradecen las cosas, los actos o los hechos, se agradece a la persona desde un corazón generoso y humilde.

○ Los recuerdos para muchos parecen no ser suficientes para salir adelante, pero son parte del legado que nos queda y que vivirá con nosotros mientras tengamos vida.

○ Cuando no tengas claridad en lo que sientes, no puedas expresarlo o necesitas una forma de vincularte con la persona ausente, elabora un ritual personal que te permita conectar, soltar, perdonar o hasta rendir homenaje y dar la bienvenida.

8

PREGUNTAS Y RESPUESTAS

No estamos perdidos.
Simplemente nos dirigimos a un lugar diferente.
EMILY X.R. PAN, El asombroso color del después

Estamos en el último capítulo y es probable que hayas llegado hasta acá después de leer los anteriores. También es muy probable que mucho de lo leído se haya esfumado ya de tu conciencia, especialmente si en este momento estás cruzando el pantano de la tristeza, porque la mente está en muchas cosas a la vez. Es por eso que he querido agregar este capítulo con algunas preguntas y cuestiones que me plantean comúnmente en terapia o en foros donde hablo de pérdida y duelo. Son preguntas breves a veces de respuestas largas, de algunas preguntas no sé las respuestas, particularmente lo relacionado con cuestiones espirituales o religiosas, pero te diré qué no sé y luego algo que creo que pueda ayudarte a pesar de eso.

Toma mis respuestas y comentarios como una posibilidad y no como la única respuesta posible o la respuesta "correcta". Mis respuestas y todo lo que digo en este libro buscan apegarse a lo que sabemos desde la ciencia actual de la pérdida y el duelo, así que puede servir como una guía en general para la mayoría. Entonces, si lo que respondo te ayuda, tómalo. Si lo sientes alejado de tu realidad o experiencia personal, déjalo por un momento; luego de un tiempo vuelve a leerlo, reflexiónalo y entonces decide si te hace bien o simplemente lo dejas ir. Lo que a alguien le sirve a otro no necesariamente, porque cada pérdida es distinta y, por ejemplo, por terapéutico que pueda ser para alguien tener un muñeco hiperrealista que represente a un bebé perdido, para otras personas eso puede resultar aterrador, repugnante o conducir a un proceso muy confuso de asimilación de la pérdida.

He tratado de clasificar estas preguntas en secciones para facilitar su consulta, pero puedes ir una a una si lo deseas y probablemente encontrarás algo que te sea de ayuda. De cualquier manera, en este enlace te dejo un formulario por si hay una pregunta específica que sea de tu interés hacerme: https://bit.ly/PreguntasDuelo.

Trataré de responder las de interés más general en esta página que puedes visitar de vez en cuando para ver las que se añaden y checar si la tuya aparece: www.marioguerra.mx/respuestasduelo. Recuerda que hay algunas preguntas que otros pueden hacer que de alguna forma den respuesta a alguna duda que ya tengas, así que te invito a que las recorras para ver si hay algo de ayuda que puedas encontrar.

LOS TIEMPOS DEL DUELO

¿Cuánto dura el duelo?

Esto es variable en cada uno, pero en general podemos decir que, para la mayoría, un proceso de al menos un año suele ser lo esperado para vivir lo más agudo del proceso. No obstante, recordemos que la tarea aquí no es superar sino aprender a vivir con la ausencia. Sin embargo, es posible que la forma de la pérdida determine mucho las complejidades para transitar por esto. Una muerte repentina, producto de un accidente o la pérdida de un hijo suelen prolongar este proceso.

Siento que no avanzo, ¿por qué?

Esto puede ser porque tenías la expectativa de que todo fuera más rápido, porque este dolor no se termina y ya no quieres tenerlo o porque verdaderamente ya pasó mucho tiempo y los efectos de la pérdida no te permiten desarrollar tus actividades cotidianas, vincularte afectivamente y de manera positiva con otros. Si ya pasaron 6 meses después de la pérdida y sientes que estás exactamente igual o peor que al principio, es momento de buscar ayuda profesional.

¿Cuánto me durará este dolor?

No es que el dolor se vaya, lo que pasa es que nosotros vamos transitando por el pantano de la tristeza y eso hace que nos alejemos de él gradualmente. Es perfectamente entendible que, cuando estamos en una situación dolorosa, parezca que el tiempo avanza de forma diferente. Recuerda que esto es un proceso natural de adaptación a la ausencia y de aprender a vivir con otro tipo de presencia en nuestras vidas. Sin embargo, si en cualquier momento de este tránsito sientes que lo que está pasando te rebasa, incluso has llegado a romper alguna de las 3 reglas que ya conoces desde el principio de este libro, no esperes más y de igual forma busca ayuda profesional de inmediato. El dolor no debe aumentar conforme avanzamos. En todo caso debería transformarse cada vez más en nostalgia.

¿Alguna vez volveré a estar bien?

Quizá pueda sonar extraña esta respuesta, pero es probable que lo que llamemos en estas condiciones "estar mal" es lo adecuado para lo que estamos viviendo. ¿Cómo no estar tristes, enojados, distraídos o francamente abatidos por lo que está pasando? No es para menos, especialmente si lo que hemos perdido representa algo muy importante y fundamental en nuestra vida. Por supuesto, ya establecí que el respeto de las 3 reglas (no dañarte a ti, a otros o al entorno) es pieza clave, como lo es el evitar estancarte en el proceso y avanzar de manera sostenida, aunque pueda parecer muy lenta.

Pero si la pregunta real es si volverás a estar como antes, la respuesta es no. Muchas cosas seguirán iguales, pero pocas de las que tienen que ver contigo permanecerán intactas. Aun así, podría decirte que estarás bien, siempre que no te estanques en el proceso. Recuerda, la meta es salir del otro lado de la tristeza para quedar envueltos en nostalgia y aprender a vivir con la ausencia física para dar la bienvenida a la presencia simbólica de quien se ha marchado.

Yo pensé que ya estaba bien y de nuevo viene esa sensación de vacío y dolor intenso

Eso es esperado y suele ser normal, siempre que sigas avanzando. Recuerda que este es un proceso que va en oscilaciones; esto es que tendrás momentos mejores y otros bastante malos, pero gradualmente deberías ir hacia la salida del pantano y orientándote, a pesar de la pérdida y la tristeza, para hacerte cargo de tu propia vida y de las otras responsabilidades que te correspondan.

¿Cómo sé si realmente estoy avanzando?

Cuando te das cuenta de que, al menos pasados 6 meses de la pérdida, no te sientes peor que el primer día. También cuando no te resistes de manera consciente o inconsciente a volver a la vida por creer que el sufrimiento es amor, cuando el verdadero amor y homenaje que se le rinde al ser amado es seguir viviendo gracias a lo que dejó en nuestra vida. Recordemos que la meta en el duelo es aprender a vivir con la ausencia, con el cambio y de alguna manera con la nostalgia que nos da la partida de nuestro ser amado. Recuerda, generalmente es identificable el momento en el que la pérdida se da y el duelo empieza, pero no podríamos decir que hay un momento puntual en el que el duelo acaba porque, ya lo dije, es probable que nunca termine, pero también lo esperado es que, conforme pasa el tiempo, no interfiera con nuestra vida al grado de ser discapacitante. Lo repito: es aprender a vivir con nuestras ausencias... vivir con nuestras ausencias... vivir.

¿Cuánto tiempo hay que llorarle a alguien?

Realmente no hay un tiempo para esto y ni siquiera es que haya que llorar de manera obligatoria o como prueba del amor que se ha tenido. La mayoría de las personas lloran, por supuesto. La idea es no tener que vivir llorando, pero puede ser perfectamente normal llorar 10 años después, por ejemplo, en el día del aniversario si recordamos intensamente aspectos que nos vinculan emocionalmente a lo que pasó o a la persona ausente.

Se acercan fechas de celebración colectiva como Navidad o Fin de año, ¿deberíamos festejar o mejor no hacer nada?

Eso depende mucho al menos de un par de factores. Uno, lo que le gustaba a tu ser amado en esas fechas y si queremos replicar esos rituales como una forma de reintegrarlo a la vida, por así decirlo, y no nosotros integrarnos a la tristeza. Dos, la intención de la celebración; regularmente no se festeja o se celebra como tal, sino que se aprovechan fechas importantes para conmemorar a quien ya no está, haciéndole saber a todos los participantes que se le recuerda y que siempre tendrá un lugar en nuestras vidas, pero también haciéndole saber al ausente que, aunque tengamos reuniones o conmemoraciones colectivas, siempre tendrá su lugar en nuestras vidas.

LO EMOCIONAL Y EL DOLOR

¿Está mal que llore o no llore?

Todo depende de si tienes ganas o no de hacerlo. Si tienes ganas de llorar y lo haces, está bien, siempre que además de llorar te hagas cargo de tu vida y respetes las 3 reglas que ya conoces del capítulo 1. Si no tienes ganas de hacerlo y no lo haces, también está bien, incluso hoy podrías no tener ganas y posteriormente sí. Lo que no ayuda es tratar de reprimir o provocar el llanto cuando la situación emocional no nos está llamando a eso. Regularmente muchas personas inhiben el llanto para no verse "débiles" o con la intención de que otros "no se vengan abajo" emocionalmente hablando. Eso sí podría ser un error.

Siento que me arrancaron una parte de mí, ¿eso es normal?

Es normal porque de alguna forma eso fue lo que realmente ocurrió. Pero ahora tienes que mirar también para el otro lado; es decir, lo que la otra persona dejó en ti en su paso por tu vida. No es que se trate de un intercambio en realidad, sólo se trata de ser más justos y no solamente sentir que quien se ha marchado nos ha robado todo sin dejarnos nada. Además recuerda que no volveremos a ser exactamente los mismos, porque algo nos falta, lo cual no significa que no podremos seguir viviendo, sino que viviremos de forma diferente.

¿Está mal enojarse con quien ha muerto?

Realmente no sé si esté mal, pero creo que si te lo preguntas es porque algo así estás sintiendo y, si lo sientes, es porque consideras que fue una injusticia lo que pasó o te está provocando gran dolor. La tristeza y el enojo muchas veces suelen ir de la mano durante el proceso de duelo. Por otro lado, culturalmente se nos enseña que no está bien enojarse con los difuntos, pero sucede muy frecuentemente. Creo que es algo que debemos empezar a asumir para enfrentarlo. Entonces diría, no es que esté mal sino simplemente sucede.

¿Se puede uno morir de tristeza?

Parece ser que algunas personas por distintas razones suelen ser más vulnerables ante la pérdida que otras. Factores como la edad o el tipo de vínculo que mantenían con la persona ausente pueden desencadenar o acelerar procesos orgánicos que afecten seriamente a la salud. Esto muchas veces se ve con quien pierde a una pareja después de años de relación, por ejemplo. Sin embargo, hasta el momento que escribo este libro, no se ha reportado una asociación directa entre la pérdida y la muerte de la persona que sobrevive a ella. Claramente uno puede sentir que se muere o que ya no puede seguir y también alguien podría abandonarse como producto de la tristeza, pero eso es otra historia.

Tengo ganas de vengarme
de los culpables de mi pérdida

Cuando la muerte de un ser querido ha sido causada por la negligencia o el acto deliberado de otra persona, por supuesto que todo el dolor y el enojo que surgen a partir de lo que se considera que nunca debió ocurrir se vuelca hacia aquellos que se perciben como culpables o verdaderamente han sido responsables del hecho. El querer que una persona asuma la responsabilidad de lo ocurrido, cuando claramente la tiene, no es necesariamente un deseo de venganza. En estos días leí una noticia de una joven que lamentablemente había sido asesinada. En entrevista con algún reportero, su padre dijo lo siguiente:

"...me dieron la noticia que la encontraron, pero sin vida... me dio por llorar y a la misma vez un coraje... ¡De querer saber quién fue! Coraje de la impotencia, no poder hacer mucho, no poder regresar el tiempo, de querer tener a esas personas frente a mí... Que Dios me perdone".

Claramente aquí el perdón que se le pide a Dios puede tener muchas connotaciones. Por supuesto, seguramente tiene que ver con lo que está pensando hacerle a los responsables si los tuviera enfrente, pero no sería poco probable que también una persona se pudiera asumir como culpable por no haber prodigado los cuidados necesarios, aunque en la vida real de todos modos no hubiera sido así, porque no podemos estar todo el tiempo detrás de las personas que amamos. No pocas veces se proyecta la culpa que se siente en otros, cuanto más si es justificada, con esa proyección se hace todavía más grande y surgen los deseos de venganza.

Hace ya algún tiempo perdí a mi pareja y hoy siento que me estoy enamorando de alguien, ¿estoy traicionando su memoria?

Si le juraste que nunca te ibas a volver a enamorar de nadie, probablemente es lo que estás sintiendo, una especie de traición. Quizá algunas personas no estén de acuerdo con que quieras rehacer tu vida emocional, pero muy frecuentemente son las mismas que, cuando llega el tiempo o la edad suficiente, hasta empiezan a alentarte para estar con alguien con la finalidad de que no te quedes en soledad en el último tramo de la vida. No pocas veces cuando sentimos la mirada o hasta el aliento de la persona ausente en nuestra nuca, es más bien nuestra propia culpabilidad que nos persigue. Rehacer tu vida emocional, si así lo deseas, es parte del proceso de la vida misma y es un indicador de que has podido salir del otro lado de la tristeza.

¿Mi ser querido sufrió?

Esta pregunta tiende a ser muy común cuando no se estuvo presente durante el momento de la muerte o cuando ésta es resultado de un accidente o hecho en el que se presume pudo haber algún tipo de angustia, dolor o asfixia, por ejemplo. No tendría yo forma de saber si esto fue así o no, pero sabemos que muchas veces previo al momento de la muerte hay pérdida de la conciencia. Finalmente morir es un proceso, podría ser muy rápido, pero no deja de ser un proceso y en él podemos suponer la pérdida de la conciencia como un elemento que podría prevenir a una persona de sufrimientos agregados. Claramente en los momentos previos a esto pudo haber sensaciones tan desagradables como extrañas y confusas que a veces la persona no sabe cómo interpretar, pero finalmente es probable que acaben por ceder, como he dicho, a la pérdida de la conciencia. Aun así, sabiendo que a veces es imposible saber qué sentía la persona en los momentos finales y dado que de todos modos nos vamos a formar una hipótesis de lo que pudo pasar, bien podríamos pensar que al final el cuerpo se encarga de desconectarnos de la conciencia como último mecanismo de defensa. ¿Lo sé de verdad? Claro que no y menos si así sería en todos los casos, pero al final entre la hipótesis del sufrimiento agónico y la de la desconexión final, pues yo siempre me quedaré con la segunda, aunque de vez en cuando la primera asome la nariz en mi mente.

Mi padre murió durante la madrugada, probablemente debido a un fallo cardíaco. Amaneció tendido en el piso de la sala de su casa y quizá se dirigía al baño o la cocina, nunca lo sabré. Siempre me he preguntado si se dio cuenta, si quería pedir ayuda o si pensó en nosotros su familia, pero pensar en eso no me ayuda porque no tengo respuestas y porque cuando me hacía esas preguntas venían toda clase de teorías nada gratas para nadie. Como la verdad nunca la sabré, decido sostener para mí la versión de que al caer ya estaba entrando en la inconsciencia y después murió. Si mi creencia corresponde o no con la realidad objetiva ya no hace diferencia porque él murió y su presencia ahora me acompaña en muchos momentos de mi vida. Me parece más digno hasta para él recordarlo con una muerte rápida o inconsciente que con cualquier otra versión. Sin embargo, aún después de más de una década, me vuelven un poco aquellas preguntas de vez en cuando. He aprendido a responderlas con un "no sé, pero yo decido creer que él no sufrió".

LO ESPIRITUAL Y LO SIMBÓLICO

¿Qué debo rezar?

Lo que se acostumbre en tu religión, en tu familia o entorno social en el que vives o te has desarrollado. Lo que a ti te haga sentido, lo que sepas o lo que quieras. Recordemos que hay rituales colectivos, pero también es muy válido tener rituales individuales y a estos solamente tú les puedes dar el contenido y estructura que sientas como buena y te haga bien.

Me molesta que otros crean en fantasías como eso del cielo o del alma

Si te sucede esto, resulta muy interesante que te moleste tanto y no te sea indiferente. Es decir, ¿por qué molestarte con algo que tienes la certeza de que no existe? ¿Por qué molestarte con el hecho de otros sí crean en algo así? Y no es que no debas creer en nada o que lo correcto sea creer, sólo llama la atención que te cause molestia. ¿Será posible que en ti haya una necesidad de defender a la ciencia (pero no creo que expresamente necesite que tú la defiendas) o quizá la posibilidad de una forma de envidia soterrada por no tener algo en qué creer? ¿Y qué si no hay un cielo? ¿Y qué si sí lo hay? Sabiendo que sí hace una diferencia en muchos creer o no creer, de todos modos lo que pasó te duele y de todos modos tienes que hacerte cargo. ¿No es verdad? Si algunos transitan por el sendero de la tristeza y el duelo con la fortaleza que les otorga la fe, ¿no debería el resto seguir su camino con su propia fortaleza interior sin denostar la de otros por ser diferente o "fantasiosa"? ¿O es que te sientes presionado a creer porque los de alrededor lo hacen? No pocas veces estas reacciones en contra de manifestaciones espirituales o religiosas tienen que ver con un enojo, como cuando implícitamente se esperaba, aunque sea de manera inconsciente, que la divinidad interviniera para detener la catástrofe y evidentemente no lo hizo.

Me molesta que alguien no crea en el más allá

Lo mismo con la pregunta anterior. Probablemente que alguien no crea en otra vida hace tambalear tú necesidad de creer que sí la hay.

¿Un muerto puede ver su funeral?

No lo sé. ¿Te preocupa por algo en particular o sólo es curiosidad?

¿Es verdad que si lloro no dejo descansar su alma?

No lo sé, primordialmente porque no sé si las almas están descansando en realidad. Lo que quiero decir es que, probablemente
tenemos esa idea porque cuando alguien está en un ataúd y es
enterrado, parece que está durmiendo, incluso hablamos del
sueño eterno. Muy probablemente la persona no está dormida y, si
fuera el caso, no creo que tu llanto realmente despierte a nadie que
no sea quien vive contigo o los vecinos. Llorar cuando se siente
tristeza es perfectamente natural, incluso sin ponerme de ninguna
manera en modo religioso, a lo largo del tiempo se han hecho
muchas representaciones de María llorando por la muerte de su
hijo Jesús, ¿no es verdad? Es cierto que hay algunas culturas y
religiones, muy pocas realmente, en donde incluso se les instruye
a las personas a no llorar después de la muerte de un ser querido,
pero en la mayor parte del mundo se entiende perfecto que haya
tristeza ante tal acontecimiento y que, cuando la hay, frecuentemente se llore.

¿Por qué yo no le he soñado y otros sí?

Solemos soñar varias veces mientras dormimos, pero no todos
nuestros sueños son recordados al despertar. Lo que quiero decir
es, probablemente lo soñaste, pero no recuerdas el sueño o incluso
realmente no haya sucedido. Algunos creen que soñar al ausente
es una forma de comunicación o lo interpretan como la señal de
que todo está bien del otro lado. Incluso algunos sienten envidia de
aquellos que sí sueñan a los difuntos, como si los quisieran más y
por eso regresan a darles una señal. No pocas veces quien sueña

a alguien en realidad es porque tiene algún asunto pendiente o simplemente porque es una forma que tiene el inconsciente de ir acomodando los hechos.

Yo sólo quiero una señal de que está bien

Tenemos la tendencia a creer que los mundos del más allá son análogos al nuestro y entonces uno se la puede pasar bien o mal, eso sin contar otras perspectivas que tienen que ver con recompensas y castigos según la naturaleza de las conductas y actos en esta vida. Yo no puedo saber si hay o no un más allá, pero si lo hubiera, ¿por qué habría de ser malo? ¿Por qué lo reduciríamos a las limitadas posibilidades que nuestro referente de este mundo nos ofrece? Y además, ¿por qué alguien que se ha marchado estaría obligado o necesitado de enviarnos esas señales y hacerlo de manera que a nosotros nos queden bien claras? De ser el caso, aparentemente eso no es posible, pero por otra parte es comprensible que, en nuestra gran necesidad de consuelo, creamos factible que las leyes cósmicas universales, y hasta las espirituales para el caso, se ajusten a nuestros deseos y necesidades. Lo que quiero decir es que tal vez la tristeza, el dolor, la confusión y hasta el enojo que sentimos por la pérdida nos haga proyectar nuestro sufrimiento en el estado emocional que podría tener nuestro ser querido donde quiera que se encuentre.

¿Para qué le hablo, si ya no siento que me escuche?

La pérdida nos deja muy vulnerables y eso hace que tratemos de resguardarnos poniéndonos en el centro de todo. Vamos a suponer que cuando le hablas a la persona ausente sí te escucha, pero no puede hacértelo saber; entonces sólo porque tú no tienes la certeza, ¿dejarías de ofrecerle algo que los mantenga en contacto y vinculación? Es verdad que si le hablas y realmente no te escucha te estarías equivocando, pero lo mismo estarías haciendo si sí te escucha y no le hablas. Ya sólo queda decidir de qué manera te quieres equivocar.

Conservo algunas cosas de mi ser amado, ¿está mal?

Objetos como ropa, libros o posesiones preciadas pueden ayudarte a sentirte cerca de alguien a quien extrañas tanto. Pueden ser vistos como objetos de transición; es decir, te acompañan un tiempo para hacerte el camino menos solitario y doloroso, pero algunos incluso puedes conservarlos por mucho tiempo o el resto de tu vida. Hay quienes conservan ropa porque guarda su perfume o su olor; las memorias olfativas son muy poderosas y reavivan no sólo recuerdos, sino estados emocionales. En los modelos iniciales del duelo se decía que conservar objetos era dañino, pero hoy sabemos que eso es más un efecto de la tendencia cultural de alejarse de todo lo que recuerde a la pérdida y provoque dolor. Sin embargo, hay algunos matices en todo esto.

Durante la pandemia de COVID, ante la falta de acompañamiento, despedida convencional y con los rituales funerarios alterados, surgió la tendencia de elaborar cojines y muñecos, especialmente osos, confeccionados con una prenda de la persona ausente. Así, quien hiciera esto, podía sentir de algún modo la presencia del ser amado en el objeto. Pero la idea es que poco a poco dejes de necesitar estos objetos al reemplazar la necesidad de presencia física u objetos físicamente presentes por la presencia simbólica de quien se ha marchado. No es que se tengan que tirar, pero ya no deberían despertar, luego de un tiempo, la ansiedad de tenerlos para sentir presencia alguna. Es por eso que convendría que fueran vistos como objetos de transición y no de reemplazo. Finalmente fueron elaborados exprofeso para ayudar, no es que sean objetos que poseía la persona ausente.

Pero volviendo a los objetos que pudieron ser de propiedad o uso de la persona que ha muerto, por supuesto que se pueden conservar algunos y no necesariamente porque son valiosos desde el punto de vista económico, sino porque representan algo relacionado con su ser amado. Un objeto favorito, una colección de cosas, su reloj, un llavero o algún objeto que portaba al momento de su muerte suelen ser lo que más se resguarda.

Hace años tuve en terapia a una mujer que había perdido a un hijo en la etapa final de la adolescencia. Entre otras cosas, a él le gustaba coleccionar algunos muñecos de Lego. Tenía una gran colección, según me dijo su madre. En el transcurso de la terapia llegó el día del primer aniversario de la muerte de su hijo. Convocó a algunas personas a una misa y luego a una cena en su casa. Entre los asistentes había varios de los mejores amigos de su hijo. Cuando terminó la cena, les dijo que cada uno eligiera algunos muñecos de la colección, que ella creía que no estarían en mejores manos que en las de sus amigos queridos. Cada uno tomó algunos muñecos para llevarse y así la señora dispuso de una manera ritual, simbólica y amorosa, de objetos presentes que ya no necesitaba para mantener el contacto con su hijo ausente. Pero, además, le dio un sentido de legado al ponerlos en manos de sus amigos. "Así mientras tengan esos muñecos nunca lo van a olvidar", me decía.

Sólo cuida de que ningún objeto, por preciado que pueda ser para ti, reemplace la presencia simbólica de la persona que se ha marchado.

¿Esto que pasó es la voluntad de un Dios?

No lo sé. Si tienes una percepción de un Dios todopoderoso o un poder superior, probablemente te cueste trabajo entender por qué ha pasado esto. A veces puedes razonar: "Dios me ama, entonces, ¿por qué quitarme a esta persona tan querida por mí?" O puede que te hayan dicho: "Es la voluntad de Dios y debes aceptarla y seguir adelante". Sin embargo, si racionalizas demasiado este mensaje, puedes reprimir tu dolor e ignorar tu necesidad humana de llorar.

A lo largo de la vida he sostenido conversaciones con algunos representantes de distintos grupos y credos religiosos. Lo que sí puedo decirte es que cada uno da su versión muy parecida a esta: "Cuando morimos, Dios está ahí para acogernos como un padre amoroso lo hace con un hijo recién llegado".

TU ESTADO MENTAL

Siento mucha culpa porque yo le contagié una enfermedad ¿yo lo maté?

Claramente no. Lo que enferma y a veces mata son las enfermedades o los microorganismos, como lo que sucedió lamentablemente con la reciente pandemia de COVID. Incluso si tú contagiaste una enfermedad a tu ser querido, primero no fue tu intención y segundo tú también fuiste víctima de la enfermedad. Ya sé que a veces dan ganas de decir "mejor me hubiera ido yo que mi ser amado", pero pues hay cuerpos que son más resistentes que otros y no es una cuestión de hacer un trueque imposible. Es verdad, puede que sientas culpa, es verdad que pudiste ser para tu ser amado la fuente de contagio, pero también es verdad que nunca quisiste que eso pasara, ¿no es así? Recuerda que la culpa que no mueve a la reparación se convierte en una culpa tóxica que no hace bien a nadie ni te enseña nada bueno; de ser el caso pedir u otorgar un perdón simbólico suele ser el camino.

Cuando murió hice muchas promesas
que ahora me da mucha culpa no cumplir

Convendría repensar el marco de referencia desde donde se hacen las promesas cuando alguien está muriendo o acaba de morir. El estado emocional y la necesidad de revertir la pérdida nos llevan a buscar desesperadamente cualquier mecanismo para que no se marche quien amamos o para hacerle saber que estamos comprometidos y le amaremos por siempre. Cualquier promesa fantasiosa que se pudo hacer alrededor de la temporalidad de la pérdida puede ser traducida como un "no quiero que te vayas" o "te amaré por siempre". Evidentemente trata de cumplir lo posible, pero no te introduzcas en el territorio de la culpa por no hacer lo que no puedes, no conviene o ya no tiene sentido.

Estoy como distraído, ¿me estaré volviendo loco?

Realmente no se puede tener cabeza para todo en todo momento. Y actualmente estás pasando por un momento de vida muy importante y doloroso. Estás alejado del exterior, pero estás muy enfocado en lo que está ocurriendo en tu interior, repasando circunstancias, hechos y sentimientos que están girando dentro de tu cabeza a raíz de lo que ha pasado. Eso no significa que estés distraído, sino que tu atención está en otra parte. Incluso a veces sientes que tu memoria está fallando y piensas que ahora ya te está dando Alzheimer, pero en el duelo es esperada a la falta de concentración y una aparente pérdida transitoria de la memoria.

Siento que muchas cosas de mi ser querido
se me están olvidando

Claramente sí. Dime puntualmente en este momento qué desayunaste el mismo día de la semana en el que estás, hace un mes o cuántos invitados hubo en tu fiesta de cumpleaños 7. Lo que quiero decir es, no somos una registradora de eventos cronológicos y nuestra memoria se organiza de maneras distintas a lo que hemos imaginado. Algunas cosas se recuerdan en todo momento, otras a veces y otras parece que se han olvidado sólo para volver en algún momento de forma casi espontánea o no. Pero en condiciones normales nada se borra por completo. Parte de perder es también que se van algunos recuerdos; es decir, se te puede olvidar cómo se llamaban todos tus compañeros de clase del 3er año de la escuela primaria, pero es más complicado que se te borre el nombre de tu mejor amigo o amiga de aquella época.

Tengo miedo de que con el tiempo me olvide de mi ser amado

No me puedo imaginar cómo algo así podría ocurrir cuando se ha amado tanto a alguien. Sabemos perfectamente que el pegamento de la memoria, por así decirlo, son las emociones y entre ustedes no solamente hubo muchas emociones y sentimientos compartidos, sino que el momento mismo de la pérdida hace las veces de un fijador indeleble para que el ser amado que se ha marchado viva para siempre en la memoria del corazón. Es un miedo comprensible, aunque muy fantasioso.

Siento que el tiempo pasa muy rápido en unas cosas y muy lento en otras

Esto tiene mucho que ver con las oscilaciones que ya conoces; a veces cuando estás más orientado hacia la tristeza el tiempo parece que pasa a una velocidad y luego, cuando sales a respirar un poco la vida cotidiana, suele percibirse como que pasa a otra. Los antiguos griegos tenían dos palabras diferentes para el concepto de tiempo: tiempo cronológico y tiempo kairótico. Cronos se refiere al tiempo medido, al tictac de los relojes y los cronómetros; es cuantitativo, va para adelante y se va consumiendo. Kairós, menos conocido pero no menos importante, es lo que muchos filósofos y místicos denominarían "tiempo profundo". Este es el momento cuando el mundo parece detenerse por completo o avanzar a otra velocidad distinta del tiempo cronológico. Se puede medir en exhalaciones profundas, un momento de reflexión o el tiempo que dura el llanto. Cuando te encuentras en el tiempo de Kairós, pierdes completamente la noción del tiempo cronológico. Se activa un estado de flujo y no se puede medir sino experimentar.

Me cuento y cuento a otros lo que pasó una y otra vez

Prácticamente no hay alguien, ya sea en terapia o que me tope en una conferencia, taller o evento, que cuando me cuenta la pérdida reciente que ha tenido me muestre una foto del ser amado. Esto se ha hecho cada vez más notorio con la existencia de los teléfonos inteligentes donde las fotos son portables y accesibles en todo momento. Es probable que esto, como contar, tenga la finalidad de rendir homenaje, mantener la presencia, pero hay que poner una especie de orden interior. Como con muchas otras cosas, lo importante es no quedarse estancado en las historias y abandonar el avance de la vida. Lo que se cuenta sería una forma de recordar, no sin nostalgia, pero no combustible para que el resentimiento o la culpa se aviven.

No quiero hablar con nadie ni que me pregunten nada

Esto puede ser normal al inicio y se presenta después de forma intermitente. Me gustaría pensar que una conducta muy hermética no está relacionada con una conducta de evitación, pero muy frecuentemente lo es. La cuestión es qué se está evitando, para qué y la energía que se invierte en hacerlo. Normalmente la evitación va cediendo bajo el inevitable peso de la realidad, pero hay quien invierte una vida y toda su energía. Frecuentemente lo que se quiere evitar al contar, y la molestia que representa que alguien pregunte, tiene que ver con el dolor que provoca ver la pérdida de frente, por así decirlo. Pero tampoco ayuda que todo lo cuentes "para que lo saques", al menos no cuando no te sientas listo para ello y siempre que esa actitud reservada no te vaya aislando permanentemente de los demás. Nunca es de ayuda cuando te quieren obligar a contar, especialmente si tu pérdida es muy reciente y tú no quieres hacerlo en ese momento o con esa persona.

¿Está mal que me quiera distraer?

No, si es lo que quieres o sientes que necesitas. Distraerse no es salir de fiesta necesariamente; uno se "distrae" de la pérdida enfocándose en la vida propia o conversando con amigos. Distraerse, o volver a la vida, mejor dicho, es algo que va sucediendo gradualmente en el proceso y normalmente no se busca activamente. Claro, siempre hay personas que te quieren invitar a salir o a que te distraigas, no está mal, siempre que no te hagan sentir mal por no hacerlo cuando no quieres o lo hagan a "destiempo", como cuando aún no estás oscilando en el duelo de manera notoria.

No me siento tan triste como pensé ¿qué significa eso?

Generalmente quien me pregunta esto está extrañado por no sentirse tan triste, quizá porque esperaba una reacción diferente o incluso siente algo de culpa porque equiparan la cantidad de tristeza percibida con el amor que se tuvo. La tristeza puede no ser tan notoria en ciertos momentos; no siempre las oscilaciones empiezan del lado de la tristeza o hay incluso personas que son más adaptables que otras a la ausencia y los cambios. Pero si no te sientes ni triste, ni alegre, ni interesado o motivado para nada, aunque te levantes para ir a trabajar, es momento de buscar ayuda de inmediato para descartar un posible proceso depresivo.

Yo no quiero sentir la presencia simbólica de mi ser amado, yo sé que ya no está y que se ha ido para siempre, ¿eso está mal?

Claro que no. Siempre que esta declaración anterior no venga de la evitación, del miedo o de un intento de ya no sentir, por supuesto es algo que no sólo algunos piensan, sino que sucede con muchas personas. De hecho, este encuentro simbólico del que ya he hablado de muchas maneras es algo que se da precisamente del otro lado de la tristeza y no cuando la pérdida es muy reciente. Primero debemos separarnos, tomar caminos diferentes y eso sucede en la parte más aguda del duelo. Después vendrá, si sucede, el reencuentro con una presencia no física, pero esto no es un requisito. Hay quien en el tránsito por el pantano realiza una integración de lo sucedido a un nivel físico o emocional y no sale para un reencuentro, sino para seguir viviendo. No son personas que olvidan o a las que no les importa, lo que han hecho es tomar otro camino posible y dejar entonces a su ser amado en el recuerdo. Ni lo piensan tanto, ni conversan simbólicamente con él, ni visitan el cementerio porque no hay necesidad. Ellos han ido por el camino de la integración y no del reencuentro y eso también está bien si es lo que contigo ha sucedido.

Siento mucho enojo, ¿debería hacer algo?

Recordemos que el enojo es parte del proceso de duelo en algunas personas y suele acompañar muy estrechamente a la tristeza. No es que haya que sentirlo, pero si se presenta, más vale reconocerlo, seguir las 3 reglas y tratar de entender qué es lo que específicamente lo está provocando. Evidentemente la pérdida, pero quizá haya algo que puedas encontrar de tu enojo si decides escribir algo como: "Estoy enojado porque..." y ver qué resulta. Por supuesto siempre hay que contrastar cómo eras antes de la pérdida y cómo eres ahora, porque si antes la volatilidad emocional ya estaba en ti, es probable que la pérdida la agrave, pero no sería la causa principal. El enojo desbordado, incontrolable y que te mueva a pensar en dañar a otros o a ti mismo sí es un indicador para buscar ayuda cuanto antes.

¿Cómo sé cuándo buscar ayuda y si un tanatólogo es la opción?

Si los seres humanos modernos hemos existido desde hace cerca de 165,000 años (o quizá antes), ¿cómo es que hemos sobrevivido a nuestras pérdidas sin ayuda terapéutica como la conocemos hoy? Tengamos en cuenta que la ciencia empieza a estudiar el impacto de la pérdida y el duelo hasta bien entrado el siglo XX, es decir, nuestros ancestros lejanos no tenían la necesidad de recurrir a tanatólogos como formalmente los conocemos hoy y se apoyaban más bien en sus creencias, cultura, los miembros de su comunidad y sus costumbres. Por supuesto sus creencias religiosas o espirituales les hacían ver la muerte de manera distinta a la que muchos puede que tengamos hoy. No es que a la muerte se le tenga que recibir con júbilo, pero hacemos mucha resistencia a la pérdida como si fuera algo indebido o malo. No digo que sea algo bueno, pero es un proceso natural dentro de la vida misma y lo ha sido desde que tenemos conciencia.

Pero claro que hay indicadores, como probablemente siempre los hubo, que nos dejan ver que alguien, por la razón que sea no puede adaptarse a la pérdida, ya sea porque sus mecanismos de afrontamiento no son adaptativos y entonces lo hacen vulnerable, porque tiene un estilo de personalidad pesimista o poco flexible o porque las circunstancias de la pérdida fueron muy traumáticas, como un asesinato, un terrible accidente o la muerte de un hijo pequeño. Las pérdidas muy traumáticas o cargadas de ansiedad sería bueno que fueran evaluadas por un especialista, idealmente alguien con conocimientos no sólo en procesos de pérdida y duelo, que es indispensable, sino con una base psico-terapéutica sólida. Recibir ayuda inadecuada o recibirla cuando realmente no se necesita puede no solamente no hacer bien, sino hacer daño porque se interfiere con el proceso natural del duelo sin necesidad. Hay servicios funerarios que incluyen algunas sesiones de tanatología en sus paquetes, no deberías sentirte obligado u obli-gada a usarlas si sientes que no las necesitas; estar muy triste por la pérdida en los momentos cercanos a la muerte o al funeral no es un indicador de necesitar ayuda, sino una reacción normal a la pérdida. Lo mismo conviene evitar a quien te proponga trabajar con base en las fases del duelo de la década de 1960, aquellas de Kübler-Ross. Siguen siendo muy populares, pero ya se alejaron mucho de lo que hoy conocemos como los modelos contemporáneos del duelo.

La gran mayoría no necesitará la intervención de ningún tipo de terapeuta para transitar por el pantano de la tristeza, pero si pasados unos 6 meses de la pérdida sientes que estás peor que el primer día, valdría la pena una valoración inicial. Lo mismo pasa si lo que estás viviendo interfiere seriamente con tu vida y otras responsabilidades o has roto o tienes el impulso de romper una de las 3 reglas del capítulo uno.

RITUALES

La disposición del cuerpo

Cuando la decisión final para disponer del cuerpo es enterrarlo, pues no hay tantas variantes. No es lo mismo cuando se crema y se discute el destino final de las cenizas o cuando se opta por otros medios menos convencionales como convertir el cuerpo en composta, diamantificar, hacer un disco LP con las canciones favoritas o depositar las cenizas en un molde de concreto en el mar para que se forme un arrecife. Pero quedémonos en lo común, se entierra o se crema. La cuestión con la cremación abre la puerta a otra cuestión: ¿Las cenizas a dónde? Pueden quedar en un cementerio, una iglesia, un lugar especialmente construido para albergar cenizas en nichos, se pueden arrojar al mar, dejar en la naturaleza, quedarse con ellas en la casa o hay quien hasta se las reparte. Disponer del cuerpo siempre había tenido un sentido eminentemente ritual, pero los tiempos nos llevan a pensar también en soluciones más prácticas y hasta ecológicas. Antes en un cementerio se buscaba la "perpetuidad", pero hoy muchos lugares están saturados y ya no hay tantos espacios que se puedan o quieran destinar para el entierro de los muertos. Sin embargo, seguramente por algún tiempo todavía seguiremos enterrando y cremando, aunque otras maneras quizá acaben por reemplazar a lo anterior en un futuro indeterminado. Mientras tanto, bien haríamos en hablar de estas cosas con la familia y, en la medida de lo posible, tomar previsiones para no dejar mucho más enredo. La disposición final del cuerpo no suele ser económica y los que prestan servicios funerarios tienen que vivir de algo, así que, si algunos pueden dar el café a sobreprecio para que los asistentes al funeral estén "bien atendidos", pues es probable que lo hagan y nosotros estemos dispuestos a pagarlo. Hay personas que luego dejan encargos como ir a dejar las cenizas en alguna bahía lejana o sin haber conocido nunca Japón que vayan a dejar las cenizas al monte Fuji. Eso está bien, siempre que sea posible lo que se desea, se dejen hechos los arreglos necesarios y, evidentemente, el dinero para el pasaje de ida y vuelta al menos.

¿Está mal dividirse las cenizas entre distintas personas?

Pues supongo que no, aunque no se suele hacer lo mismo con un cuerpo que se entierra; es decir, no suele haber varias tumbas y a lo sumo habría una tumba y algunos cenotafios (monumento funerario que no contiene el cadáver de la persona o personaje a quien se dedica). En general, repartirse las cenizas es más un intento de no quedarse sin algo, pero no sé si se está pensando mucho en el ausente y más en lo que uno quiere. Quizá lo desventajoso en una situación así es hacerlo a regañadientes, por la presión de alguien más o hasta para que en la familia haya "paz". Pero si en realidad todos están de acuerdo con eso y ayuda a transitar con menos dolor por el sendero del duelo, lo que ayude siempre es bienvenido.

¿Es malo tener las cenizas en la casa?

Una vez más, no lo creo, aunque los seres humanos siempre hemos tenido una especie de "pacto" entre vivos y muertos: "Los vivos no viven en los lugares de los muertos y los muertos no viven en los lugares de los vivos". Más allá de esto, los lugares de destino final de los cuerpos suelen estar consagrados para ello, es decir, son sitios que las religiones han dado su visto bueno para que las almas estén libres de todo mal dentro de los muros del panteón, por ejemplo. Pero me quedo en lo psicológico y dejo por un momento esto del tema ritual o espiritual. Una vez más no es tanto lo que se hace, sino por qué se hace. Si alguien quiere tener las cenizas en casa porque no sabe dónde más ponerlas, está bien. La cuestión es que más de una vez he visto urnas funerarias domésticas que acaban acumulando polvo en una repisa, de sujeta libros o hasta en una caja dentro de un clóset. No sé si eso sea algo que dignifique a los restos mortales. También he visto urnas abandonadas en iglesias porque no existe en los familiares la costumbre de visitar los restos o porque ya nadie queda para ir a visitarlos, pero al menos ahí están. Como dije, la razón para tenerlas en casa más que el mero hecho de tenerlas, es lo que hace una diferencia. Recordemos la historia de Miguelito del capítulo 4 y cómo sus padres acabaron por reemplazar su presencia simbólica por la urna con sus cenizas; es decir, se nos olvida la persona por estar rindiendo culto a las cenizas o a la urna, cuando así sucede.

Ya no se suele velar a los muertos toda la noche y ahora las capillas se cierran y se vuelven a abrir hasta el amanecer, ¿eso es bueno o malo?

Pues yo creo que mucha gente ya no sabe para qué son los rituales funerarios y entonces cualquier sugerencia externa hace sentido porque el ritual ya dejó de hacerse. No es ni bueno ni malo, es decir, si no se tiene el sentido de acompañar realmente al cuerpo de la persona durante su última noche en la tierra, pues no tiene sentido entonces estar ahí. Sin embargo, saltarse los rituales funerarios, como sucedió de manera obligada durante la pandemia del COVID, puede dificultar de alguna forma la primera tarea del duelo que es aceptar la realidad de la pérdida. El tiempo del velorio y todo lo que lo rodea es un tiempo donde la conciencia de la pérdida se hace más real. Una publicación de la *Revista del Laboratorio de Etnografía*, de la Universidad de Chile, cita la declaración de un doliente durante los rituales alterados de la pandemia:

> A este punto yo todavía no me he dado cuenta de que mi abuelo murió, aun si estuve en su funeral precisamente, porque dije tengo que darme cuenta, porque su funeral fue si bien me acuerdo de 10 minutos, no hubo discursos, no hubo palabras, no hubo abrazos, no podíamos acercarnos. Entonces sí, tuvo más el efecto de un trámite que de un ritual.
> Entrevista a C. R. (2020)

Efectivamente, más un trámite que un ritual. Hay personas que aun sin las restricciones pandémicas optan por lo práctico sobre lo ceremonial y le restan el carácter de rito funerario, no sólo haciendo de todo el proceso algo más frío y distante, sino para muchos, como he dicho, dificultando la asimilación de la pérdida por la sensación de irrealidad que deja tras de sí. Más allá de eso, si lo que se busca es la practicidad, comodidad o dormir calientito en la cama la noche del velorio, dejar la sala de velación vacía y cerrada cumple con ese propósito.

Los signos del luto

En algunos medios, especialmente urbanos, observar las señales de luto como vestir de negro, poner un moño afuera de la casa o portar un listón negro en el brazo están cada vez más en desuso. Como estamos en esto del ocultamiento de la tristeza y hasta de la muerte, pues nada que recuerde lo que ha pasado es bienvenido además de que mucha gente decía que hacer eso ponía más triste a quien lo portaba. Entonces ya no se sabe si el negro es elegante o da tristeza. La realidad es que se puede argumentar lo que uno quiera si se quieren evitar signos y señales que nos recuerden la pérdida. No veo cómo vestir de amarillo hace sentir a alguien que ha perdido a un ser amado más jubiloso o animado. No obstante, recordemos que cada sociedad, comunidad y cultura tiene sus costumbres. Sabemos que hay lugares donde se pone música, se hacen bailes o festividades para despedir al fallecido. Entonces no es que algo esté bien o mal, la cuestión es si está en contexto, tiene un propósito definido y si éste es bueno y hace bien, por así decirlo.

OTRAS PREGUNTAS.

Tengo su habitación intacta, ¿eso está mal?

Si ya has pensado en una fecha para empezar a disponer de los objetos ahí contenidos y del espacio en sí mismo, realmente no. Hay personas que desmontan la habitación alrededor del aniversario de la muerte o incluso hasta el segundo año. Pero si la finalidad de tener todo intacto tiene como intención que cuando "regrese" la persona "vea" que la estábamos esperando y que todo está como lo dejó, es momento de pedir ayuda. Claro, a veces quien hace esto no lo reconoce y dice que no se ha decidido cuándo habrá de quitar todo, pero la cuestión es que acaba por no hacerlo, incluso hasta se encierra en esa habitación a llorar en solitario. Esto se conoce como un proceso de "momificación" en el duelo y suele no ser nada saludable. Las habitaciones intactas se convierten en habitaciones museo donde la vida no entra y la muerte no se va.

¿Mudarse de casa para no estar junto a los recuerdos dolorosos es adecuado?

Las personas que han perdido a una pareja, por ejemplo, se enfrentan a la disyuntiva de decidir si continúan viviendo en la misma casa que habían compartido con su cónyuge. A veces son los hijos los que presionan y tratan de "llevarse" al padre o madre que ha quedado solo a un lugar más cercano, pequeño y accesible, muchas veces sin escuchar realmente los deseos de quien pretenden que se mude. Pero no es la casa donde habitan los "fantasmas". Antes de tomar una decisión así conviene pensar si esa casa es valorada por haber sido un hogar compartido con el cónyuge ya fallecido y dejarla no es tan viable. Por ejemplo, alguien que se siente culpable ante la perspectiva de alejarse de la casa compartida puede considerar que continuar viviendo allí es continuar compartiendo su vida con su cónyuge fallecido de manera simbólica. Por el contrario, sentir ansiedad o una excesiva tristeza por permanecer en el mismo lugar podría sugerir que tiene un tipo diferente de significado y habría que plantearse el cambio. Mudarse de casa para huir del dolor muchas veces no resulta si el dolor interior no se ha empezado a transformar en el consuelo que da la presencia simbólica de quien antes estuvo a nuestro lado.

Yo perdí a una mascota que era muy querida para mí, pero me han dicho que está mal que le llore como si fuera a una persona

Ya establecimos en este libro que un factor que influye en cómo vamos a vivir una pérdida es la relación que tuvimos con quien se ha marchado y lo que su existencia y presencia representaba en nuestras vidas. Entonces, la muerte de un hijo, por ejemplo, la pueden vivir de manera distinta dos personas aun habiendo amado mucho. Hay personas que lloran más a un amigo que a un hermano o un padre, por ejemplo. Y esto nos deja claro que no se trata de hacer comparaciones, poner aranceles al duelo o emitir juicios de valor acerca de lo que es correcto no sentir. Lo que duele, lastima más allá de lo que los demás puedan ver porque ellos valoran las cosas de forma distinta. Entonces no puede ser inadecuado estar triste por la pérdida de algo o alguien muy amado; sabemos que las personas y los objetos desde su propio lado son lo que son, pero el valor subjetivo se lo atribuimos cada uno de nosotros a través de diversos mecanismos emocionales y psicológicos. Es probable que quien te diga que estás mal por llorarle a una mascota o por sufrir su pérdida sea una persona que no se ha relacionado con las mascotas de la misma manera que tú. Lo digo y lo repito: uno ama lo que ama como lo ama, y eso no puede estar mal.

CONCLUSIONES

Después de un tiempo, sin embargo,
incluso el dolor más profundo vaciló,
incluso la desesperación más penetrante
perdió su filo de bisturí.
RICHARD MATHESON, Soy leyenda y otras historias

Movernos a través del pantano de la tristeza es mover todas nuestras energías, es mover la esperanza de lo que no puede ser hacia lo que ahora es posible. No se trata de resignarnos a lo que nos queda, como si fuéramos agentes pasivos que se dejan arrastrar por la voluntad de la vida, sino perseverar al menos en no permanecer atascados y sin movimiento. Es verdad que no podemos controlarlo todo, pero siempre podemos tomar la decisión de no soltar, de no perder y no resignarnos a habitar en un pantano porque hayamos declarado que ya todo se acabó y que no vale la pena cruzar o llegar del otro lado. Cruzaremos porque podemos decir que tenemos una misión; la de continuar, perseverar y ser linaje. Tienes el poder de decir sí o no y debes ejercerlo con sabiduría; porque si dices no a lo que ya no puede cambiarse, quedarás incrustado en el corazón de una roca que acabará por hundirse bajo su propio peso en el fondo del pantano. Oponerse a la realidad no hará que la realidad cambie y entonces usamos el sí precisamente para abrirnos a las posibilidades, a aceptar que lo que nos ha dejado el ausente puede ser suficiente · para seguir adelante en su compañía por este camino de la vida. Es la promesa del reencuentro del otro lado de la tristeza; cuando nuestro dolor queda transformado en nostalgia y la presencia del ausente se convierte en algo que trasciende al cuerpo y sus naturales limitaciones. Del otro lado de la tristeza está el encuentro que ya no habrá de disolverse, porque la muerte no mata al amor.

Pero para encontrarnos con quien se ha marchado, debemos separarnos por un tiempo. Es por eso que tú has sido arrojado al pantano de la tristeza y tu ser amado ha emprendido por ahora un camino distinto. Si nos resistimos a esta separación temporal, corremos el riesgo de habitar en mundos que no nos corresponden a ninguno de los dos. Es la transición lo que hace esto tan doloroso y por eso la esperanza es la que nos provee de la energía necesaria para seguir avanzando. Es tentador querer conservar objetos que reemplacen la presencia de quien ya no está, pero es esta carga de objetos, creencias y hasta sentimientos lo que constituye un pesado equipaje que no conviene cargar en estos fangosos territorios. Cuántos se han perdido en el camino por aferrarse a sus "tesoros", olvidándose de lo que verdaderamente es valioso y les estaba esperando al cruzar. Aquellos que se hunden ya no llegan a la cita del otro lado de la tristeza.

Pero, aun así, los que nos quedamos no somos los protagonistas de esta historia; ese lugar lo ocupa quien se ha marchado, pero eso no significa que no tengamos un papel relevante en todo esto, somos el viajero que transita, aquel que cuenta la historia, el guardián de la memoria y narrador de la vida de quien ya no puede contarnos todo de sí mismo. Entonces contaremos también la vida de nuestra relación, lo que juntos construimos en el tiempo compartido. Claramente contaremos historias tristes, porque son parte de la vida, pero definitivamente no lo ha sido todo. Aquí hay mucho más que decir y contar desde la continuidad de la vida. Somos el que llora no por el otro, sino por nosotros mismos al sentirnos vulnerables, desamparados o profundamente dolidos. ¿No es a través del llanto que un bebé llama a sus padres para que vengan a consolarlo, confortarlo y proveerle de seguridad, alimento y amor? ¿No es eso lo que buscamos con nuestro llanto? Lanzar un llamado como la última esperanza de ser escuchados y de que todo vuelva a ser como antes. Si mantenemos la esperanza de ese retorno imposible seguiremos llamando, llorando por el resto de la vida. Pero sería un error romper el lazo que nos ha unido al ser amado por no recuperarlo como era antes porque, de hacerlo, cómo nos volveríamos a encontrar. Su recuerdo quedaría errante y nosotros perdidos en este pantano, todos estaríamos condenados a vivir en el verdadero reino de los muertos, de los olvidados.

Hace poco un paciente me contaba, con relación a la muerte de su padre hacía ya casi dos años, que de pronto sentía que volvía a recapitular todo lo que había pasado alrededor de la muerte, pero que cada vez era menos frecuente y que luego regresaba a lo "bueno" de la vida. Yo le dije que ni era malo pasar por esos momentos de recuerdo ni era bueno el otro lado (o viceversa); le expliqué que estaba oscilando entre la pérdida y lo que llamaba el lado "bueno", que no era otra cosa que la vida cotidiana. Eso lo tranquilizó. Luego me preguntó cuál era la meta de todo esto del duelo y cuándo acabaría por fin. Yo le respondí algo que tú también ahora ya sabes: el duelo nunca acaba y la meta es aprender a vivir con la ausencia y dar la bienvenida a la presencia simbólica de nuestro ser amado en los dominios de la memoria del corazón. Pero recuerda que el hecho de decir que el duelo nunca acaba no significa que sea normal vivir en dolor; eso sucede al inicio del proceso y ya también sabes que hasta para eso hay un límite. Por eso se hace importante seguir avanzando, no detenerse permanentemente para no acabar estancados, perdidos y olvidando quienes somos y hacia dónde queremos ir.

Cuando nos resistimos a la pérdida el corazón se encoge para tratar de preservar y rescatar todo lo perdido, pero ese encogimiento lo empequeñece porque se centra en recuperar lo imposible y resguarda pequeños fragmentos que no representan sino vestigios: una urna, una lápida, un pedazo de tela o hasta una habitación entera que se convierte en un museo de lo que ya no será. Entonces lo que te salva es recordar que es el amor lo que no muere y lo que hace que el corazón se expanda, ¿no es así? Cuando esto sucede no dejas de amar a quien se ha marchado, pero puedes también amarte tú, a tu propia vida y eventualmente a otras personas que están en tu presente o tu futuro.

Tratar de evitar el dolor parece sensato, pero ocultar el dolor para no verlo no parece algo tan sabio. No se trata de crear más sufrimiento, se trata de mirar al que hay y entender que es el resultado de lo que ha pasado y no el anuncio de lo que habrá de ser el resto de la vida. Por ahí circula una frase muy socorrida de los creadores de "las cosas pasan por algo" o "ya no llores porque no lo dejas descansar" y es "el dolor es inevitable, pero el sufrimiento es opcional" ¿De verdad es opcional?, es decir, ¿en serio puedo evitar sufrir frente a la muerte de alguien muy amado? ¿Quieren decir que si estoy sufriendo en este momento es por mi voluntad y que podría evitarlo con sólo desearlo o tomar la decisión? Pero bueno, ya sabemos que nuestra cultura no quiere ver aquello que le inquieta y se apresura para que estemos recuperados cuando apenas estamos empezando a recorrer este camino.

Sí hay dolor y sí se sufre de muchas maneras y en alguna medida, pero eso sucede en el tránsito por el pantano de la tristeza, por eso no nos vamos a quedar a habitarlo, sólo lo transitaremos sin negar todos y cada uno de los encuentros que tendremos con sus habitantes. Cada uno nos quiere mostrar algo y es el amor que hemos tenido y el camino hacia el otro lado.

Lo dije de alguna manera en la introducción y lo repito en estas últimas líneas. Todos tus ancestros han logrado aprender a vivir a pesar de sus pérdidas; eres parte de un linaje que ha encontrado la manera de cruzar pantanos sin tener que quedarse a vivir en ellos. Eres parte de aquellos que aceptaron lo incambiable y abrieron su corazón a lo posible. Sabiendo eso, ¿por qué habrías de ser tú la excepción?

Recuerda, finalmente, que los rituales pueden serte de ayuda para rendir homenaje, comunicar, establecer una conexión o limpiar lo que haga falta. La cultura influye mucho en el tipo de ritos y rituales que se hacen en honor a los muertos, pero no olvides que siempre puedes desarrollar rituales personales que te hagan sentido. Al final la meta es que también esos rituales se integren, y al igual que los objetos, recuerdos, incluso las conversaciones con tu ser querido ausente, un día irán dejando de ser necesarios. No porque olvides, sino precisamente porque te has acabado de integrar y ya no hay necesidad de nada exterior. Cuando sea nuestro turno de marcharnos nadie cuidará aquellos tesoros como nosotros, así que lo mejor es que los llevemos integrados en nosotros a lo que sea que sigue. Todo es cuestión de tiempo.

Te agradezco que me hayas permitido acompañarte durante estas páginas en un tránsito por un camino complicado. Confío en que algo de lo que aquí hemos compartido te sea de ayuda para continuar y finalmente salir del otro lado de la tristeza.

BIBLIOGRAFÍA

Aguiar A, Pinto M, Duarte R (2022) "A qualitative study on the impact of death during COVID-19: Thoughts and feelings of Portuguese bereaved adults". PLoS ONE 17(4): e0265284.

Anneke Vedder, Kathrin Boerner, Jeffrey E. Stokes, Henk A.W. Schut, Paul A. Boelen, Margaret S. Stroebe, "A systematic review of loneliness in bereavement: Current research and future directions", *Current Opinion in Psychology*, Volume 43, 2022, Pages 48-64,

Ariès Philippe, *El hombre ante la muerte*, Grupo Santillana de Ediciones S. A. España 1999.

Ariès Philippe, *Morir en Occidente*, Adriana Hidalgo Editora, Argentina 2000.

Barthes Roland, *Diario de duelo*, Grupo editorial Siglo XXI, México 2015.

Becker Ernest, *La negación de la muerte*, Editorial Kairós, España 2003.

Birrell, J., Woodthorpe, K., Stroebe, M., Rumble, H., Schut, H., Corden, A., ... & Newsom, C. (2020). "Funeral practices and grief", *Bereavement Care*, 39(3), 105-111.

Boelen, P. A., Stroebe, M. S., Schut, H. A., & Zijerveld, A. M. (2006). "Continuing bonds and grief: A prospective análisis". Death Studies, 30(8), 767-776.

Boelen, P. A., & Lenferink, L. I. (2022). "Prolonged grief disorder in DSM-5-TR: Early predictors and longitudinal measurement invariance", *Australian & New Zealand Journal of Psychiatry*, 56(6), 667-674.

Bonano George A., *The Other Side of Sadness*, George A. Bonano, USA 2009.

Bonanno, G. A., Boerner, K. (2007), "The stage theory of grief", *The Journal of the American Medical Association* 297(24): 2692–2694.

Bonanno, G. A., & Kaltman, S. (2001), "The varieties of grief experience", *Clinical psychology review*, 21(5), 705–734.

Bonanno, G. A., & Malgaroli, M. (2020), "Trajectories of grief: Comparing symptoms from the DSM-5 and ICD-11 diagnoses. Depression and Anxiety", 37(1), 17-25.

Boss Pauline, *La pérdida ambigua*, Editorial Gedisa, Barcelona 2001.

Boss, P. and Carnes, D. (2012), "The Myth of Closure. Fam. Proc.", 51: 456-469.

Bowlby John, *La pérdida*, Paidós, España 1997.

Buyukcan-Tetik, A., Albuquerque, S., Stroebe, M. S., Schut, H. A., & Eisma, M. C. (2022). "Grieving together: dyadic trajectories and reciprocal relations in parental grief after child loss. In Facing Death: Familial Responses to Illness and Death" (Vol. 19, pp. 149-168). *Emerald Publishing Limited*.

Cabodevilla, I.. (2007), "Las pérdidas y sus duelos", *Anales del Sistema Sanitario de Navarra*, 30(Supl. 3), 163-176.

Carr, D. (2010), "New perspectives on the dual process model (DPM): What have we learned? What questions remain?", *OMEGA-Journal of Death and Dying*, 61(4), 371-380.

Cerejido Marcelino, Fanny Blank-Cerejido, *La muerte y sus ventajas*, Fondo de Cultura Económica, México 2006.

Chaurand, A., Feixas, G., Neimeyer, R., Salla, M., & Trujillo, A. (2015), "Historia de pérdidas y sintomatología depresiva", *Revista Argentina de clínica psicológica*, 24(2), 179-188.

Chödrön Pema, *Cuando todo se derrumba*, Gaia Ediciones, España 1998.

Comtesse, H., Vogel, A., Kersting, A., Rief, W., Steil, R., & Rosner, R. (2020), "When does grief become pathological? Evaluation of the ICD-11 diagnostic proposal for prolonged grief in a treatment-seeking sample", *European journal of psychotraumatology*, 11(1), 1694348.

Craig Will, *Living the hero's journey*, Boulder,USA, 2017.

Devine Megan, *It's ok that you're not ok*, Sounds True, Canadá 2017.

Eisma, M. C., & Stroebe, M. S. (2021), "Emotion regulatory strategies in complicated grief: A systematic review", *Behavior Therapy*, 52(1), 234-249.

Eliade Mircea, *El mito del eterno retorno*, Alianza Editorial, España 2021.

Gennep van Arnold, *Los Ritos de paso*, Alianza editorial, España 2013.

Gillies, J., & Neimeyer, R. A. (2006), "Loss, grief, and the search for significance: Toward a model of meaning reconstruction in bereavement", *Journal of constructivist Psychology*, 19(1), 31-65.

Gilbertson Tina, *Constructive wallowing*, Published by Piatkus, London 2014.

Goldbeter-Merinfeld Edith, *El duelo imposible*, Herder, España 2003.

Gordon Parker, Stacey McCraw, Amelia Paterson, "Clinical features distinguishing grief from depressive episodes: A qualitative análisis", *Journal of Affective Disorders*, Volume 176, 2015, Pages 43-47

Hallenbeck, James L., *Palliative Care Perspectives* (New York, 2003; online edn, Oxford Academic, 17 Nov. 2011).

Haneveld, J., Rosner, R., Vogel, A., Kersting, A., Rief, W., Steil, R., & Comtesse, H. (2022), "Same name, same content? Evaluation of DSM-5-TR and ICD-11 prolonged grief criterio", *Journal of Consulting and Clinical Psychology*, 90(4), 303.

Hanh Thich Nhat, *La muerte es una ilusión*, Oniro, Barcelona, 2004.

Hickman W. Martha, *Healing after loss*, Paperback USA, 1994.

Hollis James, PhD, *Living an Examined Life*, Sounds True, Canadá 2018.

Hollis James, *Swamplands of the soul*, Inner City Books,Canadá, 1996.

Institute of Medicine (US) *Committee for the Study of Health Consequences of the Stress of Bereavement, Osterweis*, M., Solomon, F., & Green, M. (Eds.). (1984). Bereavement: Reactions, Consequences, and Care. National Academies Press (US).

Jordan, J. R., & Neimeyer, R. A. (2003), "Does grief counseling work?" *Death studies*, 27(9), 765–786

Konigsberg Davis Ruth, *The truth about grief*, Simon & Schuster paperbacks, USA 2011.

Kushner Harold, *Cuando la gente buena sufre*, Emecé Editores, Argentina 1998.

Kübler-Ross, E. (1973). *On death and dying*, Routledge.

Lesser Elizabeth, *Broken open*, Villard Books trade paperback Edition, USA 2005.

Li J, Stroebe MS, Chan CLW, Chow AYM (2014), "Guilt in bereavement: A review and conceptual framework", *Death Studies* 38: 165–171

Louis-Vincent Thomas, *La muerte*, Paidós, España, 2001.

Marín Barreto Pilar, Ma. Carmen Soler Saiz, *Muerte y duelo*, Editorial Síntesis, España 2007.

Marrone Mario, Diamond Nicola, Juri Luis, *La teoría del apego, un enfoque actual*, Prismática, Madrid, 2009.

Mauro, C., Reynolds, C. F., Maercker, A., Skritskaya, N., Simon, N., Zisook, S., ... & Shear, M. K. (2019), "Prolonged grief disorder: clinical utility of ICD-11 diagnostic guidelines", *Psychological medicine*, 49(5), 861-867.

Melissa A. Smigelsky, Jamison S. Bottomley, George Relyea & Robert A. Neimeyer (2020), "Investigating risk for grief severity: Attachment to the deceased and relationship quality", *Death Studies*, 44:7, 402-411.

Mercer, D. L., & Evans, J. M. (2006), "The impact of multiple losses on the grieving process: An exploratory study", *Journal of Loss and Trauma*, 11(3), 219-227.

Neimeyer, R. A. (2001), "The language of loss: Grief therapy as a process of meaning reconstruction", In R. A. Neimeyer (Ed.), Meaning reconstruction & the experience of loss (pp. 261–292). *American Psychological Association*.

Neimeyer, R. A., & Ramírez, Y. G. (2002), *Aprender de la pérdida: una guía para afrontar el duelo*, Barcelona: Paidós.

Neimeyer, R. (2000), "Searching for the meaning of meaning: Grief therapy and the process of reconstruction", *Death Studies* 24(6): 541–558.

O'Connor, T., Paterson, C., Gibson, J., & Strickland, K. (2021), "The conscious state of the dying patient: An integrative review", *Palliative and Supportive Care*, 1–13. Cambridge University Press.

Payás Puigarnau Alba, *Las tareas del duelo*, Espasa Libros, España, 2010.

Piper, W. E., Ogrodniczuk, J. S., Joyce, A. S., Mccallum, M., Weideman, R., & Azim, H. F. (2001), "Ambivalence and other relationship predictors of grief in psychiatric outpatients", *The Journal of nervous and mental disease*, 189(11), 781–787

Prigerson, H. G., Bierhals, A. J., Kasl, S. V., Reynolds, C. F., 3rd, Shear, M. K., Day, N., Beery, L. C., Newsom, J. T., & Jacobs, S. (1997), "Traumatic grief as a risk factor for mental and physical morbidity", *The American journal of psychiatry*, 154(5), 616–623.

Prigerson, H. G., Boelen, P. A., Xu, J., Smith, K. V., & Maciejewski, P. K. (2021), "Validation of the new DSM-5-TR criteria for prolonged grief disorder and the PG-13-Revised (PG-13-R) scale", *World Psychiatry*, 20(1), 96-106.

Prigerson, H. G., Horowitz, M. J., Jacobs, S. C., Parkes, C. M., Aslan, M., Goodkin, K., ... & Maciejewski, P. K. (2009), "Prolonged grief disorder: Psychometric validation of criteria proposed for DSM-V and ICD-11", *PLoS medicine*, 6(8), e1000121.

Rimpoché Sogyal, *El libro tibetáno de la vida y de la muerte*, Urano, Barcelona, 2006.

Schut, M. S. H. (1999), "The dual process model of coping with bereavement: Rationale and description", *Death studies*, 23(3), 197-224.

Serio Vanessa Nahoul, *El duelo*, Prismática Editorial, Madrid, 2018.

Silver, R. C., Wortman, C. B. (2007), "The stage theory of grief", *The Journal of the American Medical Association* 297: 2692–2694.

Singer Michel A., *The untethered soul*, Raincoast books, Canadá 2007.

Stroebe M, Stroebe W, van de Schoot R, Schut H, Abakoumkin G, Li J (2014), "Guilt in Bereavement: The Role of Self-Blame and Regret in Coping with Loss", *PLoS ONE* 9(5): e96606.

Stroebe, M. (1993), "Coping with bereavement: A review of the grief work hypothesis", *OMEGA-Journal of Death and Dying*, 26(1), 19-42.

Stroebe, M., & Schut, H. (1998), "Culture and grief", *Bereavement care*, 17(1), 7-11.

Stroebe, M. S., & Schut, H. (2001), "Models of coping with bereavement: A review".

Stroebe, M., Stroebe, W., Schut, H., & Boerner, K. (2017), "Grief is not a disease but bereavement merits medical awareness", *The Lancet*, 389(10067), 347-349.

Stroebe, M. S., & Schut, H. (2001), "Meaning making in the dual process model of coping with bereavement".

Stroebe, M., & Schut, H. (2010), "The dual process model of coping with bereavement: A decade on", *OMEGA-Journal of Death and Dying*, 61(4), 273-289.

Stroebe, M., Schut, H., & Boerner, K. (2017), "Cautioning Health-Care Professionals: Bereaved Persons Are Misguided Through the Stages of Grief", *OMEGA - Journal of Death and Dying*, 74(4), 455–473.

Szanto, K., Shear, M. K., Houck, P. R., Reynolds, C. F., 3rd, Frank, E., Caroff, K., & Silowash, R. (2006), "Indirect self-destructive behavior and overt suicidality in patients with complicated grief", *The Journal of clinical psychiatry*, 67(2), 233–239.

Tizón Jorge L., *Pérdida, pena, duelo*, Paidós, Barcelona, 2004.

Wade, N. (2009). *The faith instinct: How religion evolved and why it endures*. Penguin.

Welshons Jhon E., *Awakening from grief*, Inner Ocean Publishing, Inc., Maui 2003.

Worden J. Wiliam, *El tratamiento del duelo*, Paidós, Barcelona 2004.

Worden J. William, *Grief Counseling and Grief Therapy*, Springer publishing company, USA 2018.

Yalom Irvin D., *Staring At the Sun*, Jossey-Bass, USA 2008.

Yusen Zhai, Xue Du, "Loss and grief amidst COVID-19: A path to adaptation and resilience", *Brain, Behavior and Immunity*, Volume 87, 2020.

Zech, E. (2015), "The dual process model in grief therapy. In Techniques of grief therapy" (pp. 19-24). Routledge.

Zuba Tom, *Permission to mourn*, Bish Press USA 2014

Del otro lado de la tristeza de Mario Guerra
se terminó de imprimir en enero de 2023
en los talleres de
Impresora Tauro, S.A. de C.V.
Av. Año de Juárez 343, col. Granjas San Antonio,
Ciudad de México